身体化するメディア／メディア化する身体

西山哲郎・谷本奈穂［編著］

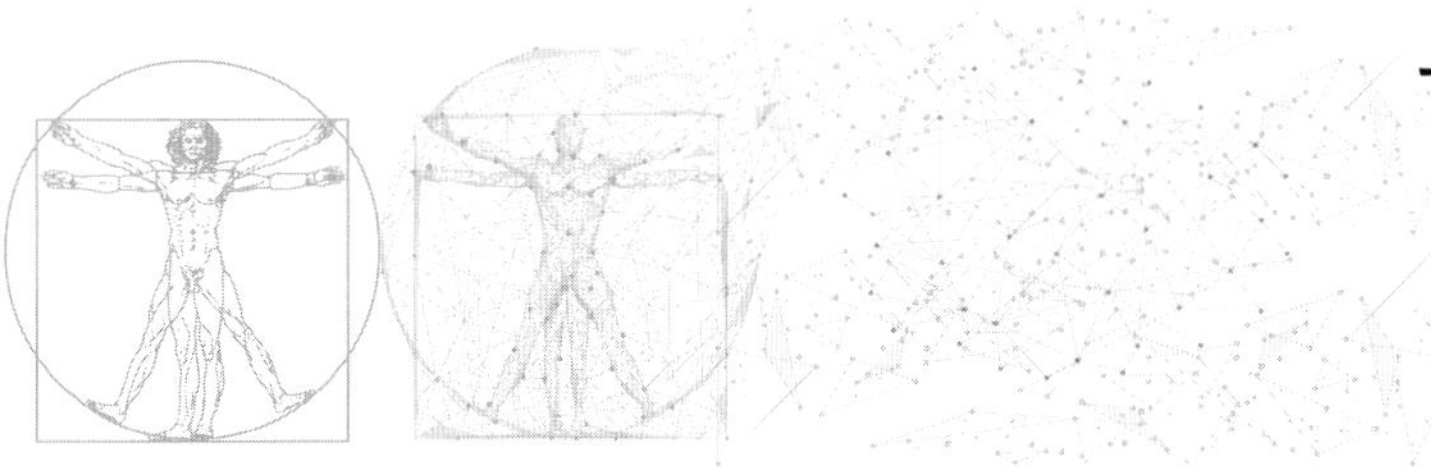

風塵社

本書のねらい

西山哲郎

本書は、主に社会学の視点から、現代人にとって身体とは何であるかを、身体とメディアの関わりを軸として考えるため、編纂されたものである。

人間が自らの身体について考えることは、古今東西、どこでも関心の的であり、興味を持たない人の方が珍しいテーマかもしれない。誰であれ、生きる上でいつかは自分の身体と向き合うことが避けられず、その過程で、自分なりの経験則を手に入れていることも少なくない。そうした経験則だけで疑問がすべて解消できれば結構なことだが、それで解決できないとなると、納得のいく裏づけがある主張に耳を傾けたくなる。われわれは、そういう人にも本書が役立って欲しいと願っている。

とはいえ、身体に関わる問題を考える上で、昨今は社会学に期待する人が少ないことも、われわれは自覚している。特に身体にトラブルが生じたときには、われわれでさえ、まずは医者に相談することは間違いない。しかし、医者に相談しても治らない話をするとき、あるいは身体に被害を受けているわけではなく、なぜか心に引っかかる疑問に答えを求めるときには、社会学や人文学が有用であると本書の寄稿者たちは考え、研究してきた。

身体に関する問題を考える際、物的な証拠やエビデンスを示してくれる自然科学は確かに安心できる。さらに医学的な知見ともなると、自分の身体を困らせてきた問題を解消し、治癒してくれるという期待が加わり、疑うことすら申し訳ない気がすることさえある。それに比べ、限られた人数の聞き取りやアンケート調査ぐらいしかできない社会学によって導かれた主張が疑わしく聞こえても仕方のないことだろう。しかしながら、何が問題かがはっきりしておらず、何を考えるべきか、何に価値があって、何がどうでもよいことなのかを考えたくなったときには、社会学や人文学こそ頼りになる。

そのため、本書は身体に関する問題ではなく、現代人にとって「身体とは何であるか」をテーマとするのだが、そのテーマは同時に「現代とはいかなる時代か」を考えることにもつながっている。社会学が信頼を失った要因のひとつには、一九九〇年代前半に起きたバブル経済の崩壊以降、社会全体に閉塞感がつきまとい、何かの変革を訴えるより、自分の心のありようを変えた方が近道と考える風潮が広がったことがある。そして、心のありようを変えるために、その拠り所となる身体を変えることが流行となったのが現代といえよう。フィットネスブームや美容整形、タトゥーや脱毛といった身体に関わる流行現象の意味を理解するには、現象として実際に存在することだけではなく、そこに人々が何を仮託しているのか、行為の先に（たとえ共同幻想ではあっても）どういう価値を求めているかを考えなければならない。そうしたことを考えるのに、物的エビデンスにこだわる自然科学的手法は（補助的に使えるとしても）必ずしも的を射たものではない。

ただし、身体の扱いをめぐって人々が求める価値が不可視であるとしても、先の見通しの悪い現代だからこそ、社会学や人文学による探求にも何らかの保証は必要となる。その保証として、あるいは身体について考える研究の補助線として、われわれはメディアというものに注目した。身体そのものではなく、身体を映すメディアには、たとえ写真やテレビモニターの画像であっても、そのアングルやフレームにわれわれの価値観や願望が込められている。鏡にはじまり、かつて存在したカメラ・オブスキュラ（2章、3章を参照）のような視覚装置、写真、映画、テレビ番組、グラビア雑誌といった様々なメディアは、人々が身体をどう捉えているかを理解するための貴重な資料であり、それを手がかりにわれわれは、現代という時代とそのカギを握る身体という現象の分析に取り組むことにした。

その成果が以下の各章となるわけだが、それらが完成したあと通読した編者は、それぞれが異なる題材を取り扱っているにもかかわらず、それらを貫く共通点があることに気づいた。それはつまり、現代において身体が注目されているといっても、生身の身体より、メディアによって媒介された身体のイメージこそが重要視されていること。またメディア自身も、よりポータブルに、身にまとうことが可能なものほど重宝されていることである。それを確認したことで、本書のタイトルを『身体化するメディア／メディア化する身体』とすることにした。

すでに半世紀ほど前、メディア研究の創始者ともいわれるマーシャル・マクルーハンは、メディアが身体の拡張であると指摘していた。それは当時は予言にすぎなかったが、スマートフォンが日本の大多数に普及し、ＡＲ（Augmented Reality）というインターネット情報によって拡張された現実こそが生活の基盤となった現代では、人々は身体をメディアとして活用すると同時に、メディアを身体の一部として生きることが現実となっている。そうした現実を以下の各章で確認し、読者自身が今後いかに生きるべきか考える資料としてもらえればありがたい。

各章の概要

ここからは各章の内容について、編者が要点と考えたところをまとめて紹介したい。とはいえ、要約の常として、著者自身が重要とされていることや、興味深い指摘の大半は漏れてしまうことから、あくまで事前の目安として理解していただきたい。

まず第一部の理論編について、1章では、阿部勘一に社会学における身体研究の流れを整理してもらった。身体が社会学で注目されるようになったのは、消費社会の発展にともなって身体の「モノ化」が普及したことに由来している。現代では、美容整形や（ボディ）ピアッシングといった直接的な身体変工が広く行われるようになったため、衣服の選択や衛生管理も間接的な身体変工として見直されるようになった。また、抗菌・除菌グッズや消臭グッズは、今となっては流行というより生活の一部となっているが、その市場が拡大したことも、現代人の身体観の変化と関連づけることができる。

亘 明志《わたりあけし》によれば、人間は「身体である（being としての身体）」という側面と、「身体を持っている（having としての身体）」という側面の矛盾をかかえて生きる存在である。現代では、そのうちの「having」の側面が強調される「身体のモノ化」現象が目立っている。

なお、「身体のモノ化」にも本来は二つの意味がある。デカルトに代表される近代思想が「having としての身体」という発想をもたらしたことは、身体の操作性を高めることで外科医療の発達を促し、人間の健康状態を改善した。他方、消費社会の到来とともに、身体は市場開拓の新しいフロンティアとみなされるようになり、欲望の主体であると同時に対象ともなる矛盾を背負うことになった。

さらに、化学繊維が普及したことで既成服が工場で大量生産されるようになると、家庭で服が仕立てられることが減り、体に服を合わせるのではなく、服に合う体が求められるようになった。これと似た変化として、テレビ時代が到来すると、遠くから見ても舞台やスクリーンで映える身体ではなく、目の前のテレビ画面でバランスよく映るスキニーな身体が求められるようになったことも編者から指摘しておきたい。

次に、同じく理論編の2章では、西山哲郎が、メディアに現れる身体表象と心のなかのボディ・イメージを概念的に区別した上で、社会科学だけでなく脳科学や哲学の知見も参照しながら、自己の身体像をめぐる相互作用を検討した。

人間のボディ・イメージは、その形成段階から（他者のものを含む）外的な身体表象に影響を受けて誕生する。メディアという道具の支えなしに、人は自分のボディ・イメージを獲得することはできない。また、自己のアイデンティティを維持するには、ある程度まで同一のボディ・イメージを継続してもつ必要があるが、時間を越えて「同じ」イメージを保つことは、服装や髪型の変化を含めた細かな差異に目をつむって、ズレを許容する態度が不可欠になる。自己から派生し、メディアによって実体化した様々な身体表象のうち、一定の範囲に収まるものを束ねて自己のボディ・イメージとし、その範囲から外れるものを「撮り損ない」として忘却するマネジメントがわれわれのアイデンティティを支えている。

近代になって、そのマネジメントに介入する機構が発明されたが、ミシェル・フーコーはそれを「パノプティコン」と名づけた。パノプティコンは、個々人の主体性を尊重しながら、公的な規範を内面化させるという難行を可能にしたことで評価されている。その難行を達成する際、パノプティコンは、視覚的な効果以上に、関わる人の想像力を喚起することから力をえている。またそれが、身体を検査し、試験することで得られたデータをファイルした情報を併用していることも忘れてはならない。言説上の存在でしかない公的組織の権威を、監獄や病院や学校での待遇（それは身体に関する検査や試験の結果で良くなったり、悪くなったりする）を通して、収容された者にリアルなものと感じさせる点に、パノプティコンの特徴がある。

パノプティコンによる主体化のプロセスは、情報化社会の到来以降、データベースによってさらに強化・拡大されている。その強化・拡大は、インターネットという脱中心的な構造物と通貨や言語を媒介とする国家連合を背景として、経済資本と文化資本の担い手である企業や行政組織が合従連衡を繰り返す情報闘争のフィールドに個人を巻き込む方向で進められてきた。この多極間闘争に個人で対抗しようとすれば、人はアイデンティティの多元化を余儀なくされる。しかし、現実として、多元的なアイデンティティを自在に操れる能力をもった人は少ない。そのため、手に余るほどの自己の可塑性・可変性に悩む人の多くは、なんらかの意味で固定されたモノを自己の身体を通じて入手できないか苦闘することになる。

以降は事例研究のパートになるが、そのうちの第二部では身体に介入するメディアを考えた論考を集めている。その一番手として、3章では酒井健宏が、視覚メディアの歴史を振り返りながら、デジタル技術にもとづく情報機器の普及と、そのネットワーク化がもたらす視覚イメージの流通と消費が、個人の生活と身体に与える影響を考えている。

視覚メディアの発展と人間のあり方について分析したこれまでの論考のなかで、ジョナサン・クレーリーの議論は、技術決定論に陥らずに両者の相互作用を明らかにした点で評価できる。しかしながらクレーリーは、視覚装置と身体の相互作用を、直接的なものに限定して議論したために、写真という重要なメディアの特徴を見落としてしまった。写真は、撮影した瞬間以上に現像やプリントといった事後の加工が重要な視覚メディアであって、その点で映画（活動写真）という派生技術と性格を同じくしている。

映画というメディアは、その構成要素となる写真という視覚技術の性格から本来的には断片的な性格を帯びており、そのため初期の映画作品は、撮影者によって（あるいは技術的制約によって）恣意的に切り取られた「現実」を観客に押しつけることで生じる衝撃を楽しませるものだった。そこから映画産業の発展にともなって、連続性のある物語を鑑賞させる加工技術が発達し、明示的であれ暗示的であれ、メッセージやイデオロギーを観客に内面化させるメディアとなっていった。

その後、テレビが普及するが、初期のテレビは通信放送技術をベースに発達したものであるために、写真とは違って断片化（静止）させることが難しいメディアであった。録画技術の普及によって、テレビはようやく写真や映画と同様に事後の加工ができるものとなったが、その後、家庭用の録画再生装置が普及したことで、それまでイメージの一方的な消費者であった観客に、生産と消費に関する主体性を取りもどす契機を与えることになった。

二十世紀の終盤に起きたデジタル技術の発達は、映画とテレビという出自を異にする視覚メディアを統合させ、視覚イメージは断片的なものにも物語的なものにも自由に変換できるようになった。デジタル的なイメージ加工技術の普及は、実写とアニメーションの違いを曖昧なものにしたが、それはつまり「現実」と「ヴァーチャルなもの」の境目を曖昧にしたことを意味している。同時にそれは、イメージの消費者と生産者の垣根も低くするのに貢献した。さらに、その後のインターネットの発展は、SNSを使った情報発信の大衆化によって、誰もが（自らの身体に関わるものを含めた）イメージの生産と再生産に関わる時代をもたらした。

次に4章では水野麗が、ゴシック&ロリータ（ゴスロリ）ファッションを愛好する人たちの身体観と、そのジャンルのファッション雑誌の内容がどう関係しているか、すなわち身体的な趣向と雑誌メディアの相互作用を考えている。

一般のファッション誌と違って、ゴスロリ雑誌では、ファッションアイテムを読者の体に合わせてどう着こなすかを指導する内容が乏しい。また、そのファッションの愛好者のなかには、ゴスロリに似合う自分になろうという努力をせず、ただゴスロリ的なアイテムを身につけるだけで満足しているように見える人もいる。ゴスロリの服自体も、正面から見れば美しいが、（着ている本人が確認しづらい）真横から見ると体のラインを醜くするようなデザインが通用してしまっている。こうした現象を、水野はゴスロリの「魚眼レンズ効果」と呼んでいる。

ゴスロリ雑誌には、ファッションアイテムを身につける上で役に立つ情報とは思えない、ゴシックやロリータといったジャンルの成立に影響を与えたといえなくもない程度に縁遠い歴史・教養情報が掲載される点にも特徴がある。モデルがゴスロリを身にまとう姿を掲載する場合も、そのアイテムとは直接関係しない、ゴスロリの世界観を盛り上げるための韻文が添えられることが少なくない。このように画像情報と言語情報が協力して、ある種の身体観を「現実」だけでなくヴァーチャルな領域を組み込むかたちで成立させている様は、2章で指摘したパノプティコンの機能の仕方と重なるところが大きい。

水野によれば、ゴスロリの「魚眼レンズ効果」は、自分の身体を全体として客観的に把握するより、お気に入りのアイテムを核とした断片的な身体イメージを楽しむことを可能にしている。そして、ゴスロリの世界を外側から補強するような教養情報や韻文は、ゴスロリを愛好しない（あるいは同じ愛好者でも自分の選択を肯定してくれない）他者の批判をスルーして、その世界に耽溺することを可能にする装置として機能している。この二点を合わせて考えると、ゴスロリ愛好者は他者に見せる（魅せる）よりも自身が満足することを優先する志向性を示している。

そして5章では、谷本奈穂が美容整形を取りあげ、1章で議論した身体の「モノ化」の先を考えている。谷本の調査によると、急成長する日本の美容産業のなかでも、特に四〇～五〇代の女性が消費を拡大している。それと並行するかのように、二〇〇〇年代以降、この世代の女性に向けたファッション誌の創刊が相次いだ。この二つの現象をつきあわせることで、現代において美容に熱心な人々の身体観を浮き彫りにするのが本章の目的である。

第一に、分析対象とするファッション誌の記事で、老化は受け入れるべき宿命としてではなく、何かの原因があって、それを取り除けば回復できる病に近いものとして描かれていた。肌のシミやシワは治療の対象となったが、それは単に雑誌での取りあげ方の問題ではなく、二十世紀の終盤から抗加齢医療が学問領域として成立したこともあって、女性の身体は（それも特に女性の老化は）現代においてますます「医療化」されてきたといえる。

第二に、対象とする雑誌で、女性の老化の医療化は、直接的なかたちで肯定されるわけではない。女性に対して「美しくあれ」という社会的圧力があることは事実として、日本の中年女性に対しては、家庭を守ることを優先して、自己の美容に過度に注力することを戒める規範が依然としてある。そのため、抗加齢医療の導入に際しても、「若くなれる」という謳い文句ではなく、「本来の状態を取り戻せる」ことをメリットとして提案されている。

以上をまとめると、人工的なエンハンスメント（身体増強）ではなく、適切な「ケア」によって永遠に老いることのない身体こそ、現代日本で中年女性が目指すべき理想といえるだろう。

これ以降は第三部として、事例研究のなかでもメディア化される身体を考えた論考を集めている。

そのうち6章では井上雅人がファッションに関する考察を行っている。ファッションについて考えることは、1章で議論した消費社会の発展と関連するが、同時に2章で示した身体と人工物との相互作用を考えることでもある。

たとえば、一九六〇年代に流行したミニスカートは、女性が走ることを容易にしたと評価されることがある。衣服は、身体に合わせて作られているようで、身体の動かし方やあり方を規定するものでもある。ミニスカートは、女性の身体を解放しただけでなく、性の解放にも貢献したといわれる。しかし、別の視点から見ると、ミニスカートの解放性は、男性の性的なまなざしによって絡め取られているとすることもできる。

女性の身体の解放をリードしたヨーロッパで、十九世紀に女性がズボンをはくことが最初に許された場所は鉱山であった。鉱山は、その労働環境まで人工的に作られ、太陽の運行とも関係なく労働を管理できるために、近代的な労働のモデルとなった。そこでは女性であれ、合理的な身体の使い方を求められ、そのおかげで男性に限られていたズボンの着用を許された。日本においても、女学生が袴を制服にできるようになったのは、女性解放運動の成果であると同時に、富国強兵政策が女性の身体にまで合理性を求めるようになった結果である。性の解放だけが問題含みなのではなく、衣服による身体の解放には、常にそうした逆説がともなっている。

ゲオルグ・ジンメルによれば、現代人は、資本主義的な圧力の下で、衣服の選択について他人との同一化と差異化の間で板挟みになっている。ファッションデザイナーでさえ、身体の可能性を開拓している一方で、一般的な身体美の基準を維持するのに荷担したり、あるいは自身の美の基準を他者におしつける作業に従事していることは否定できない。それでも人がファッションに心を惹かれることがあるのは、服を着るという行為ひとつで、差別意識を転覆したり、人々の生に可能性を開く瞬間に立ち会えるからだと井上は指摘している。

次に7章では、加藤徹郎が一九三〇年代に現れた身体と筋肉にまつわる事象を検討している。この時代は、世界大戦と敗戦に向けて一直線に進んだわけではなく、大正デモクラシーから続くモダニズムやマルクス主義の浸透と、対抗軸となるはずのファシズムや全体主義の台頭が複雑に絡みあった展開が見られたものとして近年再評価が行われている。混沌とした当時の時代状況を理解することは現代を理解する上でも有益であるが、本章もその一翼を担うものである。

日本ではじめてボディビルを実践した若木竹丸は、一九三八年に、その普及を願って『怪力法　並に　肉体改造・体力増進法』を刊行した。この一九三八年は、戦時体制を整備するために国民の身体に介入する行政組織が再編され、厚生省が誕生したことでも記憶されている。若木がボディビルを日本の若人に推奨したのは、欧米列強との対決が迫るなか、世界恐慌から続く不況の影響もあって徴兵検査の不合格率が高まった状況を憂いたことも背景となっている。しかし彼は、頑強な兵士を生み出す上では必要のない、ヘラクレス型の過剰な筋肉美という「見た目」の追求にこだわったことからわかるように、単に時流に追従したわけではない。

国民の「体力」増強を求める一九三〇年代の時代情勢が若木の身体と筋肉美へのこだわりを育てたのは事実であるが、(当時も模倣者や協力者が現れたものの) それに類する試みが広く社会に受け入れられたのは、むしろ戦後のアメリカ文化の流入と、プロレスの流行を経てからであったのは興味深い。一般に文化現象は、その時代と場所だけで完結したものではなく、外から輸入されたものを含めた過去の蓄積と未来への希望が現在の上に重ねあわされて展開するものである。本章での事例分析は、特に身体にまつわる文化現象が、過去の営みと現在の試みが絡みあって誕生し、さらに未来へと波及するメカニズムの一端を示している。

最後の8章では、前田至剛が自傷行為を取りあげ、そのメディアでの扱われ方を通じて現代日本の置かれた状況を考えている。アンソニー・ギデンズの指摘によれば、現代では人格崇拝と合理化が同時に進行し、高度な自己コントロールが要請されるようになっている。そのなかで自傷行為は、言葉によって自分の意思を表明できない場合の代償行為として、自己の存在証明をかけた自己表出手段となっている。あるいは、憎むべき他者を自己の一部 (多くの場合は手首) に投影して、果たせない復讐を代行する手段ともなっている。

そうした自傷行為について、マスメディアが取りあげはじめた一九八〇年代の終わり頃から九〇年代にかけては、他者を操作するため衝動的に自己を傷つける演技として批判的に解釈されていた。二〇〇〇年代以降は、自傷行為者の実態調査が進んだことで、安易な批判は少なくなったが、それでも週刊誌などでは演技扱いが根強くある。そのしつこさは、森真一のいう「自己コントロールの檻」という時代状況を反映するものと理解できる。

他方、一九九〇年代の終わり頃から二〇〇〇年代以降は、インターネットを通じて自傷行為者自身が語りはじめ、自傷行為者のネットワークが形成されるようになった時代でもある。ネットでの自傷行為の公開は、自傷行為者の一部でどちらの傷が重いかを競わせるような悪影響をもたらした。その一方で、ネットは目の前の人間関係を信頼できない彼らに部分的にでも理解しあえる他者を提供することで、傷つきやすく可塑的なアイデンティティをなんとか維持するための手段ともなっている。

身体化するメディア／メディア化する身体　目次

第一部

理論編

――身体をどうとらえるのか――

現代社会における身体と身体イメージ――「消費される」身体という観点から

阿部勘一

1. 本章の目的

身体という概念が社会（科）学における主要なトピックとなって久しい。この背景には、例えばデカルトのいわゆる「身体―精神」という二元論的な人間観があるといえる。身体は、人間の精神や意識、自我といったものを形成し、表象する存在となっている。その結果、身体は、自然科学的な領域のみならず、社会（科）学的な領域においても語られるようになったといえるだろう。

そのような中、現代では、身体が、モノすなわち商品として消費の対象になるような現象が多々起きている。美容整形、プチ整形やピアッシング、抗菌グッズや健康食品といった商品やサービスをめぐる現象がそれである。「身体の消費」は、資本主義の発展によって顕在化してきた消費社会における様々な消費現象と重なり合っている。特に身体を変形、加工すること、それが意のままにかつ容易にできる感覚的イメージをつくりだしている現象は、消費社会において考察すべき主要なトピックとなりつつある。

本章では、現代社会において、身体というものがどのような状況にあるのかについて、「消費される身体」という観点から、消費社会という現代の社会状況を背景に論じる。なぜ、現代社会が「身体の消費」の時代、すなわち身体を意識した消費がおこなわれる、あるいはそのような消費がある種「仕掛けられる」時代となっているのか。そして、このような時代において、身体あるいは身体イメージはどのような意味づけをされているのか。このような問題意識をもとに、「身体の消費」にかんする考察を通して、現代社会における身体あるいは身体イメージをめぐる問題について議論する。

2.「身体の消費」の時代

現代社会において身体をめぐる問題を捉えるとき、消費資本主義と呼ばれる資本主義の様式、あるいは消費社会と呼ばれる社会の様式と切り離して捉えることはできない。逆に、消費資本主義や消費社会について語るとき、身体をめぐる問題と切り離して考察することはできない。なぜなら、現代は身体を消費する時代であり、現代の消費を語る上で、身体は重要なキーワードとなるからである。

「身体の消費」について、その定義をどのようにするかという問題があるが、「身体の消費」に対して確固たる定義を与えることは難しい。したがって、ここでは、「身体の消費」にまつわる具体的な現象を以下の四つの事象に分類し、各項目について具体的な事例を挙げて説明することを通して、「身体の消費」について、およその定義を与えることとする。

（一）身体の直接的「変工[1]」

（二）身体の間接的「変工」
（三）商品を使用した身体の管理
（四）商品を使用した身体の制御

（一）身体の直接的「変工」

身体の直接的「変工」とは、身体に対して、人為的に直接変形を加えるような行為を消費する現象である。特に、身体に対して、外科的な施術、すなわち直接傷を付けるような「変工」に対価を支払い消費することである。この種の「身体の消費」で最も典型的なのは、美容整形であろう。美容整形とは、外科的な医療技術を用いて、人間の身体に「変工」を加えることである。しかも、「変工」のための施術は商品として価値づけられており、その医療行為は、商業活動として成立している。(2)

他人の評価とは関係なく、自らの身体の「醜形」さに対して恐怖を覚える「醜形恐怖症」という精神的な病がある。「醜形恐怖症」は、一九七〇年代後半から一九八〇年代前半あたりにかけて症例が出現するようになるのだが、(3)一九九〇年代後半頃に再び世間を賑わせている。例えば、『週刊朝日』（一九九八年一一月一六日）に、「思春期の子供に増える醜形恐怖症」という記事が掲載されている。

医療技術とは、疾病や負傷によって不健康な状態となった身体に対して施術をすることで、生命を維持できるようにすることと定義づけられる。現代では、誰でも医療技術を享受できるようにするために、必要な支払金額の一部に対して金銭的な負担をする保険という制度があり、医療技術が「買えない」状況が生じないようにしている。(4)だからこそ、逆に美容整形は、医療技術を用いて身体を自在に「変工」する商品として、あえて市場という場で自由に取引され、価値づけられる特殊な商品として成立したといえるだろう。

もちろん、商品としての美容整形を成立させるには、美容整形という医療技術そのものが発展する必要があった。古来、身体の「変工」は、宗教的な祭祀や、樺山紘一（一九九六）がいうところの「文化人類学的な主題」に属するような習俗的な事柄を背景に行われてきた。また、整形手術自体は、「身体的欠陥を治療する」という、医学的な施術という意味合いで、古代インドなどで行われていたという(5)〔谷本、二〇〇八：一三〕。医学的な施術は、不健康な状態を解消し、健康を取り戻すためにおこなわれる。したがって、身体が欠損したことによって生じた不健康な状態を外科的な形成術によって解消することが、医療的な文脈での身体の「変工」ということになるだろう。

しかしながら、医療技術の進歩は、身体に対するイメージを変えてきた。外科手術の進化は、まるで機械を修繕するかのように、人体をむしばむ病気の要因を除去したり、欠損あるいは使用不可能になった部位を人工物に置き換えるなどして治療できるようになってしまった。このような外科的な医療技術の進化の延長線上に、形成外科的な「変工」も、治療という名の下に位置づけられるようになったといえるだろう。中でも、美容整形のような身体の視覚的美醜にかんする「変工」は、技術的には医療の延長線上にある行為でありながら、その目的が病気の治療からずれた（と思われている）医療行為としておこなわれるようになったといえる。

しかも、医療行為の一種でありながら身体の「変工」でもある美容整形は、その奢侈的な性格から、むしろ市場において自由に価値づけされる商品として成立するようになる。商品が奢侈的であることは、逆にいえば、商業的な言説を用いることはもちろん、社会における様々な価値意識から、商品に根拠のない「過剰な」価値を付与する可能性を包含しているといえる。美容整形が商品として成立したのもまた、奢侈的なものが市場において価値を実現し商品になるという、資本主義の原理に則ったものだといえる。

二十一世紀に入ると、医療的な技術は用いるが、メスによる切開を伴わない「プチ整形」という技法も登場してくる。「プチ整形」は必ずしも恒久的な身体「変工」とはいえないが、身体を直接的に「変工」させる点では同様の行為である。ただ、「プチ」という言葉が象徴するように、身体の「変工」に対する抵抗感の弱さと手軽さがあり、それと共にプチ整形という身体「変工」が、消費の対象として確立していくのである。

プチ整形の「プチ」的な感覚に近い身体「変工」を伴う商品あるいはサービスに、ピアッシングや入れ墨（タトゥー）などがある。ピアッシングは、日本では特に一九九〇年代に入って、男女問わず若者を中心に流行し、現代では、ピアッシングはファッションとしてすっかり定着し珍しいものではなくなった。ピアッシング自体は、まさに文化人類学的な主題となりうるような習俗的なことを背景に成り立っている行為である。しかしながら、現代のピアッシングからは習俗的、宗教的な意味合いはすっかりそぎ落とされ、ある種の記号のごとく、身体を装飾する方法のひとつとなっている。加えて、ファッションのモードの中に取り入れられたことで、まさに消費する行為となっている。

身体の直接的な「変工」は、ピアッシングのようにファッションとして取り込まれたものや、美容整形のように、奢侈的な医療行為に基づく「変工」だけではない。疾病の治療に際して、身体を「変工」させる外科的な医療行為にも、商業的な要素が入り込み得るものもある。臓器移植がそれである。日本では、一九九七年に、「臓器の移植に関する法律」（以下、「臓器移植法」と記述）が施行され、一九九九年二月末から三月はじめにかけて、臓器移植法に基づく脳死からの臓器移植が初めて行われた。もちろん、臓器移植はあくまで医療行為であり、経済的あるいは商業的な領域とは一線を画している。しかしながら、臓器移植という医療行為に対する費用は何らかの形で発生しているのは事実である。そして、臓器移植に対して人間の身体から提供される臓器が「流通する」[6]という捉え方があるとすれば、臓器移植という医療行為はもちろん、それに伴う「臓器提供」という名の臓器の「流通」は、どこか経済現象に似ているといえるのではないだろうか。

（二）　身体の間接的「変工」

何かを装着することによって、身体の形を「変工」させたり、「変工」したように見せることを、ここでは身体の間接的「変工」と呼ぶことにする。身体に直接傷を付けたり、切り刻んだりするのではないが、結果的に身体の「変工」と同義として扱われるようなものがそれである。

「身体への装着」という言葉からわかるように、身体の間接的「変工」の典型的な例は衣服である。衣服は、人間の皮膚を覆うことで、外気の暑さ寒さなどから身体を保護する機能を持った道具である。ただ、衣服は、そのような機能的な目的だけで装着するのではない。衣服にまつわる用語である「ファッション」という言葉が示すように、衣服は、風習や慣習といった日常の社会生活における文化的な意味づけもされてきた。また、流行や様式を示す「モード」という言葉も、主として衣服にまつわる用語として使われることが多い。

このことは、衣服の色や形状などに対して様々な意味が付与されており、衣服が、それをまとう身体を視覚的に形作り、その身体を所有する人間のイメージを表象する機能を有していることを意味する。社会生活の中で、衣服は身体と一体になって、パーソナリティやアイデンティティといった、身体所有者の印象を表象するメディアとして機能する。衣服をまとうことによって、生身の身体は、視覚的にはもちろん衣服をまとう人間自身が持つ印象も変えられてしまう。このとき、衣服は、身体を「変工」するとともに身体が表象するイメージを自在に「変工」していることになる。

衣服による身体の「変工」の極端な例としては、十九世紀に、ヨーロッパ諸国やアメリカなどで女性用下着として普及したコルセット(7)がある。コルセットは、女性の身体の理想型とされる細いウエストのラインを表象するために、そのラインに合わせて身体を形作るように拘束する衣服であった。女性は、自らの身体にはめ込むことができないほど窮屈なコルセットで身体を締め付け、細いウエストのラインをつくろうとした。コルセットを身にまとうことによって「変工」された身体はとても動きにくく、日常生活を送るうえではむしろ不便であり、しかも過度な拘束によってより不健康に見える。それにもかかわらず、コルセットの着用は、審美的な意味で肯定的な価値づけを背景にむしろ積極的に行われていた。また、ソースティン・ヴェブレンは、このような身体の「変工」が、資本主義における階級性を誇示するためになされていた〔ヴェブレン、一九九八：一九三―一九四〕ことを指摘している。

ロラン・バルトの『モードの体系』に見られる衣服にかんする記号論的な分析を待つまでもなく、衣服は、身体にまとわりつくことによって、身体そのものを様々な記号として表象させ、意味づけてきた。衣服は、そのような記号が表象する意味として、消費の対象とされている。それは同時に、衣服を着ることによってなされる身体の「変工」もまた消費の対象であり、資本主義における欲望の対象となることを意味するのだ。

（三）　身体の管理

直接的、間接的に身体そのものを変形させる「変工」ではないが、身体にまつわる消費現象として、身体の管理や制御にまつわる商品の存在と、それを消費する現象がある。これは、字義通りの「変工」ではないが、身体の管理を通して、身体を審美化しようとする意味では、身体の「変工」に通じるものがある。

具体的な例として挙げられるのは、「衛生」や「健康」といった身体管理にまつわる事象である。例えば、日本では、一九八〇年代から、「清潔」「衛生」ということを意味＝価値づけた商品が次々と誕生した。もちろん、近代以降、衛生用品自体は商品として売られてきてはいる。しかし、過剰とも奢侈的ともいえる価値を付与された衛生商品が、新たな市場を開拓すべく登場してきた。この現象は、日本を例にしていえば、一九八〇年代以降の消費社会におけるマーケティング活動の隆盛と重なるものがある。

例えば、一九八〇年代後半から終わりにかけて、特に若者を中心に極度な清潔志向が広まった。マスメディアはそのような人々を「清潔症候群」と呼び、社会現象となった。この現象の背景には、「清潔」「衛生」をうたったそれまでにない商品の登場があった。例えば、トイレの便座の除菌スプレーや、便座以外でも外出時に携帯できる除菌スプレーやティッシュペーパーなどがこの時期に数多く登場している(8)。また、朝、起床したときに洗髪する「朝シャン」習慣も同時期にブームとなり、「朝シャン」ができる規格の大きな洗面台が発売されていた(9)。

一九九〇年代後半にも同様の現象が起きている。一九九六年に集団感染があったO―157の流行を機に、「抗菌」をキーワードとする商品がヒットした。一九八〇年代後半に流行した「除菌」から「抗菌」と言葉を変え、抗菌加工されたさまざまな日用品が、いわゆる「抗菌グッズ」として販売されるようになったのである。食品に触れるという意味では、まな板やスポンジなど病原菌を防ぐ必要がある台所用品はもちろん、トイレの便器や便座、バスタブ、トイレ掃除用具、風呂桶などのバス・トイレタリー用品、歯ブラシなど、抗菌仕様をうたう商品が標準的なものとなった。さらに、カーテンやシーツ、ボールペンや手帳、キャッシュカードやビデオテープとそのケースまで「抗菌」と表示されているほど抗菌仕様は徹底されるようになり、現在ではすっかり標準的なものとなっている。

このような現象はさらに続く。二〇〇九年に、新型のインフルエンザが流行したとき、主として業務用で使用されていた消毒薬、特にポンプ式で手指を消毒するものが瞬く間に売り切れた。その後、ノロウィルスなど、様々な病原菌による感染を防ぐために、このような消毒薬が公共的な場所はもちろん家庭にも置かれている風景は、現在では日常のものとなった。

さらに、身体から発せられるにおいを除去するようなデオドラント商品や、顔の皮脂をとるあぶらとり紙などは、一九八〇年代から次々と商品化されてきた。後者の場合、ある種美容的な文脈はあるが、一九九〇年代後半には、例えば男性用のあぶらとり紙など、いわゆるジェンダー的な観点から見てその市場から外れていると考えられていた男性、とりわけ若い男性を対象としたこの種の商品の市場が新たに開拓されたとして話題になった。「除菌」「抗菌」にかんする商品は、疾病を予防する観点からすれば、ある種合理的な機能を有し、相応の価値を体現した商品だといえよう。しかしながら、「除菌」「抗菌」は、過剰な欲望を引き出すためのある種の記号として作用しているということもできる。これらの商品を消費することは、消費における審美的な要素、すなわち、ファッションなどに見られるような奢侈的な消費の上に成り立っているということもできるのだ。そして、何よりもこれらの商品は人間の身体にかかわるものであり、これもまた「身体の消費」であるといえよう。

（四）　身体の制御

「健康維持」としての身体の管理のみならず、身体の審美的な面での「変工」につながるような身体の制御、管理も、「身体の消費」という意味で数多く存在している。

この類のもので最も顕著なのは、ダイエットとそれにまつわる商品やサービスだろう。ダイエットは、健康管理はもちろん、身体を美しい型にする、あるいは型を保つという審美的な欲求を満たす行為であり、その意味では身体の「変工」につながる行為である。

ダイエットや痩身を促す商品の事例は、食品を中心に医薬的な商品まで枚挙にいとまがない。また、食品にかんしていえば、健康管理という文脈も含めて、既存の日常的な食品に含まれる栄養成分にダイエット効果があるとされると、スーパーマーケットの棚から当該商品が一日で消えるといった現象がしばしば起こった(10)。

また、一九九一年に厚生省（当時）が制定（その後厚生労働省から消費者庁へ移管）した「特定保健用食品」の制度は、一九九〇年代末頃には様々な商品に利用されるようになった。企業は、この制度を利用して多くのヒット商品を生み出し、まさに身体の管理に供する商品の市場を作り出した。

同じく一九九〇年代頃から、様々なサプリメントがコンビニエンスストアで売り出され、手軽に入手できるようになった。ビタミン剤はもちろんのこと、健康に良いとされる成分、あるいは日々の日常生活で摂取が不足しがちでありながら健康維持に必要とされる成分などが、サプリメントとして商品化されている。また、食物繊維やカルシウムなどが加えられている食品や飲料も、商品として多く流通している。サプリメントをはじめとする機能性食品は、人々に「健康への配慮」という欲望を満たさせようとする。しかも、実際の商品はもちろん、商品を取り巻く言説は、まさにコンサマトリー（consummatory　即時充足的）に「健康への配慮」という欲望を満たすものとなっている。そのコンサマトリーさは、例えば、沢山の種類のサプリメント錠剤を飲んで食事が終了するといった、食事なのか薬剤の投与なのか見分けが付かないような摂取行動に象徴されるだろう。

特定保健用食品やサプリメント、機能性食品の流行は、身体を直接「変工」するものではない。その意味では、「身体の消費」というイメージから離れているかもしれない。しかしながら、健康の維持や特定の効能といった商品にまつわる言説の背後には身体を制御するという欲望があり、その欲望は、身体の「変工」へと繋がっているのである。

また、このような食品を用いた身体の制御とともに、身体を動かすこと、すなわち身体運動によって身体を制御し、その結果身体を「変工」させるための商品やサービスがある。身体運動を補助するための様々な運動器具はそれにあたるだろう。サービスの面では、身体運動を体験する場であるフィットネスクラブの台頭がある。フィットネスクラブは、様々なスポーツを技術的に指導するというよりも、むしろ身体を制御するためにあるといえる。さらに、身体運動の体験を、映像などを用いてプログラム化した商品もある。例えば二〇〇〇年代に日本でも人気を博した『ビリーズブートキャンプ』や、ダンスを用いたエクササイズプログラムを映像メディアとして商品化したものが流行したことがあった。そして、二〇一〇年代には、「肉体改造ジム」をうたうパーソナル・トレーニングジム「ＲＩＺＡＰ（ライザップ）」が、インパクトのあるテレビＣＭで、瞬く間に知名度を上げた。

以上、「身体の消費」現象について、四つの分類を軸に述べてきたが、もちろん、ここで取り上げた現象の他にも、「身体の消費」と呼べるような現象は数多くあるだろう。また、これらの現象を社会的なものとして捉え、各現象について深く考察した研究も現在では数多く存在する。このような現象の顕在化や、それにまつわる研究が数多くなされてきたこと自体が、身体という存在が現代社会において様々な形で問題化されていることだといえるだろう。

３.「身体の消費」と身体イメージ

（一）身体の「モノ化」における二つの次元

「身体の消費」現象を俯瞰すると、われわれは、身体にまつわる問題に直面する。それは、人間の身体の「モノ化」である。ここでいう「モノ化」には二つの意味があるといえる。

第一に、身体という存在の客体化（objectification）としての「モノ化」である。身体が、意思の宿った人間の主体（subject）の表象としての存在から、意思の外に出され、制御できる物体、すなわち客体（object）とみなされるようになることである。

亘明志は、身体の社会形式を、次の二つの「命題」に分類している（亘、一九九六：二一三）。

①人間は身体である（beingとしての身体）
②人間は身体を持っている（havingとしての身体）

人間は、人間として存在するために、生命としての身体を与えられている。身体に対して何らかの外圧を加えれば、生命の維持に支障をきたす可能性もある。それゆえに、身体は、自然のままに存在させておかなければならない。あるいは、存在していることが自然だと考えられている。

しかしながら、デカルトの有名な「身体―精神」の二元論にあるように、人間は、身体を所有する存在でもある。所有するということは、人間の精神（意思）から見たとき、各個人は、自らに属している身体を、外的な存在、すなわち客体とみなしていることになる。

亘が掲げる身体をめぐる二つの「命題」は、人間が「身体を持ちながら、身体でもある」（ターナー、一九九九：二）という、身体をめぐるある種のコンフリクトを産み出している。「身体でしかない」はずの人間が、精神（意思）という主体を切り離すことで、様々な技術さえあれば、自らが所有する身体を意のままに制御することができる可能性が生じるのである。そして、この可能性の裏には、身体を「モノ化」し、身体を意のままにすることに対する禁忌が見え隠れしている。

第二に、経済活動における消費の対象となる商品としての「モノ化」である。これは、客体化としての「モノ化」を経由して生じる「モノ化」である。人間の意思、主体と切り離された身体が客体化することによって、物体とみなされた身体は、まさに消費の対象となる。その結果、身体は、名実ともに「モノ」、すなわち商品として消費される対象となるのである。

特に、ジャン・ボードリヤールの議論を踏まえると、現代の消費社会では、身体を消費すること、すなわち身体を意のままに制御することは、ある種必然なことだといえる。消費社会では、消費者は、商品のいわば記号的な側面、商品に意味づけられた記号に対して価値を見出し、消費の対象とする。商品に意味づけられた価値を消費する、いわゆる「記号を消費する」というとき、消費者は、ボードリヤールの言葉を借りれば「もはや存在しない個性」、言い換えれば、商品が包含する記号によって表現された個性を消費するのである。

消費者にとって、個性を表現するための媒体が身体であることはいうまでもないだろう。衣服のファッションがその典型であるように、消費者は、自らの身体に衣服を着せるという、身体への施しを通して個性を表現しようとする。衣服は、皮膚を保護する機能的な商品ではなく、むしろ「第二の皮膚」として、身体と一体となり身体の形相やイメージをデザインしていく。衣服という、個性を表現するための意味が含まれた記号としての商品を自らの身体にまとい、衣服をまとった身体によって表象されるイメージを発信する行為を、消費者は消費しようとする。このとき消費されるのは、もはや衣服という商品ではなく、自らを消費の対象として身体を意のままに操り、自らの身体イメージを創造する行為そのものである。

この意味において、衣服をまとう行為の先には、身体そのものを変形、加工させる「変工」という行為があるといえる。そもそも、身体を「変工」させる行為は、樺山〔一九九六〕がいうように、様々な呪術や儀礼などの「文化人類学的な主題」であり、客体化はおろか、経済学的な主題、すなわち消費される行為とは異なる次元の問題として捉えられてきた。しかし、消費社会におけるファッションのモードの中で、身体「変工」自体が、記号化した衣服をまとうことと同様の次元の行為となるのである。

（二）過剰さを産み出す装置としての身体

身体の「モノ化」における二つの意味の中で、社会の中でどちらがより強く意識されてきたのかといえば、商品として消費される「モノ」としての意味だといえるだろう。確かに、近代医療における外科手術のような、医療としての身体「変工」＝「医療的身体変工」が発達する中で〔樺山、一九九六：一九一―一九四〕、人間は、生命はもちろん、生活の質（ＱＯＬ）を失うことなく、身体を「変工」できるようになった。このような「医療的身体変工」の経験（あるいは擬似的経験）は、人々の身体感覚を変化させてきたといえるだろう。まさに、亘がいうところの「havingとしての身体」のような、各人の意思や人格からの切り離しと、それに伴う身体の制御可能性と制御可能な身体に対するイメージへの意識が広まっていったのである。

ただ、身体の「変工」技術の発展によって、身体の「モノ化」という意識が顕在化してきたわけではない。問題は、その技術を用いて可能になることが消費の対象となることである。つまり、医療行為としての美容整形という「変工」、そして「文化人類学的な主題」のもとにあるピアッシングやタトゥーなどのような直接的な身体「変工」は、身体の形相をつかさどる「第二の皮膚」である衣服のファッションのように、医療行為を伴わない身体「変工」と同等な次元のものとなる。このことこそが問題なのである。

衣服のファッション、あるいはそのモードを追いかけ消費することは、衣服が表象する記号を媒体にして、（自己）表現という言語活動をおこなうこと、そして、消費者自身の個性を表象することである。このような消費社会に典型的な消費現象は、資本主義の発展や進化を背景に顕在化してくる。そして、資本主義経済の発展は、人々の欲望を社会の「内」に向かわせる。社会の「内」、つまり「資本主義自身が、人々の欲望を作り出して」〔佐伯、一九九三：一五五〕いくような資本の運動が起きてくるのである。資本は、例えばマーケティングや広告宣伝活動を通して、消費者の欲望を開拓していく。いわば、欲望の「個性化」であり、カスタマイズ化である。佐伯啓思の言葉を借りれば、そのようにして「個性化」した欲望は現代の消費社会において限界に達し、「欲望のフロンティアは、消費者ひとりひとりのナルシシズムにかかっている」〔佐伯、一九九三：一七〇〕のである。この「ナルシシズム」が消費者にとっての欲望の対象となるとき、消費者は身体を消費するのである。

身体が、人間の存在、そして自己を表象するものであるとするならば、人々は、自身の欲望のままに身体を「変工」、管理、制御しようとするだろう。ただ、身体を「変工」、管理、制御できる技術的可能性が出てきたとしても、人々はそれが容易にできなければ、自ら所有する身体を「変工」することはないだろう。

例えば、先に述べた「身体の消費」における（三）に関連する事例から考えてみよう。社会の近代化の中では、例えば都市化などによって人々が集中して生活をすることから、都市では疫病などが発生する可能性があった。実際、様々な伝染病の大流行があり、多くの死者を出していることは歴史的な事実としてある。そこで、公衆衛生という考え方が必要となるのだが、公衆衛生の秩序を保つためには、当然のことながら、個人レベルに対する啓蒙が必要となる。実際、様々な啓蒙活動がなされるわけであるが[11]、そのとき、例えば国家による「政治的」な啓蒙活動以上に効力を発揮したのは、実は「経済的」な資本の力だといえる。

確かに、人々は自分自身が病気にならないために、身体を管理する必要があった。ただ、それはやはり、「節約的」（economical）に行われていたはずである。すなわち、人々は、啓蒙活動によってもたらされた衛生観念を享受していても、必要最小限の身体管理にとどめ、身体に対して「過剰な」管理や制御を積極的にはしないはずである。一般の人々は、衛生概念の背景にある自然科学的な知識を持っている、あるいは知識を得ようとすることはほとんどない。いや、そもそも、衛生概念のあり方自体が、一般の人々にとってはブラックボックスとなっているのである。

資本は、消費者がおかれているそのような状況を背景に、「過剰な」欲望を巧みに開拓させるように仕向けてくる。もちろん、消費者が身体を手軽に管理できる商品を資本が開発することは、資本の動きとして当然のことであろう。しかし、そのような「衛生グッズ」に対して、果たして人々が欲望を向けるのかという問題がある。生活の中に取り入れられた衛生概念に基づく商品には、確かに科学的根拠に基づく「使用価値」があるのだろう。しかし、限界生産性が飽和し、かつ消費者の欲望が飽和してくる社会では、その機能的な「使用価値」を広告宣伝の言説に利用したとしても、消費者の欲望は引き出されない。このような社会において、資本は、消費者の「過剰な」欲望を創出する手段として、ブラックボックス化した衛生概念を「過剰な」言説に変換し、商品を通して流布させようとする。

アドリアン・フォーティは、二十世紀前半のアメリカにおいて、「清潔の美学が家庭の風景の規範になる」〔フォーティ、一九九二：一九七〕と指摘し、資本のフロンティアとして、衛生と清潔が、商品のデザインや広告の中に巧みに取り入れられていることを指摘している。

おおむねのところ、清潔さの水準を高めるうえでは、商業のほうが衛生論者たち以上の成功をおさめた。〔中略〕真空掃除機、石鹸粉、洗濯機などは、すべて清潔さのより高い水準を達成するための新しい機会を生みだし、掃除を軽んじることを、とくにそれらが一点のしみやほこりをも排除するデザイン規範によって支えられたときには、いっそう野暮で許しがたいことにした。ほこりを、掃除によってのみ軽減しうる病気の原因と認めようとしたのは衛生改良家だったけれど、その観念を現実に変えたのは、ほかならぬ商業であり、製造業だったのである。

〔フォーティ、一九九二：二二八、傍点は引用者〕

フォーティはいくつかの「衛生グッズ」の広告を例示しているが、その中にあるコピーを見ると、資本が脅迫や進化といった新たなかつ「過剰な」欲望を引きだそうとしていることがわかる。例えば、フォーティが紹介している消毒洗剤ライゾールの広告には、「お化け屋敷に住みたいですか?」というコピーが書いてあり、その下には、「お化けを退治するには?」という見出しの下、ライゾールの商品説明がなされている。また、ユーリカ真空掃除機の広告には、掃除機のセールスマンが家の玄関を訪れている写真の横に、「ようこそユーリカマン」「ユーリカマンは家庭衛生の新しい基準を運んできます」というコピーが添えられている〔フォーティ、一九九二：二〇一、二二四〕。ここには、商品の機能や性能に対する必要性や欲望ではなく、「お化け」の存在という脅迫や、先進的な衛生概念を享受できるといった「過剰な」欲望を、商品を介して作り出す仕組みが存在している。

このような衛生グッズの普及は、身体の管理や制御といった「過剰な」欲望を人々から引き出したといえる。まさに、身体にかんする「政治学」は、身体にかんする「経済学」に取って代わったのである。現代の消費社会では、身体は、単に制御、管理できるという意味でのモノではなく、商品としてのモノと認識されざるを得ないのである。

ボードリヤールは、「身体の消費」にあたる身体の管理や制御、すなわち健康や衛生の維持が、消費社会における典型的な現象、すなわち、消費者自身による表現やヴェブレンのいう「見せびらかし」、自己防衛という名の「ナルシシズム」といった、ある種「過剰な」消費現象とシンクロするようにあることを指摘している。

> 健康は今日では生き残るための生物学的な意味での至上命令である以上に、地位向上のための社会的至上命令となっているのであって、基本的「価値」というよりは見せびらかしなのである。
>
> 〔ボードリヤール、一九七九：二〇四、傍点は引用者〕

衛生の強迫観念は、肉体を否定し、排斥し、抑圧するピューリタニズムのモラルを直接継承するわけではない。現代の倫理はもっと巧妙になっていて、肉体から衛生概念だけを抽出し、忘却され検閲された欲望の単なる記号形式とすることによって、肉体を神聖化する。（大げさで脅迫観念的な）衛生への執念が今日いたるところに見出されるのはこのためである。〔ボードリヤール、一九七九：二〇九、傍点は引用者〕

衛生にかんする商品に見られるように、資本の力は、消費者に対してコンサマトリーに身体を制御できる可能性を見出させる。消費者は、自身が所有する身体を容易に意のままにすることができ、そのことによって、身体の所有者である自己のイメージを消費の対象とすることができるようになる。身体という、他者の視線にさらされる自己の形相を、商品を消費することを通して自分自身の手で意のままに管理し制御することは、現代の資本主義における欲望のフロンティアである「ナルシシズム」という「過剰な」欲望を満たすことである。つまり、消費者は、自らの身体そのものを物神崇拝の対象にし、「身体を消費」するのである。

(三)　消費社会における身体イメージと「身体の消費」

ボードリヤールは、「衛生への執念」や「見せびらかし」としての「健康」という価値を追求する「身体の消費」を、消費社会における典型的な現象として捉えている。

消費対象のパノプリ〔セット〕のなかには、何よりも美しく貴重で素晴らしいモノ――あらゆるモノの要約的表現である自動車よりははるかに多くの共示を含んだモノがある。肉体だ。〔中略〕肉体を取り巻く衛生観念や栄養や医療の崇拝、若さ、エレガンス、男らしさ、女らしさなどの強迫観念、美容や痩せるための節食療法およびそれらの生贄の儀式を思わせるやり方、そして肉体にまつわる快楽の神話、――これらはすべて今日では肉体が救済の対象となったことを示している。

〔ボードリヤール、一九七九：一八六―一八七、傍点は翻訳者〕

肉体＝身体を意のままにできることを発見すると共に、各人が所有する身体が放つイメージによって、消費者は、コンサマトリーに自己イメージを形成することができるようになる。それこそが、消費者の欲望を満たすという「救済」をもたらすのであり、その意味において、肉体＝身体は、消費者にとって「救済の対象」となるのである。

このとき、「救済の対象」としての身体は、具体的にどのような「モノ」のイメージとして存在しているのか。ボードリヤールは、現代における身体のイメージについて、まず、以下のような、四つの「肉体の否定的な理想型」を提示し、人間の実存としての身体は、この四つの身体イメージの「否定的理想」の範囲内に存在するとしている。

（一）医学にとって、準拠となる肉体は屍体である。いいかえれば、肉体と医学システムとの関係において、肉体の理想的極限は屍体であり、医学が、生命保護の口実でおこなう完成されたその実践において生産・再生産しているのも屍体なのである。

（二）宗教にとって、肉体の理想的基準は動物である（「肉」の本能と欲求）。屍体置場としての肉体、肉の隠喩としての、死を超えて蘇る肉体。

（三）経済学のシステムにとって、肉体の理想的タイプはロボットである。ロボットは、労働力としての肉体の機能的「解放」の完成されたモデルであり、非―性化された絶対的な合理的生産性の応用なのである（頭脳のロボットであるコンピュータの場合もそうだ。それは、つねに労働力の、頭脳の拡大である）。
（四）記号の経済学のシステムにとって、肉体のモデルとなる基準はマヌカン（およびそのあらゆるヴァリアント）である。ロボットと同時代の現象（それはＳＦ小説の理想の相棒だ。バーバレラを見よ）であるマヌカンは、やはり価値法則の下で完全に機能化された肉体を表現しているが、この場合には価値／記号の生産の場としての肉体なのだ。
〔ボードリヤール、一九九二：二七五―二七六、傍点は翻訳者〕

ボードリヤールによる四つの「否定的理想型」から忖度すると、これらの身体像の位相は次のような図（次ページ）で示される。

資本あるいは市場システムの論理が強く機能している現代の消費社会では、身体は、「マヌカン」（mannequin「モデル」の意で「マネキン」と同義）に向かっているといえる。「マヌカン」は、まさに、身体イメージを表象する物体的なモノ＝商品として、はじめから「記号の経済学のシステム」という、消費社会における市場システムに取り込まれている。「マヌカン」が衣服を身にまとい、文化人類学的な文脈から切り離されたピアスやタトゥーなどで身体「変工」するとき、それは、消費者自身が欲望する身体となる。自らの身体を「マヌカン」のような欲望の対象となるモノとして、衣服や文化人類学的な「変工」を用いてデザインする。しかも、衣服や身体「変工」技術は、単に市場化＝商品化されているのではなく、コンサマトリーな商品として市場化されているのである。「屍体」は、ボードリヤールも指摘するように、「否定的理想型」でありながら、医療技術において準拠する身体イメージとなっている。「死」という「生」を失った肉の塊でありながら、そこには、医療行為を背景にした身体の「部品」という身体イメージが存在する。例えば、「屍体」の臓器は、それだけでは生命を失った「屍体」

の一部でしかないが、生きている身体に移植されるときには、ある種取り替え可能な「部品」として機能しうる。移植という身体部位の取り替えをおこなうわけではないが、美容整形という医療行為においても、ボードリヤールの言い方に準拠すれば、身体は、まさに「美容保護においておこなう医療行為の実践において生産」されていることになる。医療行為、とりわけ美容整形は、市場において商品として成立している（販売されている）行為である。商品として成立している行為であれば、消費者は、その価値に見合う貨幣を支払えば、まさにコンサマトリーに欲望を満たすことができる。そして、そのような身体「変工」を通して、身体イメージという自己・自我の表象を意のままに作り出すことができるのである。この意味において、「屍体」は、当然、客体的な物体であり、欲望の対象となる。つまり、「屍体」も、「記号の経済学のシステム」すなわち消費社会の市場に取り込まれる存在となり、「マヌカン」のごとき身体として扱われるようになるのだ。

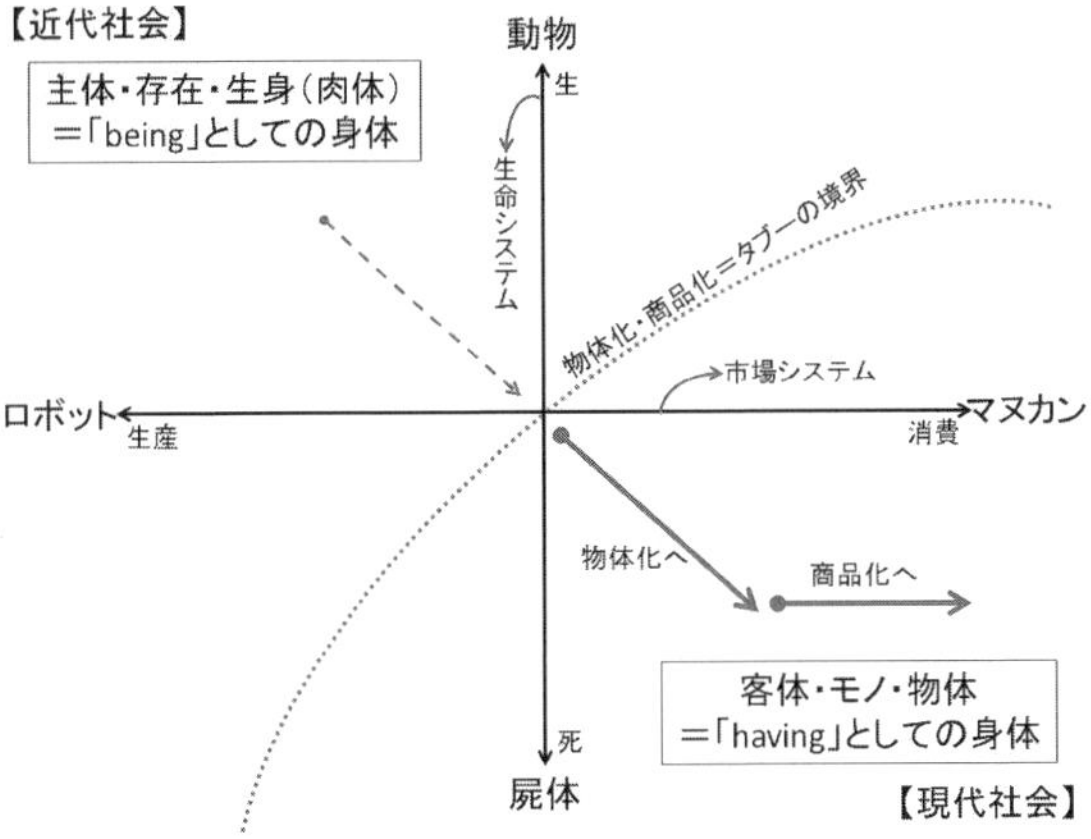

　消費社会が記号を消費する社会であり、消費という行為が商品を媒介にした「言語活動」であるならば、自らの身体を、「マヌカン」や「屍体」といった物体のごとく、自在にかつ意のままにすることは、まさに「身体を消費」することである。現代社会において身体は、このような消費社会の文脈、資本主義がフロンティアとしてきた消費者の欲望の矛先として捉えられるのが正当であるといえるだろう。すなわち、現代社会の身体は、近代的な生産主体として存在する身体（「ロボット」）、あるいは生きる身として存在する身体（「動物」）という、あ

る種主体的な身体から、「屍体」のような物体的、部品的なイメージを持った身体イメージ、そして「マヌカン」のような欲望の対象としての身体、すなわち市場において商品としてつくられ消費の対象となるイメージにシフトしていくのである。

4. 彷徨する身体

(一)　身体の「経済学」と経済倫理

ここまでの議論で、「身体の消費」ということが実際に行われていることを前提に議論してきたが、「身体の消費」そのものが現代社会においてある種問題になることの背景には、やはり、身体の「モノ化」、とりわけ二重の「モノ化」があるといえる。

資本主義のフロンティアには、消費者の欲望の開拓〔佐伯、一九九三〕と同時に、「市場開拓」という、それまで市場で取引されなかったものを、新たに取引されうるモノすなわち商品に仕立てあげることがある。資本は、消費者の欲望のフロンティアを拡大していくために、それまで貨幣によって価値づけることがためらわれていたものを、直接的であれ間接的であれ価値づけていくのである。このように、それまで消費の対象でなかったものが、消費される対象として価値づけられようとするとき、社会の中にある慣習や規範とのせめぎ合いがおきる。このような商品化をめぐるせめぎ合いは、「社会が許せる商品化の限界、すなわち我々の経済倫理がゆらいでいることを意味」〔松原、一九九四：一二二〕するのである。

「身体の消費」もまた、このような経済倫理的な揺らぎの中にある。「身体の消費」の場合、第一の「モノ化」

である身体と主体（意思）との分離という状況において、既に倫理的な揺らぎの中にあるといえる。それに加えて、身体における第二の「モノ化」すなわち身体の商品化がある。身体の二重のモノ化は、人々あるいは社会の中に無意識にある身体のモノ化に対する禁忌、タブーと、商品化そのものに対する禁忌、タブーとの間にせめぎ合いをもたらすことになる。

しかしながら、慣習や規範に基づくような経済倫理という商品化の限界、タブーの境界は、現代の消費社会では、消費者の欲望の拡張によって得られる「賛同」によって、簡単に打ち破られていく。ボードリヤールによる身体の「否定的理想型」になぞらえると、現代社会における身体は、「ロボット」や「動物」のような、人間的であることの「否定的作用のはたらく前提として、人間であることの地平線そのものが見失われたわけではなかった」（内田、一九九八：七一）ものから、消費社会を背景に、物体的な身体イメージである「屍体」のみならず、広告やデザイン、モードを背景にした言説によって意味づけられた「マヌカン」のようなものにシフトしていく。

消費社会における資本の作用、資本主義のフロンティアである消費者の欲望の拡張は、商品化のタブーという経済倫理的な問題をいとも簡単に乗り越えていくのである。消費が社会の中で中心となる消費資本主義的な社会では、商品化にかんする規範やタブーは、需要という名のもとに乗り越えられてしまうのである。もちろん、身体にまとわりつく「モノ化」「商品化」に対する抵抗やタブーも同様である。現代社会において、「身体の消費」は止められない事実であり、「身体の消費」を否定的に捉えること自体はもはや意味をなさないのである。

身体にかんしていえば、「正しい身体」とは、消費者の欲望する身体とそのイメージであって、自然であるなどといった規範的理想型としての身体は、消費社会の中ではもはや無効となってしまう。ただ、規範とのせめぎ合いという経済倫理的な問題を強く顕在化させるのが身体という存在であることを忘れてはならない。

（二）「身体の情報化」と彷徨する身体

それにしても、身体の消費という経済倫理的な問題にかかわるようなことがいとも簡単に乗り越えられる背景には、資本主義における欲望の開拓運動の他にどのようなことがあるのだろうか。人々が身体の「変工」に対する欲望を抱くとき、人々の中には「変工」する欲望に対応した身体イメージがあるはずである。そして、そもそも身体は自らの意のままにコントロールできるのだという、身体の可塑性というイメージが存在するはずである。

このような身体イメージは、資本主義における欲望の開拓によって培われてきただけではない。資本の運動は、モードを背景に身体に独特の意味づけ＝価値づけをしながら、身体に対するイメージを構築してきた。そこで表象される身体イメージは、ボードリヤールのいう「記号の経済学のシステム」における「マヌカン」のように、物体化（「屍体」化）され、商品化（「価値／記号の生産」化）されたものである。モードの中で身体イメージを表象する「マヌカン」は、それに対応するであろう「ロボット」のような、資本主義においてある種実存的と呼べるような身体とは対照的に、モードの中で様々に浮遊する身体イメージを表象する。しかも、その身体イメージは、生身の肉体や労働の主体といったようなリアルな身体からずれ、リアルではあり得ないような身体イメージをも理想的な身体として表象していく。さらに、資本は、現実の身体を、そのような身体イメージにコンサマトリーに作り替えることができるような言説を流布させる。

その結果、身体イメージは現実の身体から乖離していくのだが、吉見俊哉は、このように「身体が生身を置いている場所から離脱して、非現実的な情報秩序として再構成化されていく」現象を、「身体の情報化」と呼んでいる〔吉見、一九九六：一五三―一五四〕。吉見は、かつてあったオウム真理教（現在のAlephなど）の信者の修行におけるポイントの中に、「身体の情報化」というイメージを見出している。「生身の身体の不全性、不完全性、あるいは枠組みの強固さみたいなものに出会わせ」、修行の結果として、「身体というのは限界がないこと、手足や五感を超えて宇宙大の広がりを得ることができることを具体的に示していく」〔吉見、一九九六：一五三―一五四〕ことが、この宗教の根底にあったと考えられる。

だが、そのような修行をしなくても、われわれは、言説によって意味づけられた身体イメージに対する欲望を、様々な形で充足することができる。吉見が例として挙げているように、情報化社会では、テレビや電話はもちろん、インターネット環境などを通して、「生身の身体では体験できないスピードと広がりをもって人びとの社会的身体を存在させて」〔吉見、一九九六：一五三―一五四〕いる。情報化社会では、このような、生身の身体では感じられない身体感覚を、まさにコンサマトリーに感じられることが日常生活の中に広がっているのである。

このような体験と、その体験にまつわる快楽は、生身の身体と「情報化された身体」との距離を縮めていくだろう。つまり、現代社会において、身体は、資本の言説に基づく商品やサービスによって、いわば「情報化された身体」として、容易に操作、統御可能なものとして認識されており、身体を制御、操作することに対する感覚もまた、容易なもの、コンサマトリーなものとして位置づけられているのである。その意味において、「身体の消費」は、リアルな身体を、「情報化された身体」といういわばヴァーチャルな身体イメージに近づけるという欲望を満たすことでもある。

そして、自己の身体を「情報化された身体」イメージに近づけようとするある種の「修行」めいた体験を通した快楽を消費することもまた、「身体の消費」ということができるだろう。快楽を消費するというとき、快楽を感じるのは、いうまでもなく身体である。たとえ人間の主体から身体が切り離され、「having する身体」にシフトしたとしても、人間は、「having する身体」を経由して快楽を感じることになる。もちろん、身体を経由して感じた快楽の感覚だけが、消費者の効用を決めるわけではない。ただ、現代の情報化あるいは消費化という社会では、「身体の情報化」のみならず、身体が感じる快楽をいかに活用するかが重要なのである。快楽そのものが消費という体験であり、資本は、そのような体験を人々に提供し、人々はそれを消費するのである。

しかしながら、このような「情報化された身体」イメージの蔓延や、そのイメージに基づく「修行」にも似たような身体に対する「過剰な」管理、制御、そして「変工」に対して、消費社会そのものに対する批判とともに、自然である生身の身体への不可侵性という、規範に基づく批判も強く存在し続けている。

近年、ファッションモデルの体型がやせ過ぎになっていることが、問題となっているという〔高橋、二〇一二〕。一九九〇年代以降、「スキニースタイル」といわれる痩身で細いモデルが標準的になるとともに、「服の大量生産が進み、以前のように仕立てで体型をカバーできず、モデルや顧客に体形管理を委ねるようになった」〔高橋、二〇一二〕という、まさに衣服という商品が身体イメージの型そのものになる現象が起きていたのである。そのことを憂慮したファッション誌『ヴォーグ』は、不健康に見えるほどやせた体型のモデルや若すぎるモデルを起用しないことを表明したという。

衣服をまとう身体は、生身の身体とは関係なく、非現実的なイメージとして再構成された「情報化された身体」だといえる。そのような「情報化された身体」が、まさにメディアを通して流布し、欲望＝消費の対象となることによって、生身の身体に対して、「修行」ともいえるほど過度なダイエットをおこなうといった「身体の消費」をさせることになる。「修行」までいかなくても、それをより手軽にできるような言説や商品、サービスのようなものが消費の対象として現れてくる。それらに対する批判が、消費社会に対する批判とともに立ち現れてくるのである。

自然で健康的な身体イメージを欲望することと、不健康であることを承知で「マヌカン」のような「情報化された身体」イメージを欲望することは、背反する関係にありながらも、結果的には同じ「身体の消費」であることに変わりはない。「健康（健全）な身体」という、ある種ポジティブな意味での理想的な身体は、生身の自然な身体という身体の「原点」と必ずしも等価ではない。むしろ、「健康（健全）な身体」という、理想的な身体イメージを生身の身体で実現するためには、衛生への配慮や、健康維持のための様々な身体への施しが必要である。

これは、翻っていえば、身体イメージの理想型や正しさは常にモードの中にあり、身体と身体イメージ自体がモードの中で彷徨していることに他ならない。消費者は、意のままにならない、あるいは不可侵な身体を、ひたすらモードの中にある身体イメージに近づけようとすること、その行為を通した快楽の享受が、現代の消費における主要なトピックの一つとなっているのである。

いまや、身体に対する「過剰な」までの干渉に対して、不可侵性や禁忌性を規範的に問うことは難しい。ましてや、身体に対する「過剰な」干渉を消費する、すなわち身体あるいは身体に対する施しをモノ＝商品とみなし、消費することを規範的に問うことはさらに難しい。資本は、有用でないものに対して「過剰な」有用性を創造し、「過剰な」有用性に対して消費者の欲望を向けさせる。このとき、有用性における過剰さを、規範や理想的な姿、そして倫理という準拠点から判断すること自体、もはや意味を持たない。そのような準拠点は、まさに資本のフロンティアによって、そして消費者の欲望のフロンティアによって、簡単に乗り越えられてしまう。そして、身体イメージとそれに対する価値や評価はもちろん、身体および身体イメージとそれらにまつわる規範は、資本と欲望のフロンティアが交錯する中で形成されるモードの中で、彷徨し続けるのである。

このような状況に対して、消費社会が、規範や倫理を侵す背景にある「病理」であると批判することはたやすい。しかし、そのような批判はもはや意味を持たないのだ。現代社会では、そのような規範や倫理を揺るがすほど、身体がモードという消費文化を背景に重要な論点となっているのである。その意味においても、モードの中で彷徨する身体イメージ、そして身体イメージを欲望の対象とし、自らの所有物でありながら意のままにならない身体を、規範や倫理を半ば無視しながら、意のままにしようとすること自体を消費する「身体の消費」の時代を、いかに捉えるかが問題なのである。現代社会における身体は、このような消費社会の文脈の中で、いかにして消費されるモノとなるか、欲望の対象物として身体イメージがどのように構築されているかを問題にしなければならない状況にさらされているのである。

5. おわりに

本章では、現代社会、特に現代の消費社会とそれを支える資本主義システムを背景に、身体が消費の対象となるという観点から、身体のあり方について論じてきた。

身体という存在は、宗教的であれ文化人類学的であれ、様々な規範や倫理に無意識のうちに取り囲まれている。それゆえ、身体をめぐる議論には、ある種「本質主義」的なものが多かったといえよう。これは、身体が社会（科）学の問題として論じられる場合でも、同様の傾向があると思われる。

しかしながら、資本主義における資本の作用、特に人々の欲望のフロンティア拡張といった作用が、身体にまつわるイメージや言説を拡張し、身体を消費の対象として、人間の意のままにできるものに変換していく。これは、人々の欲望を拡張させていく資本の作用のみならず、その欲望のフロンティアを凌駕される消費者との共犯関係によって現れてくる。つまり、身体を意識し、自在にコントロールしようとすることへの関心は、資本の作用以上に、消費者自身によってもつくられていくのである。このような状況の中で、身体にかんする関心や欲望は、身体を取り巻いてきた様々な倫理的な規範と衝突するだろう。

身体にかんするこのような現状に対し、嘆きの言葉を与えることは意味がないだろうし、ましてやその背景にある消費社会という社会を批判することももはや意味をなさない。その意味では、規範や倫理を動かす消費文化のあり方、そしてモードの言説を背景に、自在に身体を消費する消費者の身体に対する意識の様態を考察する必要があろう。[12] そのような考察は、結果的には個別具体的な事例においてなされるであろうが、本章で述べたような議論は、どこかで必ず関係してくるはずである。

内田隆三は、テレビＣＭ表現では、ボードリヤールのいう身体の「否定的理想」の「境界を越境し解体していくようなモードを可能にする」という〔内田、一九九七：七四〕。テレビＣＭという映像における身体は、その「否定的理想」を越境するだけでなく、越境し、まさに身体ではないモノとイメージをクロスオーバーさせることで、生身の身体をモードの中に引き込んでいく。そのようなモードの中で、身体のイメージがどのように構築されていくのか。特に、テレビＣＭはもちろんだが、様々な映像メディアの中で、生身の身体はもちろん、それらをもとに再構成された非現実あるいは仮想的なイメージとして、身体がどのように表象され、モードを形成しているのか。そして、モードが、現実の生身の身体の「変工」を、どのようにしてコンサマトリーなものとして描くのか。このような研究はまだ多くはないだろう。

そして、「身体の消費」によって浮上する経済倫理的な問題に対しても、焦点を当てなければならないだろう。本章では、消費社会における一つの大きな象徴となる「身体の消費」に対して、規範や倫理を持ち出すことはもはや無意味であると述べた。ただ、ここで述べたかったのは、身体をめぐる、ある種「本質主義」的な規範や倫理に準拠した議論自体が無意味だということである。したがって、むしろ問題なのは、身体をめぐる規範や倫理と、「身体の消費」との間に起きる衝突が、どのように立ち上がるのかである。経済倫理的な問題を、まさに問題として批判したり嘆いたりするのではなく、むしろ、市場がどのようにその規範を凌駕するのか、凌駕するための市場における新たな規範の形成過程は何なのかを問う必要があるだろう。

本章では、身体の「変工」にかんする具体的な事例を詳細に掘り下げた議論はおこなわなかったが、身体「変工」全般にかんして、消費社会において、欲望の対象が欲望する主体自身に向けられるいわば「ナルシシズム」を背景としていること、「ナルシシズム」を発動させる資本主義の作用をもとに分析をしている。ただ、このような大きな枠組みの中で、身体「変工」とそれに作用する身体イメージがどのように構築されるのか。そこには、当然、経済倫理的な問題をはじめとする規範や倫理との衝突がある。また、衝突について議論する中で、「正しい」身体のイメージ、「正しい」身体「変工」、「正しい身体の消費」といった、身体をめぐる「真正性」の問題も浮上してくるだろう。その衝突も含めて、身体の消費を起点とした経済倫理的な問題、身体をめぐる「真正性」の問題を考える必要があるが、それは今後の課題としておきたい。

〈注〉

（1）ここでいう「変工」とは、樺山紘一が以下のように定義づけたものをいう。

「身体変工とは、人為的手段によってからだに変形をくわえることである。棄損によるもののほか、部分的な器官の形態変更や機能修正をくわえること、あるいは特殊な付加物をあたえることである。身体変工は、世界中の人類社会にひろく知られており、おもに文化人類学の主題として、資料の蒐集もおこなわれ整理もほどこされてきた。むろん、宦官における去勢や割礼も、その主要な一部として解釈される」〔樺山、一九九六：一八七―一八八〕

（2）美容整形の患者が、美容整形を受ける理由や動機など美容整形という商品を購入する意識については、既にいくつかの事例研究が存在している（例えば谷本〔二〇〇八〕）ので、ここでは、美容整形という個別の事象を深く掘り下げることはしない。

（3）「雑誌記事索引集成データベース」（株式会社皓星社作成）によれば、タイトルに「醜形恐怖症」を含む記事は一九八三年に一件見られるが、一九九一～一九九二年に各二件、一九九五年一件、一九九七年二件、一九九八～二〇〇〇年各一件、その後二〇〇四年一件、二〇〇六年四件、二〇一三年に一件が見られる。

（4）もちろん、医療制度は国によって異なる。日本のように「国民皆保険制度」の下、国民全員が何らかの形で医療保険に加入し、その制度の恩恵を受ける場合もあれば、アメリカのように、自由診療を基本として、各人が民間の保険会社と契約し、必要なときに医療費の給付を受ける仕組みを選択する国もある。ただし、アメリカでも、医療制度については、様々な議論がされてきた経緯はある。

ただ、これは、医療という行為＝サービスを、自由な経済活動を担保する市場にどこまで委ねるか、商品として金銭による価値づけを許すかという問題であり、「身体の消費」にまつわる規範や倫理とのせめぎ合いの問題の典型的な例である。

（5）谷本によれば、古代インドでは、気持ちの悪い娘の父や不貞の妻の夫は、彼女たちの鼻を切り取ることが許されていたことから、鼻を切り取られた女性たちが外科医たちに救いを求めたという。その結果、古代インドでは、鼻の整形手術にかんする技術は、相当高い水準に達していたという〔谷本、二〇〇八：一三〕。

（6）ここでいう「流通」という考え方は、香西〔二〇〇七〕を元にしている。

（7）コルセット自体は、古代から存在していたといわれている。ただ、その用途は、例えば女性が動いたときに、胸部や腹部が動かないよう固定することにあった。この機能は、コルセット自体、女性用の下着を意味するとともに、怪我をしたときに装着する固定器具を意味することからも理解できるだろう。しかし、ここでいうコルセットは、そのような機能的な道具というよりも、まさに女性用の下着として、身体をファッショナブルな「型《フォルム》」に「変工」し表出するものとして消費されるようになったものを指す。十六世紀頃のヨーロッパ諸国では、コルセットを用いてウエストを細く見せるようなスタイルが登場してくる。そして、十九世紀に入ると、それまで貴族階級の人々が主に着けていたコルセットが、ヨーロッパやアメリカのブルジョアジーや労働者階級にファッションとして広がったのである。コルセットをめぐる詳細な歴史は、古賀〔二〇〇四〕を参照。

（8）日本では、一九八六年一一月に、小林製薬が「便座除菌クリーナ」を発売しヒット商品となった。当時の新聞記事をひもとくと、「便座除菌クリーナ」をはじめとする商品のヒットにかんして、一九八〇年代前半に発生した、ＨＩＶウィルスによって引き起こされるエイズに対する防御的関心が背景にあることが報じられている。ちなみに、日本では、一九八五年に、厚生省（当時）が、エイズ患者第一号を確認している。

（9）それまでなかったある種「過剰」な衛生商品の流行は、例えばこのように語られている。

「不特定の人が触れるトイレや公衆電話、電車の釣り革を消毒する携帯用のスプレーやティッシュ類が、人気を呼んでいる。大阪のデパートには特設コーナーまで登場した。

製薬会社など五社がこの二年間に開発した類似商品は約二〇種類。触れる対象だけでは心配な向きもあってか、中には、手そのものにかける除菌スプレーも。

利用者は、二〇代の女性が圧倒的に多いとか。毎朝シャンプーする「朝シャン族」の延長とみられるこの現象、「潔癖症候群」が増えているのか、メーカーの商魂がたくましいのか」〔朝日新聞、一九八八年、傍点引用者〕。

（10）この現象の背景には、健康をテーマにしたテレビ番組や、番組の内容がある。例えば、かつて放送されていた『午後は○○おもいッきりテレビ』（日本テレビ系）では、「ココアが健康によい」と紹介されると、翌日にはスーパーマーケットの棚からココアが消えたという「ココアブーム」が起きた。

また、『発掘！あるある大事典』と続番組の『発掘！あるある大事典２』（フジテレビ系関西テレビ制作）では、様々な食品の健康に対する効用が検証結果とともに紹介され、同様のブームを巻き起こした。『発掘！あるある大事典』については、二〇〇七年一月七日放送の「納豆ダイエット」で、検証の捏造が発覚し、番組は打ち切りとなった。この他にも、同種の番組で捏造などが発覚し、番組が打ち切られるなどした事件がいくつかある。

（11）具体的な例として、日本における衛生概念の啓蒙化のプロセスについて論じたものとしては、小野〔一九九七〕が挙げられる。

（12）「身体の消費」現象として本章で取り上げた事例については、個別の現象ごとに、日本人研究者による研究成果が、この一〇～一五年の間に多く発信されている。本章でも言及した谷本〔二〇〇八〕をはじめ、化粧にかんする研究としては米澤〔二〇〇八〕が、健康にかんする言説と「身体の消費」にかんしては柄本〔二〇〇二〕がある。

〈参考・引用文献〉

朝日新聞「『潔癖症候群』？　消毒スプレー人気」『朝日新聞』一九八八年一〇月四日朝刊
ヴェブレン、ソースティン（高哲男訳）『有閑階級の理論：制度の進化に関する経済学的研究』筑摩書房（ちくま学芸文庫）、一九九八年
内田隆三『テレビCMを読み解く』講談社（現代新書）、一九九七年
――「斜面の上の精神：あるいは平成という時代」『中央公論』第一一三巻第九号、中央公論社、一九九八年
柄本三代子『健康の語られ方』青弓社、二〇〇二年
小倉利丸『アシッド・キャピタリズム』青弓社、一九九二年
小野芳朗『〈清潔〉の近代』講談社（選書メチエ）、一九九七年
柏木博『ファッションの20世紀』日本放送出版協会（NHKブックス）、一九九八年
樺山紘一「割礼と宦官：からだの歴史から現在へ」井上俊他編『身体と間身体の社会学（現代社会学４）』岩波書店、一九九六年
北山晴一「モードの中の身体：ボードリヤール再考」『大航海』第五三号、二〇〇五年
香西豊子『流通する「人体」』勁草書房、二〇〇七年
古賀令子『コルセットの文化史』青弓社、二〇〇四年
佐伯啓思『「欲望」と資本主義』講談社（現代新書）、一九九三年

週刊朝日「思春期を襲う醜形恐怖症増加中」『週刊朝日』第一〇三巻第五一号、朝日新聞社、一九九八年
ジラール、ルネ（古田幸男訳）『欲望の現象学』法政大学出版局、一九七一年
ターナー、ブライアン（小口信吉・藤田弘人・泉田渡・小口孝司訳）『身体と文化：身体社会学試論』文化書房博文社、一九九九年
高橋牧子「美の基準とは？：やせすぎモデル問題（全四回）」『朝日新聞』二〇〇二年一〇月一五―一八日夕刊
谷本奈穂『美容整形と化粧の社会学』新曜社、二〇〇八年
フォーティ、アドリアン（高島平吾訳）『欲望のオブジェ：デザインと社会　一七五〇―一九八〇』鹿島出版会、一九九二年
ボードリヤール、ジャン（今村仁司・塚原史訳）『消費社会の神話と構造』紀伊國屋書店、一九七九年
――（今村仁司・塚原史訳）『象徴交換と死』筑摩書房（ちくま学芸文庫）、一九九二年
松原隆一郎『格闘技としての同時代論争』勁草書房、一九九四年
宮原浩二郎「身体の変容と倫理」『思想』八一七号、一九九二年
ルドフスキー、バーナード（加藤秀俊・多田道太郎訳）『みっともない人体』鹿島出版会、一九七九年
米澤泉『コスメの時代：「私遊び」の現代文化論』勁草書房、二〇〇八年
吉見俊哉『リアリティ・トランジット』紀伊國屋書店、一九九六年
鷲田清一『モードの迷宮』筑摩書房（学芸文庫）、一九九六年
――『悲鳴をあげる身体』ＰＨＰ研究所（ＰＨＰ新書）、一九九八年
亘明志「メディアと身体」井上俊他編『身体と間身体の社会学（現代社会学４）』岩波書店、一九九六年
Peter Corrigan. 1997 *The Sociology of Consumption*, SAGE.

デジタル時代に至るまでの身体認識と主体性のメディア論的展開
――鏡像、パノプティコン、データベース

西山哲郎

1．ボディ・イメージと身体表象

メディアが人々に与える影響を考える際、言語資料ではなく映像資料を対象にすると、当事者がそこからどういう情報（刺激）を受け取ったかを規定するのはとたんに難しくなる。視覚メディアが提示するイメージの影響を問題にする研究は、結果から逆に与えられた情報（刺激）を推定する循環論の危険に常にさらされている。そのため、循環論や結果論を避けたい場合には、映像資料がどんなプロセスで人に情報を与えたかには言及せず、被験者が言語化したものだけを論じるよう余儀なくされることが多い。もちろん、言語メディアが与える情報の分析にも同様の危険がないわけではないが、視覚メディアではその欠点が隠せない。この言語メディアと視覚メディアの違いは、後者の影響が論理的な思考過程の枠内に留まらず、身体とそれを取り巻く環境全体の相互作用を考えざるをえない点にあるのではないだろうか。

本章で身体に関する自己認識へメディアが与える影響を考えるにあたり、この欠点を問題の本質ととらえ、逆

に手がかりとして出発したい。その際、身体表象とボディ・イメージは、概念的には区別すべきだろう。ここで身体表象というのは、印刷物やモニター上の画像のような、メディアによって物質的な実体を与えられた身体像を指すものとする。他方、ボディ・イメージは、人間がその脳内、あるいは心に想い浮かべる身体像を意味している。後述するように、後者はそもそも近代初期の肖像画のような独立性と統一性をもつものか、その点からして疑わしい不確定性を持つものだが、グラビア雑誌やテレビ放送に出てくる身体表象がオーディエンスのボディ・イメージに与える影響を考えると、両者には鏡像的な呼応関係があるものと想定したくなる人もいるだろう。

たとえばグラビア雑誌の影響を考えると、その読者が若い女性であれば、痩せたファッションモデルの身体表象に魅せられ、（あたかも反射的に）自らの身体をモデルに近づける意欲を持つものと考えたくなるかもしれない。その際、グラビアに添えられたキャプションまで分析対象に含めれば、言語資料の分析手法を応用した（比較的信頼度の高い）分析も可能になる。しかし、その分析は痩身願望自体ではなく、その周辺を語るだけに終わっているのではないか。欲望を刺激したと思われる身体表象を分析しようとすると、その表象のどこを分析対象として切り取るか、切り取られた分析対象をどう解釈するかに研究者の主観が混入する危険が高まってしまう。

これに対し、欲望喚起のプロセス解明は脇に置き、大勢の被験者を用意して、映像が与える印象の言語的な評価を平均化する分析は、ある程度まで信頼できるかもしれない。そのとき、さらに問題になるのは、被験者が受けた印象を言語化すること自体が正しいのかという疑問だろう。モデルの身体表象を模倣するよう強いられているはずのボディ・イメージが内的なものと考えられるため、後者を分析の俎上に載せようとして（被験者の発言や回答というかたちで）言語資料へ変換してしまうと、そこから漏れるものが大きすぎる。被験者は内的なイメージをどこまで自覚しているのか、自覚している部分に限っても言語化は可能なのか、言語化が可能だったとして被験者間でその文法はどこまで共有されているのか、分析の恣意性が生じる要因を検討してみると枚挙にいとまがない。

こうした問題は、テレビ放送の内容を分析する際にも見られるものかもしれない。音声部分にはある程度信頼できる分析が可能なのに、映像部分については、印象論のレベルから抜け出すのは依然として難しい。その解決には、もしかしたら昨今の脳科学研究を応用した非侵襲型の計測機器が有効かもしれないが、かといって身体の内的な反応を読み取る分析装置の導入だけで解決できるものではない。

問題を脳内反応の解明だけで解決できない例として、再びファッションモデルの身体表象が読者の痩身願望を刺激するという話を考えてみよう。この事例に関する心理学実験で、過度に痩身を求める人が、自分のボディ・イメージを実際より大きいものと誤認していたり、医学的に健康体とされる自分の体型を嫌悪しているという結果が出ている（井上、二〇一五）。テレビやファッション誌に出てくるモデルの身体表象が、受け手の痩身願望を喚起するとして、その動力源になるのは、受け手が自分の身体をどう認識しているか、自身のボディ・イメージと、メディアが提供するモデルの身体表象とが対比されて出てくる「ギャップ」のはずであろう。しかしながら、「ギャップ」を認識する上で必要な自己の身体に対する観察的な態度と、ときには「病的」にもなりうる痩身の願望とは、果たして両立できるのだろうか。空腹のような基礎的な生理反応さえコントロールしようとする熱情を、観察的な姿勢から説明するのは、それほど容易なことではない。特に病的な拒食症の例を思い出すと、実態からズレた自己認識や合理性の乏しい自己否定こそが痩身願望を喚起するように思われる。実際、極端な拒食症では、周囲の人間が恐怖を覚えるほど痩せ細っても、当人は自己の身体に満足していたり、まだ体重を落とせる余地があると思い込んでいたりする。そうした事例を考えると、痩身願望はテレビや雑誌が提供する情報（刺激）自体に由来するのではなく、現実とズレた認識、あるいは客観的な事実と内面の真実との齟齬に由来するものではないだろうか。

こうして痩身願望の動機を本人の現実認識の歪みに求めるようになると、その説明は、痩せたファッションモデルの身体表象から受けるはずの心理効果を一周回って否定してしまう矛盾を示すことになる。現実を歪んでしか認識できないなら、受け手はそもそも悩む必要があるのか。メディアが提供する身体表象と自己の身体の差異を無視して、多幸的にモデルと同一視することもできるのではないか。要するに、ここでの問題は、受け手は現実を歪んで認識しながら、なぜモデルの身体との計測上の違いに心を動かされるのか、という点にある。

こうした問題を考えるには、「ボディ・イメージ」という概念が近代科学において注目されたきっかけが、現に存在している自己の身体の一部（主に左右どちらかの半身）を認識できない「身体失認」という症例だったことを思い出すべきかもしれない〔Head, 1911〕。反対に、事故などで四肢の一部を失った患者が、失ったはずの手足が痛い（あるいは痒い）と訴える「幻肢」の症例も重要だが、そうした病的な事例ではなく、「健常」とされる人のボディ・イメージであっても、どこまで現実の自己の身体に忠実であるかは疑ってみる必要がある。

もし仮に、人が自分の身体を現実あるがままにイメージできるなら、ある程度正確に図示できて良いはずだ。しかし現実には、スケッチの訓練を十分受けた人でなければ、写実的な自画像など描くことはできない。それどころか、ようやく自画像を描けるようになったばかりの幼児は、頭に直接手足が生えたような自画像を共通して描くことが知られている。この「頭足人」像ないし「頭足類画」と呼ばれる自己の描き方は、国や文化の違いを越えて、二〜四歳までの幼児に共通して見られる現象である〔中井、二〇〇四〕。かくれんぼを覚えたばかりの幼児が、窓のカーテンに上半身だけくるまって「頭かくして尻かくさず」という態度を示す様子を思い出してみても、胴体が自己のボディ・イメージに統合されるのは後天的な出来事のようだ。

もちろん成人すれば、たいていの人は実用レベルで統合されたボディ・イメージをもてるようにはなるが、その統合がどこまで完全なのか、保証することは難しい。幼児期を過ぎても、成長期の若者にとって、変化しつづける自分の身体と自己アイデンティティの間でどう折り合いをつけるかは常に困難な課題である。逆に壮年期をすぎ、老いを迎えつつある人の場合、若い頃のボディ・イメージを上書きできず、他人の反応やメディアによって機械的に描写された自己の身体表象を見てショックを受ける経験を懲りもせず繰り返すことも珍しくはない。

人間にとって、現実の身体とボディ・イメージを統合する課題は一生つきまとうものだが、その過程において、人はしばしば鏡や写真のようなメディア（道具）に映った自己の外的な身体表象を（しばしば主観的に編集しながら）参照している。本章の議論は、ボディ・イメージを内的なものとして、脳内、あるいは心に想い浮かべる身体像として出発したが、ここでそれを修正する必要がある。それは厳密には内的なものではなく、メディアによる外在化を経由してでないと成立しないものと考えるべきものである。

精神分析学者のJ・ラカンは、自己認識とボディ・イメージを統合する課題を、人間が人間であるために不可避の過程と捉えている。ラカンに影響を受けた教育学者の中井孝章は、幼児の自画像が、頭と手足だけの段階から胴体を加えてより現実に近い姿になるのは、**鏡に映った自分の姿を自分自身のものと認識できるようになってから**だと指摘した。これがすなわち人間の発達段階として特に重要なものとラカンが定義した「鏡像段階」である。

ラカンの「鏡像段階」は、人間が社会性を獲得する上で重要な過程と社会学者が考える「鏡に映った自己」と似ているが、メディア論的な観点からは両者に大きな違いがある。C・H・クーリーのいう「鏡に映った自己」論では、人間は他者との相互作用のなかで人間となるのであって、個人の個性と社会性は表裏一体であることを強調するものである。人間の自我は、他者が自分をどう理解しているかを想像することから芽生え、他者が自分をどう評価しているかを受け止めて成長し、その評価に誇りを感じたり、反発することで形成される（社会学事典、二〇一〇：五〇）。ただし、そこでいう「鏡」とは比喩表現であって、相互作用における他者の反応を鏡になぞらえたものだ。そして、社会学者が相互作用を問題にするときは、実証研究ではもっぱら言語的なものを取り扱ってきた。他方、ラカンの「鏡像段階」でいう「鏡」とは文字通りの意味であって、他者の反応を含むこともあるが、もっぱら視覚的な影響を想定したものである。簡単にまとめると、その概念は、人間はアイデンティティの核となるべきボディ・イメージを後天的にしか獲得できず、しかもその獲得は「鏡」というメディア（道具）を通してしか実現されないことを指摘したものである。

しかもラカンは「鏡像段階」の分析を通じてさらに過激な主張を行う。彼によると、人間には成人後も内的に統合された自己イメージをもつことは不可能であって、それは常に断片的で部分的なものでしかない。それどころか、人間は他者の身体表象を自己のボディ・イメージと常に取り違えているという。この主張はかなり突飛なものに聞こえるが、「鏡像段階」でいう「鏡」を人間の姿を映すメディア一般として理解すると、うなずけるところが出てくる。実際、現代のわれわれは、鏡だけでなく写真やモニター画像によって常に自己を（再）確認しているが、写真やモニターに映った画像は、たとえ自身の身体表象であっても、それを見る時点ではたいてい**過去のもの**である。それだけでなく、写真写りが良い、悪いという言葉があることからわかるように、メディアに映る自分の姿が常に「実際」とは異なることをわれわれは意識している。携帯電話にカメラがついて以降は特に、自撮りの行為が流行を超えて習慣化したが、その行為に慣れ親しんだ人なら、撮影の角度やポーズの取り方でどれだけ自己像（身体表象）が変化するかご存じだろう。デジタルカメラの登場によって撮り直しが自由にできるようになったいま、スマートフォンやＳＮＳのデータに残された自画像は、自己検閲によって選別された「奇跡の一枚」であって、自己の姿をただ機械的に記録したものではない。それを思い出せば、自己のボディ・イメージとは常に他者のものであるとラカンが主張した根拠の一端が見えてくるのではないだろうか。

このボディ・イメージの他者性については、哲学者Ｍ・メルロ＝ポンティも次のように指摘している。人が、鏡に映る姿を確かに自分のものと認められるようになるには、その前に他者とその鏡像との関係を理解する必要がある。子どもが生まれて五〜六カ月たつと、自分の親と鏡に映ったその姿の違いを声の出所から学ぶことができる〔メルロ＝ポンティ、一九六六：一五〇〕。行為の主体となりうる他者と、その主体に影のようにつきしたがい、同期された動きをするだけの鏡像との違いを理解できるようになる時期は比較的早い。しかしながら、生後半年から一年になっても、子どもは自己の鏡像を自分のものとは認められず、他者と誤認してしまう〔板倉、二〇〇六：四九〕。子どもが、原理的には自分の眼で直接確認できない自分の姿を、様々な鏡像のなかから確かにこれは自分のものだと選べるようになるには、他者の身体像とその鏡像との関係を、自己の身体像とその鏡像の関係に転換して当てはめられるようになる必要がある。要するに、直接には不可視の自己の身体像は、他者とその鏡像の関係をモデルとして、想像のなかでのみ獲得される。そして、それが可能になる年齢は、おおよそ二歳児になった頃と考えられている〔板倉、二〇〇六：五二〕。

なお、このボディ・イメージの他者性や想像力に頼った成り立ちの恣意性という問題は、最新の神経科学や脳科学を導入すれば解決されるというものではない。その理由は、脳と感覚に関する次のような事実からしても理解できるだろう。人間の様々な感覚器官が受け取る情報は、脳の表面の特定部位において個別に処理されると考えられている。しかも、目鼻や指先のように感覚が鋭敏な部位と、背中やおしりのように鈍感な部位では、対応する脳の表面積が大きく違っている。ひとつの感覚器官が提供する情報量と対応する脳の処理面積は、おおまかに相関している。したがって、脳が処理する情報量と比例した大きさで情報提供元の身体部位を描くと、舌のサイズが脚全体より大きくなるような逆転現象が起こる。さらに、脳が処理する情報量に比例した大きさで描いた身体部位を、再統合して人体模型を構成すると、頭でっかちで、手足の末端だけ肥大した歪な人体像になってしまう。このような人体像を神経学者は「感覚人体模型」と呼び慣わしてきたが、それは幼児が自画像を描けるようになったばかりの「頭足人」像と似ている点が興味深い〔ゴーマン、一九八一：一九―二二〕。

「感覚人体模型」が「頭足人」像と似ている原因は、幼児が、鏡のようなメディアに映った外的な自己像より、内的な感覚情報に比重を置いて自己の身体をイメージしている点にあることは容易に想像できるだろう。まがりなりにも胴体をもった自己像を描けるようになるには、鏡のなかの姿を自分のものと認めることができる段階まで成長する必要がある。人は、鏡に代表される外的なメディアの助けがなければ、自己の客観的な身体表象を描くことができず、それを内的なボディ・イメージと統合するにはさらに時間がかかる。結局のところ本節では、人が自己のアイデンティティを支える上で重要な手がかりとしているボディ・イメージが、正確な写し絵であるとは限らない鏡像（あるいはメディアに映った自己の身体表象）に支えられていて、しかもそれは他者とその鏡像との関係認識に支えられてしか成立しないことを、精神分析学や哲学の知見だけでなく、神経科学や脳科学の知見とも矛盾しないかたちで確認した。

2. 道具による時間の蓄積と主体化のプロセス

前節の議論から、アイデンティティの根拠となるべきボディ・イメージが成立するには、他者とその鏡像の関係を内面化し、自己中心的な視点からは不可視なはずの自己像を、外部の視点を内面に取り込んで想像＝創造する運動が必要なことがわかった。さらに本節では、その心的な運動を発展させるには、子どもが成長して「時間の流れ」を理解できるようになる必要がある点を指摘したい。

その具体例のひとつとして、ラカンのいう鏡像段階で、自分の姿を映すメディア（道具）を鏡でなくビデオカメラにする場合を考えてみよう。もっとも、カメラで写した映像をリアルタイムでモニターに出力すれば鏡の場合と事情はさほど変わりがない（テレビに映る自己像の左右が鏡像を見る場合と反転する違いは、ひとまず無視するとして)。しかし、モニター画像は、鏡像と違って撮影時点からいくらでも出力を遅らせられる違いは無視できるものではない。そして、撮影と映写を他人に任せる小さな子どもがビデオカメラの映像を見るのは、たいてい撮影時より時間がたってからになる。したがって、テレビに映る自分の服装が見る時点でたとえ変わっていなくても、(同時的な鏡像ならぬ)画像の人物像が自分の姿であると認められるようになるには四歳以降まで成長を待つ必要があるという〔開・長谷川、二〇〇九：三〇〕。

人間が社会で通用するアイデンティティを持つには、時間の経過に耐えて継続する自己の存在を理解することが重要である。ビデオに記録された過去の自分の姿を、服装だけでなく姿形さえ変わっていても自分であると認められるかどうかは、アイデンティティの基礎をなす能力といえよう。ただし、写真やビデオが発明されるまで、時間を超えて不変のアイデンティティを保証するのは、身体の画像より文章の記録に重きが置かれていたことはここで強調しておきたい。さらに社会全体の識字率が低く、文章の記録を頼りにできない時代までさかのぼれば、役割の呼称であったり、家のなかで座る位置であったり、相互作用上の儀礼的慣習が支えていたと考えられる。近代以前では、もっぱら共同体内部における役割が個人のアイデンティティを支えていたのは確かだが、しかしその役割は、Ｅ・ゴフマンが指摘したように言語的コミュニケーションやパフォーマンスだけではなく、その役割を意味づける舞台装置や衣装が支えていた〔ゴッフマン、一九七四〕。それはいいかえれば、人間の歴史の最初から、人のアイデンティティが物質的なメディアによって支えられてきたことを意味している。

人間の自我の形成にとって、あるいは人間そのもののあり方において、時間の流れを意識すると同時に、それに抗して継続する自己を確立することが重要なのはいうまでもないが、その時間意識を可能にするものに注目してきたのはフランスの思想家たちであった。アイデンティティを支える物質的なメディアとは、いいかえると時間意識を支えるメディアである。

この点を理解する上で、まずは道具を使わない時間意識について考えてみよう。実は、ごく短い時間の流れを考えてみても、人間の意識は点的な「いま」に限定されたものではない。現象学者がよくいうように、人の意識のなかで「いま」が時間的にそれなりの長さをもつものでなければ、音楽のメロディーは感じ取れない。また、メロディーは、たとえ個々の音が変化して転調されていても「同じ」ものと理解できる。音楽の素人であっても転調されたメロディーを「同じ」ものとして聞き取ることができるのは、人の意識が常に時間の幅をもって成立しているからだ。医学・生理学的な人間理解では、こうした能力は「短期記憶」と呼ばれているが、それが可能なのは、人間の身体に脳と神経系が備わっていることが前提となる。

ただし人間は、こうした時間の記憶のメカニズムを、動物ももっている脳や神経系だけに頼ってきたわけではない。道具を作り、それを記憶＝記録に利用することで、保存する情報の密度と持続性を発展させてきた。猿人から原人となり、打製石器を作り、使い始めた時点で人間は身体を拡張する道を拓いていた。歯で噛んだり、手でちぎったりするだけでなく、道具で切る術を身体技法としてその身に蓄え、道具を使わないと生産できない財を享受する存在へと進化した。人間にとって道具は身体の延長であるだけでない。人間の道具は、その道具を活用して実現される生活文化そのものを記録し、再現するためのメディアだと人類学者A・ルロワ＝グーランは指摘している〔ルロワ＝グーラン、一九七三〕。これに関連する話として、最近のタブレットPCを幼児に渡してみると誰でも気づくように、よくできた道具は、使い方を教育しなくても、人が可能性として共有する身体技法の発現によって使いこなすことができる。

そのルロワ＝グーランに依拠して、現代フランスの哲学者B・スティグレールは、人間の自意識とは、純粋に心的なもの〔内的なもの〕というわけではなく、過去の情報を記録するメディアを前提に成立しているという。われわれの存在は、時間を物質化して蓄える技術によって可能になる〔スティグレール、二〇〇九A：五二〕。いいかえると、人間は個々の身体だけから成るものではなく、また共同体があれば成り立つのでもなく、外在的な記憶の技術によって、すなわち道具というメディアのサポートによって成り立っている。

このスティグレールの主張を踏まえれば、ラカンの鏡像段階の理論は、ビデオカメラとモニターではなく鏡を（あるいは、より原始的に水面を）メディアとして成立する場合でも、そこには過去に鏡を（あるいは水面を）のぞいた経験が重ね合わされている。つまり、鏡に映る鏡像に自己を認める単純な行為の背後には、親（または重要な他者）の姿とその鏡像との関係を理解できた幼児期の驚きや、平面的な自己の鏡像を（立体的な自己の身体と対応させて）厚みのあるものとして扱う習慣の蓄積が前提になっている。過去の様々なボディ・イメージと自己の身体表象の（必ずしもぴったりと一致しない、むしろときどきで微妙にズレている）重なりが、鏡像やモニターに映る人物像を自己のものと認める行為を可能にする。そこには身体表象とボディ・イメージの交差が織りなす地層がある。そしてその地層の厚みは、ボディ・イメージの統一を支えるものであると同時に、完全な統合を許さないズレを常に生じさせている。

地層のように、あるいはミルフィーユのように重なる自己像の経験は、人間の身体（並びにその感覚器官）と人間が作った道具との相互作用を通じて再現可能となるものであるから、様々な道具は、いずれも人間が時間を記録する装置であり、同時に主体化を可能にする自己のプロセスの一部だとスティグレールは考えている。

3．自己の統合を後押しするパノプティコン

前節で、人間の主体としての在り方が、道具と身体の相互作用、あるいは道具の身体への取り込みによって可能になること、そして、その道具が人間の時間と経験の記録装置（メディア）であることが確認された。そして、個々

の瞬間における自己の経験にも、過去の自分のボディ・イメージと身体表象の認識が重ね合わされていることがわかった。だとすると、その認識のズレを表面的にはズレとして感じさせず、一人の「わたし」として実際的なまとまりを与えるものは何だろうか。

本章の冒頭で紹介したように、痩身願望が病的に高まった場合でも、ボディ・イメージと身体表象のズレは本人の表層的な意識ではなかなか自覚されない。まして「健全」とされる状態にある場合、われわれは一般に自己を表面的にはズレや矛盾のないものと認識（もしくは誤認）している。わたしの欲望や、わたしの生きる意欲そのものが、ひとつの流れを作り、その流れにうまく乗っている限り、わたしは自分をまとまりのあるものとして経験できる。

こうした欲望による自己の統合という話は、それだけを取り出せば、ボディ・イメージと身体表象の絡まりを解きほぐす上で十分なものではない。自己の内に閉じた欲望だけを頼りにすると、社会的な承認を受けるべき自我の成立（自己の統合）が妄想に堕する危険を回避できなくなる。それ以前に、そもそも自己を統合されたものとする規範にしたがう理由が説明できない。近代以前の、かつての部族社会や封建社会であれば、その圧力は、個人として自由に生きることを許さず、共同体内での役割こそを人間の実体とする考えから説明できるだろう。しかし、個人の自由というものを人権の基礎と考える近代社会において、自己の統合を達成しようとする欲望が生まれるには、村社会的な束縛とは別の圧力の存在が前提になる。この種の社会的な圧力を理解するには、M・フーコーが提唱した「パノプティコン」の概念が手がかりとなるだろう。（ただし近代において、少なくとも後期近代において、実際に自己の統合が十全に確立されているものと考えているのではなく、ここではただ、近代社会においても自己を統合に向かわせる圧力があるかどうかを問題にしていることは注記しておきたい。）

パノプティコン（Pan‐opticon：汎―視覚装置）とは、罪人への対応の歴史的変化を手がかりに、フーコーが近代に現れた新しい人間管理の手法として命名したものである。罪人を打ち首にするとか、鞭を打つとか、目に見えるかたちで身体そのものに罰を与え、処罰の意味が、罪人自身への働きかけより、周囲への見せしめの側面が強かった近代以前と違って、近代の処罰は、罪人自身の心に訴えかけ、改心させるために行われる。改心の手段としては監獄への収容が主に採用されたが、そこでは囚人に規則正しい生活習慣が押しつけられるのと同時に、（たとえ独房にいても）常に誰かに見られている「かもしれない」という意識が植えつけられるように工夫されている。囚人の監視は、一般には逃亡を防ぐための手段としてだけ理解されて、懲役（労務の強制）の方が正しい生活習慣を身につけさせ、改心させる手段として理解されていたが、フーコーはむしろ（そのときどきで実際に行われているかどうかは囚人に確認できない）監視こそが囚人の改心にとって重要だと指摘した。自分の欲望に忠実すぎたり、犯罪者仲間の評価しか気にしていなかった囚人に対して、看守の（いつ行われるかわからない）監視を通じて、看守の背後にある公的な権威の存在を内面化させるのが近代の監獄の存在意義である。さらにそうした監視は、犯罪者に対してだけではなく、社会性が未熟な子どもには学校で、病気で弱っているだけでなく感染症のリスクをもたらす病人には病院で、といったように、近代では様々な場面で活用されているとフーコーは主張する。

自己の統合という本節の問題意識からすると、パノプティコンという監視の手法は、監視されているかどうかを本人が確かめようがない点に要点がある。フーコーがパノプティコンの模範例としたＪ・ベンサム設計の監獄は、中央の監視塔を取り囲む輪のように囚人が収容される建物が建てられる。その輪の上に蓋をするように天井が設けられるが、その天蓋の下にある監視塔内に照明設備がないせいで、そこに看守がいるかどうかを囚人は確認できない。他方、監視塔内から周囲を眺める看守には、円環状の建物の外壁に設けられた窓から差し込む太陽や照明に照らされた囚人を（円環状の建物の内壁にある窓を通して）いつでも見てとることができる。そのため囚人は、たとえ看守がいなくても、監視塔から見られている「かもしれない」と感じ続けることになる。パノプティ

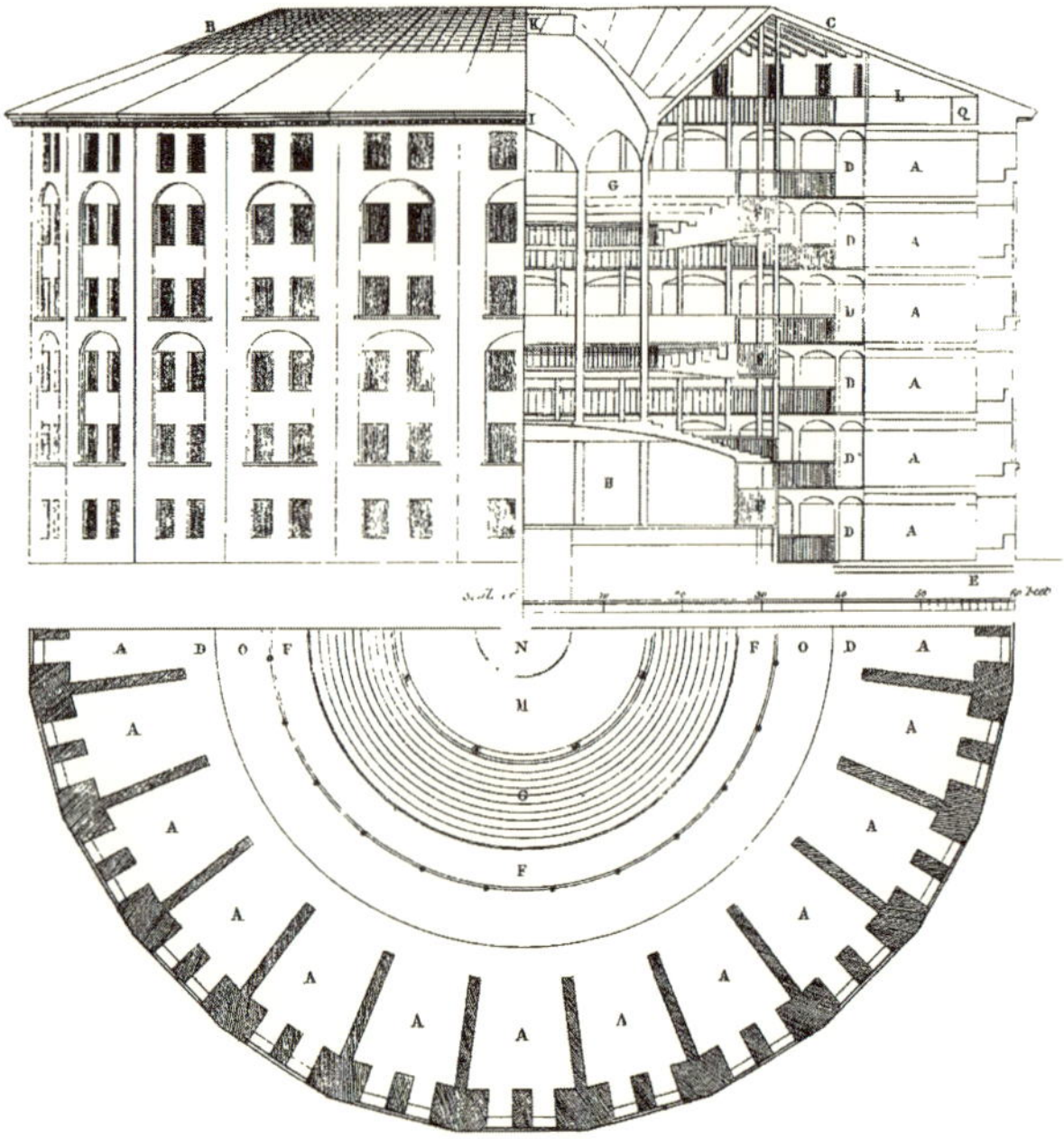

図１　ベンサムのパノプティコン構想（1791）〔フーコー、1977〕

コンの監視にとって、実際に誰かが囚人を注視しているかどうかは問題ではなく、その監視は**仮想のもの（ヴァーチャルなもの）**とフーコーに想定されていたことはここで強調しておきたい。監視する他者の存在が未確定な方が囚人の心を揺さぶるには効果的であり、同時に、原理的に目に見えるかたちで示すことができず、それ自体が仮想の存在である「公的な権威」を印象づけるには都合が良い。

こうしたパノプティコンによる監視の力は、フーコーによると犯罪者や病人に限定された話ではなく、近代的な主体としての人間一般の形成を語る上でも重要な手がかりとなる。パノプティコン的な施設は、必ずしもベンサム的な設計を踏襲する必要はなく、病院の病室のカーテンによる間仕切りや、廊下にまで窓のある学校の教室を思い出せばわかるように、いつ人に見られるかわからない状態にあれば、それで十分なのだ。『監獄の誕生』〔フーコー、一九七七〕などの著作において、フーコーは主体化に関する心と体の連携を、パノプティコン的な監視施設を利用した「規律＝訓練」という概念を手がかりに読み解いたとされている。本章の関心からすると、パノプティコンは、主体の形成を人間の言語活動だけで説明せず、視覚的あるいはイメージ的な視点からとらえようとしてい

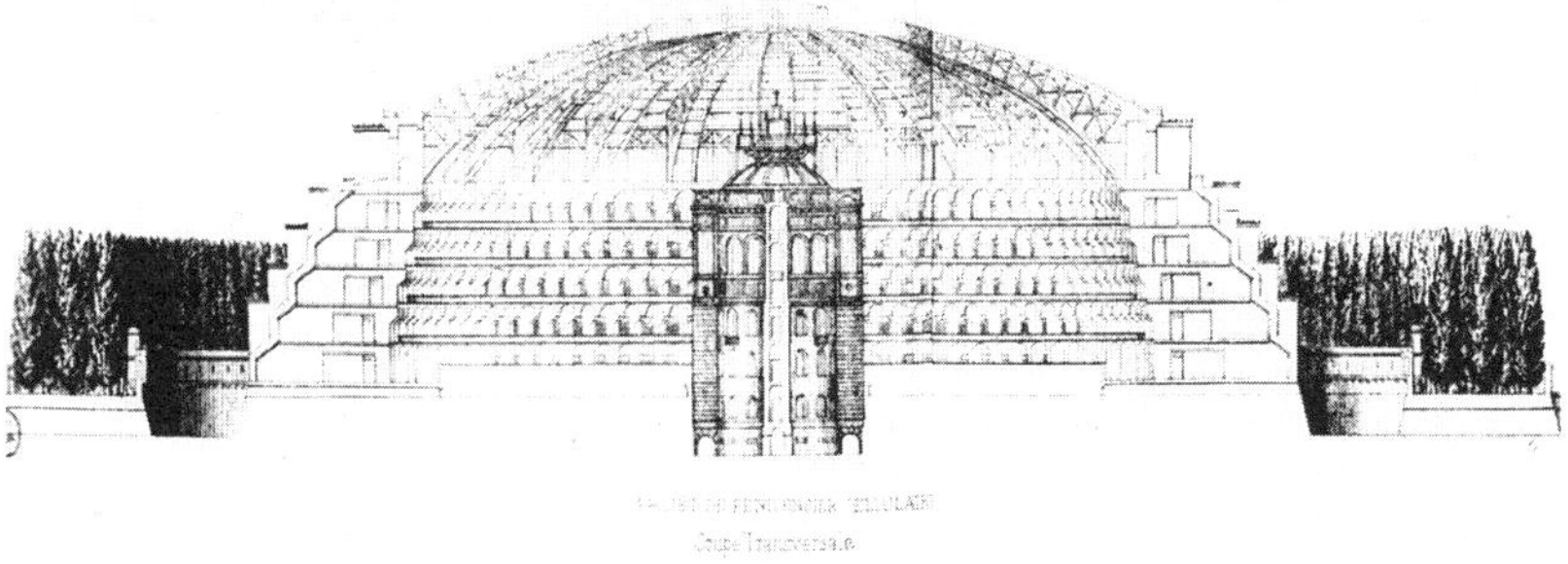

図２　アル＝ロマン（フランス）の監獄設計図（1840）〔フーコー、1977〕

る点で特に重要となる。それと比べると、『自己のテクノロジー』〔フーコーほか、一九九九〕でのフーコー研究者たちのように、もっぱら言説的な主体化プロセスにばかり注目して、パノプティコンの視覚的な側面を軽視してきたことには不満が残る。

　とはいえ、これまでフーコーに注目した研究者のすべてが、パノプティコン的な主体化と言説的な主体化の様式の相違を無視してきたわけではない。たとえば、人間の視覚様式の歴史的変遷を問題にしたJ・クレーリーは、言説以外の主体化の手段を問題にする際に、フーコーのパノプティコン理論が重要だと認めている〔クレーリー、一九九七〕。

　また、クレーリーは、カメラの原型となったカメラ・オブスキュラ（ピンホールカメラ的な構造を持った暗室で、光取り穴の反対側の壁に映った像をなぞることで写実的な絵画の制作が容易になった）による世界の把握と、それに応じた主体形成のあり方は、パノプティコンのそれとは異なるものだと強調している〔クレーリー、一九九七：六八〕。カメラ・オブスキュラは、ルネッサンス期に成立した遠近法的な視覚を、より精密に実現するために開発された装置であるが、その箱のなかで光学的に結ばれる像は、（ピンホールの一点を例外として）外とは隔絶され閉じられた暗箱の自閉性があってこそ実現される。それはある意味で、パノプティコン以上に、個人として統合され、自立した（前期）近代人のメタファーとして理解することができる。

他方でパノプティコンは、監視塔を囲む円環状の監房には外から十分な光が差し込むよう設計された施設である。カメラ・オブスキュラは、クレーリーにとってパノプティコンから時代をさかのぼった知の様式に応じた装置であった。パノプティコンは、カメラ・オブスキュラとは違って、その内部は原則的には常に外部に開かれている。実際、パノプティコンにおいて、見る／見られるの関係は必ずしも固定されておらず、看守自身も常に監視を予期すべき存在としてフーコーは定義していた。

> 誰もが中央の塔へやってきて監視役をできるし、それによって監視が行われるやり方を見抜くことができるのである。〔中略〕社会のどんなメンバーでも、学校、病院、監獄がどのように機能しているか確かめる権利を持っている。〔中略〕パノプティコンは、一人の監視員が一瞥で様々な個人を監視できるよう巧妙に仕組まれているが、同時に誰もが少数の監視員を監視することができる。かつての視覚装置は個人を見張る一種の暗室であったが、それが今は透明な建築物となった。そこでは権力の行使は社会全体によって監視され得るのである。
>
> 〔フーコー、一九七七：二〇八―二〇九を、原本を参照して一部改訳〕

この引用からわかるように、フーコー自身も、パノプティコンは暗室などではなく、むしろ「透明な建築物」であることを強調している。「透明な建築物」であるパノプティコンが促進する主体化のプロセスは、典型例とされた監獄の場合でも仮想（ヴァーチャル）的には双方向になる。その双方向性は、近代初期に現れたカメラ・オブスキュラに差し込む光の一方向性とは対照をなしている。パノプティコンにおいて、仮に囚人が看守の立場にいる自分を想像できれば、囚人に対する監視は、より深くその心に浸透するだろう。逆に看守は、監視される囚人の立場を想像してこそ、効果的な監視を行える。先の引用でフーコーが想定したように、良識ある公衆は実際に監獄へ赴く必要はなく、学校や病院での経験をモデルに監獄に関する他者の経験を想像できるなら、十分パノプティコンの効果を享受することができる。

近代以前にあった、王の身体への麗々しい取り扱い、あるいはそれを侵犯しようとした反逆者の身体に加えられる酷たらしい刑罰が、見世物（スペクタクル）として受け身の民衆に与えられたのは過去のことで、民主社会におけるパノプティコンの主体化は、原理的に双方向となる。パノプティコンの下では、個として他から隔絶された超越論的な主体は成り立たず、個人と個人がその視線と欲望を乱反射するなかで達成される、網の目状の主体化が展開されるものと理解する必要がある。

4．視覚情報とファイル情報を組み合わせた監視の機能

パノプティコンによる主体化のプロセスを、自己の統合への影響という問題に活用する上で、もうひとつ重要なステップとなるのは、フーコーが「生権力（bio - pouvoir）」と呼んだファイル情報を用いた監視の権力作用である。実際、『監獄の誕生』でパノプティコンを論じたまさにその章においても、フーコーは近代において身体に対して行われる様々な検査と試験を論じている。近代的な政治体制が成立する際、犯罪者の人相や身体的特徴が書面で記録されるようになったことや、指紋という身体情報の登録で、ほぼ完全に個人の特定が可能になったことは、近代的な個の確立という主体化のプロセスにとって重要な手段を提供した。なお、そのような手段が必要になったのは、資本主義の発達で社会が流動性を高め、個人に移動の自由が保障されるようになったことが背景となっている。

監獄では、俗世間で大事にされてきた属性（親族関係や学歴、職歴など）はいったん忘れ、性別や身体欠損の有

無といった身体情報と監獄内で新たに記録された属性（看守に反抗的、労務に適さない、など）をもとに、その日に何をすべきか、どこで寝るか（独房か雑居房か）が制限されたり、許可が与えられたりする。そうした情報は、要するに自己の再統合に関与している。パノプティコンに固有の視覚装置が、あからさまには組み込まれていない普通の監獄でも、身体情報と行動記録を利用すれば**生権力**による監視と管理が達成されており、こうした自己（再）創造のプロセスは十分実現できる。そして、こうしたファイル情報の記録は監獄だけのものではなく、学校では通信簿として、病院ではカルテとして実施されてきた。フーコーがパノプティコンを論じる際、同時に身体を対象とした検査や試験を取り上げていたのは、それが常に視覚的な監視と併用されるものと想定していたからだろう。指紋の記録という一例だけ考えてみても、視覚情報とファイル情報の組み合わせが、個人の管理においてどれほど有効かはいうまでもない。

身体の管理に関するファイル情報は、言語情報や言説の世界に留まるものではなく、個々の身体という「現実」を指し示す指標（index）となる点に特徴がある。同時にそれは、言説によってのみ可能となる「社会」や「国家」といった概念構成物と個々の身体（すなわち個人）を結びつける力をもつものでもある。フーコーが『監獄の誕生』で論じた検査や試験は、こうした特殊なファイル情報を産出する装置であるが、パノプティコンは、個人の身体と主体性に関わるファイル情報を施設内外でやり取りされるヴァーチャルな視線に重ね合わせることで内面化させる。

現実と仮想を、あるいは視覚情報とファイル情報を組み合わせる上で鍵となる「ヴァーチャルな視線」をより良く理解するには、V・フルッサーがいう「テクノ画像」の概念が役に立つかもしれない。フルッサーは、古代から現代に至るメディア史を整理するなかで、パノプティコンに続く時代に「テクノ画像」という新しい知のコードが成立したと主張している。

このテクノ画像の概念は、プラトンの「洞窟」の比喩を発展させたものだが、その要点は、神ならぬ人間が世界を把握するには常にメディアを媒介する必要があるという点にある。人間は、太陽という現実を直接目にすると視覚を致命的に痛めてしまうので、太陽を背にして、洞窟に差し込む光が岩肌に映す画像を眺めるかたちでしか世界を把握できない、というのがプラトンの主張であった。この比喩はカメラ・オブスキュラによる世界把握の手法とも合致している点が興味深い。フルッサーの「テクノ画像」は、ある意味で、カメラ・オブスキュラからパノプティコンへ飛躍するのと同様の進化をプラトンの「洞窟」のメタファーに与えたものとみなすことができる。

フルッサーのメディア史によると、人類は、最初は手描きの絵（画像）で世界を理解しようとするが、それはやがて情報の緻密さにおいて限界を迎えてしまう。そこで登場する文字は、精緻化の限界を迎えた画像に代わるものではあるが、ただしそれは世界を直接媒介するものとしては機能しない。文字は、先行する時代の人間が生み出した画像を媒介することで間接的に世界を理解させる手段だとフルッサーはいう。（この説明は、象形文字を起源とする漢字を使用するわれわれには飲み込みやすいものではないだろうか。）さらに後に現れるテクノ画像は、人間の手によってではなく機械によって構成される画像であって、人間の限界を超えた精緻な媒介を行うことで世界の理解を助ける。ただし、テクノ画像が媒介するのは文字であって、プラトンの「洞窟」が示唆した世界の媒介と認識からすると、二段階の疎外を受け入れたメディアということができる。

カメラ・オブスキュラは、テクノ画像を生み出す装置の前身とみなすことができる。ただしそれは、世界をイメージとして直接媒介しようとする限りにおいて、テクノ画像の成立条件を満たしていない。他方、ファイル情報と併用されたパノプティコンは、単に光学的なものではなく、囚人に（あるいは病人に、または生徒に）付与されるべき属性を規律＝訓練によってその身体に書き込むものであり、また逆にその監視装置によって回収された囚人の（あるいは病人の、または生徒の）視覚情報を書かれた言語に置き換えるものでもある点において、テクノ画像を生み出す装置の起源のひとつとして認められる。

そうしたパノプティコンの機能を、フーコーは次のように描写している。

たとえばそれは軍隊の問題であって、そこでは、脱走兵を発見したり、軍籍登録をくり返す手間を避けたり、士官が提出する架空の身分・職業を訂正したり、各人の兵役経験と勲功を知ったり、行方不明者と死者の明細書を確実に作成したりするなどの必要があったからである。それはまた病院の問題でもあって、そこでは、病者を見分けたり、仮病をつかう者を追い出したり、病気の進行をたどったり、治療の効果を吟味したり、類似の症例や流行病の始期を定めたりなどの必要があったからである。それはまた教育施設の問題でもあって、そこでは、各人の適性を特徴づけたり、その水準と能力を位置づけたり、それらが一時的にどんな役に立つかを指示したりしなければならなかったのだから。〔フーコー、一九七七：一九二〕

このように定義されるパノプティコンの機能は、王や反逆者といった特別な人物を狙ったものではなく、言説的な、物語的な記述では対応し切れない大衆（mass）を対象として、ファイル情報によって個人を特定＝客体化しつつ、その情報を個人に内面化させることで主体化するものと理解できる。それは同時に、テクノ画像を媒介とした個人の主体化／客体化としても解釈することができる。

5．デジタル時代のパノプティコン――データベース

こうしたテクノ画像論を含んだパノプティコンの機能は、M・ポスターがいうところのデータベースの機能とも重なるものがある。ポスターによると、データベースは社会の情報化が進んだ二十世紀後半に登場する統治のテクノロジーと理解されているが、後に述べるように、その機能はすでにパノプティコンとファイル情報を使った統治技術によって一部先取りされていた。コンピュータやその前身となる情報機器（メディア）の存在を前提としたデータベースは、産業資本主義が資源の枯渇や環境破壊によって行き詰まり、金融資本を筆頭にして財の情報化によって成長・拡大の活路を見いだして以降、飛躍的な発展を遂げた。同時に、その情報化は、現代の個人（というより消費者）の主体化のありようにも影響を及ぼしている〔ポスター、一九九四〕。アマゾンに代表されるネット通販の発達が、小売業の衰退を招いていると危惧される現在には、なおさら当てはまることだが、個人の消費行動は、近代初期のように自立・統合された主体によって合理的に実施される必要はない。難解な哲学書を購入する人が、他方で幼児向けアニメDVDを自分のために購入しても、情報資本主義の下では歓迎されこそすれ、批難されることはない。その人物が、哲学書を購入するアカウントとアニメDVDを購入するアカウントを使い分けてくれていたら、購入履歴上は消費者が一人ではなく二人と計算できて、さらに企業にはありがたい。こうした事例は、現代において主体性の統合より、分裂が望まれる状況が拡大しつつあることを意味している。

とはいえ、パノプティコン的な統治技術のように、錯綜した選好から行われた複数の行為を一人の人物に結びつけて特定したり、反対に、一人の人物に特定の選択肢を「あなたにふさわしいもの」として学習させることは、データベースの時代にも盛んに行われている。それはたとえば、現代人が毎日の行動（それはしばしば購買行動でもあるのだが）で迷った際、選択肢を見いだすためにネット検索をすれば、様々な企業が提供する財やサービスから自分の選ぶべき道を発見できることからもわかるだろう。そして、ネット経由で見いだされた選択は履歴として蓄積され、次の選択の機会には、さらに本人にふさわしい選択肢がデータベースから提案できるように「学習」

が行われる。もっとも、そのときに学習するのは、選択する個人（＝消費者）ではなく、データベースの方ではあるのだが、すでにパノプティコン時代に行われていた規律＝訓練を思い出せば、なにを今更という話かもしれない。なにぶん二つの事例の間には、個人の生身の身体に選好をたたき込むのか、データベースに履歴を記録して常に参照できる状態にするのかの違いしかないのだから。そして現代のデータベースは、スマートフォンでアクセスしようと、タブレットでアクセスしようと、それぞれを購入した際に登録した個人情報が違っていても（職場と自宅で登録した住所や電話番号が違っていても）、その持ち主を同じ人物と想定して、別の通信機器で検索した際の履歴から判断したとしか思えないお勧め広告（ターゲット広告）を表示できるところまで発達している。もっとも、こうした事例をデータベース側から見れば、関連する検索行動をする人であれば、どの通信機器を使っていようと、あるいは別の肉体の持ち主であろうと、同じ人物として処理して何も問題はないと「考えて」いるのかもしれないが。

さらにポスターによれば、デジタル時代のデータベースは、公私の区別を無効化する作用ももたらすという。現在において、個人の行動には、常に影のように購買行動がつきまとってしまう。食事はもちろん、友人と遊ぶにしても、タダでできることを見つけることは困難で、何かを買ったり、移動に交通費を支払うことがまず避けられない。そのような購買行動に際して、クレジットカードを使用すれば、ネット検索と同様の履歴がデータベースに記録されてしまう。たとえここ日本では、クレジットカードの使用が先進国では例外的に遅れているとしても、スイカなどの交通系プリペイドカードやＥＴＣカードを使えば、移動の履歴は確実に残ってしまう。それ以前に、スマホに内蔵されるＧＰＳ機能は、誰がどこにいるのかを、本人に告知しないままデータベースに記録する能力を備えている。こうしたことから、現代のわれわれは、何をするにしても行動の痕跡をデータベースに残さざるをえない。そして、その痕跡は、企業によって「ビッグデータ」という名前で売り買いされ、将来に向けてわれわれが選択すべき道を（すなわち消費行動の選択肢を）示すために活用されている。そうした状況で、われわれがプライベートなものとして秘匿できるものは、あまりにも小さくなっている。

もっとも、「ポスト・プライバシー」論を展開する阪本俊生によれば、プライバシーはそもそも社会のデジタル化以前から「隠しごと」ではなかったという（阪本、二〇〇九：三七―四〇）。カメラ・オブスキュラのメタファーを思い出せばわかるように、近代において、身体（もしくは個人の個室）という暗箱に隠された「隠しごと」は、個人の自立と統合を演出する上で、格好の小道具として重宝されてきた。そうした演出は、現在でもなお有効性を失ってはいないものの、データベースのサポートを前提とした現代的な個人の主体性は、それとは別のところで展開を始めている。実際、フーコーがパノプティコンを「透明な建築物」と表現していたことを思い出せば、「隠しごと」としてのプライバシー論は以前から事実とはズレており、個人の自立と統合という近代のフィクションを支えるサブストーリーだったのかもしれない。

それではプライバシーとは本来どう表現されるべきなのか。阪本は、プライバシーの侵害を法的に罰する根拠から逆算して、それを自己という「作品」の著作権に類するものという見方を示している。そして、旧来型のプライバシー論が問題にしていたものを小説のモデルにされた個人が起こした裁判を念頭に「ファンタジー・ダブル」と名づけ、現代型のデータベースに記録される（そして、ときにはネットでさらされる）プライバシーを「データ・ダブル」という用語で説明している。このプライバシー論の対象の二類型を、どちらも「ダブル」という言葉で表現するのは、プライバシーに関わる出来事が、個人のアイデンティティが多重化される際に起きる問題に関わるものと示すためである。（そういう意図からすると、「ファンタジー・マルチ」や「データ・マルチ」と呼んだ方が、特に後者にとってはふさわしかったかもしれない。）

このふたつの違いは、時代背景の違いも前提としている。ファンタジー・ダブルという用語と関連するプライバシーは、雑誌や新聞といったメディアが主流だった時代、ごく一部の有名人の私的情報だけが価値を持っていた時代に、それが漏洩されることで起きた問題を表現するのに使われるものだった。他方、データ・ダブルという用語で語られるプライバシーは、あらゆる個人の情報が蓄積されデータベース化されることで価値を持つようになった時代に起きる問題（というより出来事）を表現するのに使われるものである。いい方を変えると、以前は少数の「名士」が秘匿するからこそ、私的な情報は価値を持っていた。しかし現在では、大衆がデータベースに大量に公開するからこそ、私的な情報は価値を生むようになってきている。

ファンタジー・ダブルとデータ・ダブルの間には、それを生み出し、利用するものにも違いがある。ファンタジー・ダブルは、主に作家や記者が人に読ませる（そして、そこから利益を得る）ために生み出された。他方、データ・ダブルは、機械によって記録されることで発生し、個人（の消費行動や選好）を知るために利用される。ファンタジー・ダブルをめぐる争いは、そのプライバシーの本来の持ち主が、自己の物語を記述する権利を他人に侵害されることで生じる。しかしデータ・ダブルは、個人の現在の扱いや将来を左右するために利用されるが、そうした操作がデータベースのなかで機械的かつ潜在的に行われることが多いために、プライバシー情報の本来の持ち主は、むしろ公開されることを望むことが多くなってきている。特に現代日本の若い世代では、ＳＮＳを利用するなかで個人情報を開示することが（些少とはいえ）利益を生むことを経験しており、占いアプリや意見アンケートのかたちで企業が個人情報を収集しようとする試みにも協力的になっている。それらの行為は、利用者自身には別の活動だと思わせながら、企業がデータベースを拡充するために利用されており、結果としてデータ・ダブルの産出を促進することになる。

本章の主旨に立ち帰って身体情報に話を戻すと、健康診断の結果や精神状態をチェックした情報は、データ・ダブルのなかでも特に慎重な扱いが必要なものと考えられる。アメリカなどでは、企業に勤めるなかで血液検査や尿検査を求められることがあるが、それは主に薬物使用や飲酒の有無を確認するために行われているという〔ライアン、二〇〇二：一三六〕。しかし、そうした情報が、病気の有無や精神疾患の可能性を確認するのに転用されないとは誰も保証できるものではない。さらに、現在は何も問題がなくても、将来的に病気になりうる可能性まで含めて考えると、遺伝子情報などを解析すれば、現在の技術でもある程度の予見が可能なことから、雇用の採否を身体情報が左右しないとは誰もいえなくなっている。

また、スマホなどで顔認証が導入されていることなどから判断すると、われわれの外見〔メディアに捉えられた身体表象〕についてもデータ・ダブルの問題が拡大しつつある。たとえば、日本中の道路に設置されているＮシステムは、現在は移動する車のナンバープレートを照合するのに使われているが、その機能がいつ顔認証に拡大されても不思議ではない。実際、イギリスでは、サッカー場からフーリガン〔応援を口実に暴力行為を行おうとするファン〕を排除するために、監視カメラと顔認証が併用されていることが知られているが、日本でも、何か犯罪が起こると、あちこちのビルに設置されている監視カメラが犯人とおぼしき人物の姿を捉える映像が発掘されている。それを思えば、われわれの身体がメディア装置に捕らえられた結果生じるテクノ画像が、各自で管理できる範囲を逸脱して、データ・ダブルとして勝手に流通する時代はすでに到来しているといえるだろう。

そうした時代に、われわれはスマホで自撮りした自己像を、様々なアプリで加工するだけで無邪気に満足していられるのか。その画像が、友人にタグづけされるだけでなく、赤の他人に引用され、批評される可能性もあれば、データベースに収まって企業に活用される可能性も出てきている。そうしたことが、現代人のアイデンティティと身体の自己認識に、様々な課題を投げかけている。

6．まとめ――身体に関するメディア研究が達成すべきこと

本章は、メディア研究において、言説分析ではなく映像分析を行おうとするとより困難になるのはなぜか、という素朴な疑問から出発した。特に、身体に関する自己認識へメディアが与える影響を考えようとすると、メディアが提供する身体表象と個人が内心にもつボディ・イメージとの間に複雑な相互作用があって、そのメカニズムがブラックボックスになってしまっていることが、分析の障害になっていることを指摘した。

身体表象とボディ・イメージの相互作用というブラックボックスは、人が一人前のアイデンティティをもった社会の成員と認められるまでの生育過程を精緻に検討することで、ある程度まで開示することができた。人は、成人がもつような独立・統合されたボディ・イメージを生得的に備えているわけではなく、断片化され、自他の区別が未分化な状態から人生を出発する。自立し、統合されたボディ・イメージは、他者とその鏡像（身体表象）との関係を、自己の内面に取り込むことで一応は確立されていく。ボディ・イメージの自立と統合は個人のアイデンティティを支えるものだが、永遠に完成することはなく、実用的な範囲内で通用するものと考えなければならない。

さらにルロワ＝グーランによれば、人間とその鏡像（身体表象）との関係は、人間と人間が使用する道具との関係にも拡大解釈することができる。人間が、その生活を成り立たせるために製造・使用する道具は、人間の（特に身体に関わる）自己認識と、どう行動したいかに関する願望を反映するものであり、自覚はなくても、それを使う人間のアイデンティティを構成し、それを拡張するものである。しかも、こうした道具と人間との関係は、共時的な理解に限定されるものではなく、時間の流れを越えて持続されることでさらに価値のあるものとなる。

道具は、その時々で変化する人間の身体を受けとめ、同じ結果を生む作業を可能にすることで、個人のアイデンティティに継続性をもたせている。スティグレールにいわせれば、道具は人間が生きた時間を記録するメディアであり、そうした道具を生の欲動をもって継続的に使用するなかで、常に断片化や自他の未分化の脅威にさらされている人間は、主体化のプロセスを維持できるのである。

その道具として、フーコーが考えたパノプティコンは、われわれが生きる現代にふさわしい主体化の様式を可能にした点で特に重要である。パノプティコンは、見る／見られるの関係をヴァーチャルに体験させることで、社会的な権威や価値といった想像的な存在をリアルに感じさせ、それを自ら求めるように促す点に特徴をもつ。たったひとつの光穴以外は外部に対する自閉性をもつカメラ・オブスキュラと違い、「透明な建築物」と評されるパノプティコンは、他者の視点を自らのものとして取り込める可能性を保証しながら、同時に全体における自己の位置づけを忘れさせない特異な能力を、そこに関わる人々に提供するものである。

このパノプティコンに加えて、フーコーは、大衆の時代に使用される統治の技術としてファイル情報の有用性を指摘していた。ファイル情報は、いわば、パノプティコンが実現した近代的な主体化のプロセスを（初期は紙ベースの情報として、現在はデジタルな情報として）データベース上に展開するものである。監獄や病院や学校といった建築物を実際に建造しなくても、あるいは部分的にそれらを併用しながら、個人の身体と性格に関する情報を検査・調査し、ファイリングすることで、パノプティコンと相互補完的な主体化の作用を、機械的な複製によってさらに大勢の人間に適用できるようにしたのがファイル情報である。ファイル情報は、すでにできあがった個人に何らかの社会属性とそれに見合った待遇を押しつけるだけでなく、生育段階から医療的かつ教育的な配慮の基礎資料として利用されることで、データベースの管理を主導する者にとって都合の良い人間を創造する**生権力**の手段として機能している。ここでひとまずまとめると、**現代における主体化のプロセスは、パノプティコンやス**

マホといった視覚装置と、病院のカルテやデータベースといったファイル情報を組み合わせることで達成されるものとなっている。

フーコーの考えた**生権力**の力は、インターネットの発達と、企業の経済活動にともなう巨大なデータベースの蓄積によって、国家という単一軸の周辺にではなく、多国籍企業の商圏や国境を越えて形成された経済ブロックという横軸に、国家内に広がる行政組織や企業グループといった縦軸を加えた多極的な勢力圏の形成を前提として、さらにリスクに強いものとなっている。パノプティコンによる権力行使が双方向性をもち、監視される者に自分自身を監視し、統治するよう仕向ける点で、その勢力圏から抜け出すのは困難を極める。そんななか、国家や資本を一枚岩的なものとみなした旧来型の抵抗は、多極化の進む**生権力**の展開に翻弄され、抵抗する主体のアイデンティティを全体の流れからうまく括り出すことができず、なかなか活路を見いだせていない。

この問題に関連して、貨幣というメディアがわれわれの存在を規定する力をもつことは、マルクスの分析をもちだすまでもなく広く知られていることだが、現代では金融機関の与信情報やクレジットカードの使用歴に加え、交通系プリペイドカードやETCの履歴、企業間で統合の進むポイントカードの履歴といったファイル情報も活用されるようになってきている。そうした現代的なファイル情報は、学歴や職歴に関する記録や、健康診断の結果といった旧来型のファイル情報との接続によって、さらに巨大化しつつある。主に私企業が管理する前者のファイル情報と、主に公的な組織が管理してきた後者のファイル情報は、たとえば保険会社による利率や返還率の設定の際には公から私へ、政府による国民の消費動向調査の際には私から公へ、境界を越えて融通されることがある。そのようにして形成された**ビッグデータ**は、大衆の気まぐれな行動の背後にある規則性を、情報の結節点にいる支配勢力に知らせ、われわれの将来の舵取りに利用されている。

それだけではなく、データベースによる個人の把握は、ターゲット広告や各種サイトとアプリによるお勧め情報の提供といったかたちで、われわれがいかに生きるかについて、どういう外見でいるべきかについて個性を活かした（と誤認させた）判断を後押しして、決定する力をもつようになってきている。どういう髪型にすべきか、どの服を着るべきか、今夕に何を食べるべきか、財とサービスに関する山のような選択肢から個人に適したものを提案してくれるデータベースの力を使わずに、われわれが自己決定できることは果たしてのこされているのか。データベースという魔法の鏡は、個人に等身大の似姿を見せるのではなく、現状の問題点がどこにあるかを指摘し、どういう手段を購入すれば改善できるかを、各自の購買力と個性に合わせて提案してくれる。

それだけではなく、あらゆるところに浸透するデータベースの監視の下で、プライバシーを守ろうとする人の工夫は、ヴァーチャルなかたちではあれ、同時に人格の分裂も促進している。消費活動においてアカウントを使い分けることで生み出される分身としてのデータ・ダブルは、ブログやＬＩＮＥで自己を代理＝表象するアバターを「キャラづけ」して提示するときに、あるいはインスタグラムで微妙に美化された自撮り画像をアップするときにも発生する。後期近代において、自己のアイデンティティは親や共同体から与えられるものではなく、成人を迎える際に獲得されるものでもなく、生涯をかけて達成すべき宿命となったとＡ・ギデンズ〔二〇〇五：二三七〕は指摘したが、それはむしろＴＰＯや人生のステージごとに刷新される機会的構成物になったのかもしれない。データ・ダブルという用語を最初に考えたハガーティとエリクソンは、アイデンティティだけでなく、各自がもつボディ・イメージも断片化されており、メディアを通じて発信される身体表象はデータベースによって再編集され、それが発信元にフィードバックされて、現代における自己のさらなる多元化と流動化を招いているという〔Haggerty and Ericson, 2000〕。そうした状況は、ヴァーチャルな世界のうちに留まるものではなく、美容整形やボディビル（フィットネス）、タトゥーの流行といったかたちで、生身の身体の上でも広がりを見せている。

自己を特定し、社会属性を押しつけてくるファイル情報の圧力を考えると、データベースの補足を逃れて分裂した主体性を楽しむ姿勢は好ましく見えるが、こちらにも問題がないわけではない。一般に、多元的な現実を巧みに使い分け続けられるほど高い情報処理能力をもっている人材は限られている。自分ではうまく使い分けているつもりでも、周囲には破綻が見えていて、首尾一貫しない行動に眉をひそめられることもよくある話だろう。ネット環境の普及が、分裂した主体性でもって生活することを容易にしたのは確かだが、共同体や家族関係からの束縛さえ希薄になっている現代において、そうした自由は、たいていの人間にとってかえって負担となってしまう。美容整形やボディビル（フィットネス）、タトゥーの流行は、流動性を楽しむ姿勢でもあるが、同時にそれは、身体に永続的な変工を加えることで、自分好みの個性を物質化し、安定させる試みと考えることができる。あるいは、自由と安定の両立を求めて、趣味や主張の共有を頼りに、新たな共同体を立ち上げ、**居場所**を見つけられる人もいるが、そうした集まりの核となる趣味や主張は、必ずしも世間的に好ましいものとは限らない。地縁・血縁の束縛が利用できないなか、自由意志で人々が集まる**居場所**を維持し続けるコストは高く、離合集散が絶えず、機会主義的に（時には主張が真逆であっても）集団から集団へ渡り歩くメンバーも出てくる。

そうした時代に、メディア研究は何をすべきだろうか。どういう身体表象が現代の大衆に理想とされているのか、あるいはその理想が、年齢、性別、収入の高低によってどう変化するのかを分析することは、データベースが**ビッグデータ**を使って解析していることを明るみに出す点では意味があるだろう。しかし、検査や試験といった近代の統治技術に対してフーコーが行った批判を考えれば、そんな研究をしようと思った動機がデータベースから吹き込まれたものではないかを疑うことも重要となる。本章は、どういうメカニズムでメディアが提供する身体表象が個人のボディ・イメージと相互作用を起こすのかを解明し、その相互作用を駆動する個人の欲望と欲望の流路となる道具（メディア）の過去と現在を確認した。また、デジタル時代には、言語メディアと画像メディアの関係に、どちらがどちらを説明するものかという点で、ある種の転倒が起こることも明らかにした。これにより、身体のメディア研究に新たな道が拓かれるものと期待している。

〈参考文献〉

板倉昭二『「私」はいつ生まれるか』筑摩書房（ちくま新書）、二〇〇六年
井上則子「ボディ・イメージとやせ志向」、山崖俊子・山口順子『健康教育――表現する身体』勁草書房、二〇一五年
ギデンズ、アンソニー（秋吉美都・安藤太郎・筒井淳也訳）『モダニティと自己アイデンティティ――後期近代における自己と社会』ハーベスト社、二〇〇五年
クレーリー、ジョナサン（遠藤知巳訳）『観察者の系譜――視覚空間の変容とモダニティ』十月社、一九九七年
ゴーマン、ウオーレン（村山久美子訳）『ボディ・イメージ――心の目でみるからだと脳』誠信書房、一九八一年
ゴッフマン、アーヴィング（石黒毅訳）『行為と演技――日常生活における自己呈示』誠信書房、一九七四年
阪本俊生『ポスト・プライバシー』青弓社、二〇〇九年
スティグレール、ベルナール（浅井幸夫訳）『偶有（アクシデント）からの哲学：技術と記憶と意識の話』新評論、二〇〇九年Ａ
――（西兼志訳）『技術と時間１――エピメテウスの過失』法政大学出版局、二〇〇九年Ｂ
――（西兼志訳）『技術と時間２――方向喪失（ディスオリエンテーション）』法政大学出版局、二〇一〇年
――（西兼志訳）『技術と時間３――映画の時間と「難・存在」の問題』法政大学出版局、二〇一三年
中井孝章『頭足類画の深層／描くことの復権』三学出版、二〇〇四年
西山哲郎「『リング』あるいは秀逸なメディア論としてのホラーについて」亀山佳明・富永茂樹・清水学編『文化社会学への招待――〈芸術〉から〈社会学〉へ』世界思想社、二〇〇二年
日本社会学会・社会学事典刊行委員会『社会学事典』丸善、二〇一〇年
開一夫・長谷川寿一編『ソーシャル・ブレインズ――自己と他者を認知する脳』東京大学出版会、二〇〇九年
フーコー、ミシェル（渡辺一民・佐々木明訳）『言葉と物――人文科学の考古学』新潮社、一九七四年
――（田村俶・雲和子訳）『監獄の誕生――監視と処罰』新潮社、一九七七年
――（中村雄二郎訳）『知の考古学（改訳新版）』河出書房新社、一九八一年
フーコーほか（田村俶訳）『自己のテクノロジー――フーコー・セミナーの記録』岩波書店、一九九九年
フルッサー、ヴィレム（村上淳一訳）『テクノコードの誕生――コミュニケーション学序説』東京大学出版会、一九九七年

ポスター、マーク「ディスクールとしてのデータベース」、新田義弘編『岩波講座　現代思想13——テクノロジーの思想』岩波書店、一九九四年

峰松一夫「身体失認」『認知神経科学』1巻2号、一九九九年

メルロ＝ポンティ、モーリス（滝浦静雄・木田元訳）「幼児の対人関係」、『眼と精神』みすず書房、一九六六年

ライアン、デイヴィッド（河村一郎訳）『監視社会』青土社、二〇〇二年

ラカン、ジャック（宮本忠雄訳）「〈わたし〉の機能を形成するものとしての鏡像段階——精神分析の経験がわれわれに示すもの」、『エクリI』弘文堂、一九七二年

ルロワ＝グーラン、アンドレ（荒木亨訳）『身ぶりと言葉』新潮社、一九七三年

K. D. Haggerty and R. V. Ericson, "The Surveillant Assemblage," *British Journal of Sociology* 51(4), 2000.

H. Head, "Sensory Disturbance from Cerebral Lesions," *Brain 34*, 1911.

第二部

事例研究

——メディア編——

多層化する視覚メディアと身体──写真はいかに身体を動かしてきたか

酒井健宏

本章では、デジタル技術にもとづく情報機器の広汎な普及と、その高密度かつ複雑なネットワーク化がもたらす視覚的イメージの大量流通と消費、およびそれらが生活世界における個人の身体に与える影響について考察する。視覚的メディアと、それを介して流通するイメージの影響力は、まず十九世紀に端を発した写真技術の発明と展開の中で生じた。二十世紀にそれは電子技術と結びつき、デジタル信号処理による記録や表示が広く活用されるようになった現在も、とどまることなく増大し続けている。

それゆえこれらについて、特にイメージの消費段階に注目する論考はすでに多くの蓄積がある。たとえば、情報機器の使用やコンテンツの受容によって生じる新しいユーザー体験が個々の身体に与える影響の分析が考えられる。あるいは、そうした体験に伴う身体感覚の麻痺や崩壊、または再構築に関する道徳的な評価も行われてきた。メディアと身体の関係を社会的な文脈と関連づけながら論じる文化史的な検討もあれば、さらには学術的な考察から個別の商品宣伝やレビュー記事まで、非常に多岐にわたっている。こうした関心の高まりは、社会の情報化の高度かつ急速な進展と、さまざまな視覚的メディアを介してのイメージの大量流通が、一定の強度を伴いながら私たちの身体に作用し、途切れなく感覚を刷新していることの証拠といってよいだろう。

ただし、個別の視覚的装置やコンテンツが、すぐさま身体に直接的な影響を及ぼすかというと、そこには慎重な検討が必要だ。暴力や性を直接的に描写したイメージの流通が、社会的に問題視され、議論の俎上に載せられることは多々ある。しかし、それらが実際に一方的で同質な力を伴って個々人の身体に作用するかといえば、必ずしもそうだとは限らない。カルチュラル・スタディーズのオーディエンス研究における数々の事例が示すとおり、ある特定の装置やコンテンツは、しばしば消費する側からの交渉的な読解、積極的な意味の転用などにより多様な解釈を付与されたり、ゆるやかに咀嚼され吸収されることもある。

本章もまた、身体とメディア、とりわけ視覚的イメージの消費による身体の変容についての関心を共有するものである。しかし、アプローチの仕方としては、一つの視覚的装置や特定のコンテンツを取り上げ、それらと身体との関係を論じるというような方法をとらない。消費者の身体が知覚する刺激、または認知する概念や意味など、装置やコンテンツにとってのいわば血や肉への注目より、むしろそれらを支える骨格としての構造的な様態（モード）や形式（スタイル）の把握と、その歴史的な変容に注目する。そのために、消費の過程のみならずイメージの生産過程にも関心を据えながら、私たちが日々触れる大量のイメージはどのようにして生まれ、どのような特徴を持つのかを分析することに主眼を置きたい。

1．装置を介したイメージと身体の関係

イメージを消費する者の身体とは、同時にまた、生産者の身体でもある。イメージ消費とは、つねにすでにイメージの再生産の過程なのだ。生産者、すなわち商品や作品の制作者たちも日々メディアのイメージの洪水にさらされながら制作を行っている。また、制作者としての自覚を持たない者であっても、消費活動を二次創作や他

の自己表現へと昇華させることで、拡張的に再生産の過程に与《くみ》することはしばしばある。したがって、イメージ消費による身体感覚の変容は、ある商品とユーザー、あるいは芸術作品と鑑賞者との間に生じるような、閉じられたやりとりを分析するだけで語りきることは難しい。多くの場合、それは社会的または文化的な状況を介して生産の過程とつながっている。イメージの消費における身体の変容は、並行して生産のあり方も変容させる。なおかつ生産のあり方の変容は、再び消費過程において身体を変容させる契機を孕んでゆく。このように、生産と消費のあり方はつねに相互に作用しあう関係にあるのだ。

視覚的イメージの質的な特徴を生産の過程から分析し理論化しようとする論考は、たとえば「写真の撮り方」といった指南書やマニュアルなども含めれば、非常に多い。ただし、それらを歴史的な観点から社会・文化的状況の中に位置づけようとする試みは、特定の作家や制作者たちの作品を分析するものを除けば、それほど多くない。とりわけ、写真メディアが登場してからの視覚的イメージの分析に対しては、生産において使用するテクノロジー装置に注目するものや、精巧かつ迅速で簡便な複製機能へと注目するものが目立つ。これらの論考は一概に、問いの焦点を装置自体の仕組みと、生産されるイメージの「量」の問題へと還元しがちだ。たとえば「新しいメディアとして登場したタブレット端末型パーソナルコンピュータは触知的インターフェースの採用によりイメージと身体の関係を劇的に変えた」といった、しばしば喧伝されがちな指摘を取り上げるとする。これらの指摘には「テクノロジーが身体をどのように変えたのか」という問答へと関心を焦点化させる志向が暗黙のうちに含まれている。そしてそのような質疑においては、イメージそのものは均質的に抽象化され、単に新しいテクノロジー装置による、大量の、同質なイメージの襲撃が、私たちの身体を変えてゆく様のみが一面的に語られる傾向へとつながりやすい。

平易な技術決定論としてのこれらの指摘は、単線的な歴史観にもとづくテクノロジーの発達史を無批判に受け入れてしまうことで、消費者と生産者それぞれの能動的なふるまいを看過してしまうおそれがある。そのために批判的な検討を加えられうるものである。同じくそれらはまた、テクノロジー装置そのものを重視しすぎることで、その装置が生産するコンテンツおよび生産過程のあり方を単純化し、多様な展開や変化の萌芽を見過ごしてしまう点でも多少の問題を含んでいる。

もちろんこうした問題を乗り越えるために、複眼的な視点から視覚的イメージと身体の関係を精緻に論じた研究もある。たとえばジョナサン・クレーリーは、十九世紀前半の西欧で生じた社会全体の変容を、今日の視覚文化の実現の端緒と位置づけ、それに組み込まれる形で私たちの視覚と身体が規定されてきた様態を、安易な技術決定論を避けながら丁寧に追究している（クレーリー、二〇〇五）。そこでは美術、哲学、自然科学、大衆文化、経済など様々な領域の横断的な分析をとおして、非自律的で不透明な「観察者」としての私たちの姿が浮かび上がる。その歴史的考察が圧倒的な説得力を持つのは間違いない。

ただし、クレーリーの議論の多くは、あくまですでに「姿を消した」とされる過去の視覚的装置の遺物を再び召還し、あらためて社会的文脈の中へと配置することで（一般的な美術史の教科書に頻出するような）「絵画から写真へ」という単眼的な歴史観を拒絶しようという企図のもとに成立している。たしかに、カメラ・オブスキュラ[1]、ステレオスコープ[2]、フェナキスティスコープ[3]、写真、映画など、複数の視覚的装置の比較から得られる知見は議論に深みをもたらすだろう。しかしそれは他方で、各々の装置から生産される視覚的イメージ自体の多様な性質や変化の分岐点を見落とす可能性も含んでいる。この点に関しては、若干の検討を加える余地が残されている。

クレーリーが指摘するように、十九世紀以降に登場した視覚的装置の多くは、（ルネサンス期から十八世紀にわたる西欧の視覚システムを象徴する装置であった）カメラ・オブスキュラと比べると、明らかに異なる特徴を持っている。カメラ・オブスキュラが観察者に自律した主体として外界を見渡すことを保証する装置だったのに対し、ステレオスコープやフェナキスティスコープといった十九世紀に流行した視覚的装置は、観察者たちの視覚をまるでその装置の一部であるかのように組み込む。観察者の目は、それらの装置が「いまここにないはずのものが、あたかも存在するように見える」という幻視的効果を引き起こすための、いわば部品になるのだ。そのようにして、観察者は装置が行うイメージ生産に自らの視覚を提供する一方で、結像した幻視的イメージを見てその効果に驚嘆する。つまり、それらの装置はイメージの主たる生産者であるのはもちろんのこと、同時に重要なコンテンツでもあったのだ（「ステレオスコープ」を見るためには「ステレオスコープ」が必要だ）。

こうしたハードウェアとソフトウェアの不可分な結合を前提としたうえで、観察者は自らの身体的な感覚から視覚のみをハードウェアの一部として差し出す。そこに生じる視覚的イメージの結像と観察者の身体感覚の分断というトレードオフの関係こそが、十九世紀以降に次々と現れた近代的な視覚的装置に共通して含まれる特徴でもある。それ以来、たしかに今日にわたり、ある装置を使えば平面が立体に見える（が触れることはできない）、物体が動いて見える（が捕えることはできない）といった、日常的な感覚をかく乱する幻視的イメージが繰り返し登場しては私たちの関心を呼び起こし、素朴な驚きを与えながら、ときに不安をもたらしている。

2. 写真と身体を関係づける二つの段階

しかし、視覚的イメージと身体の関係を論じる際に、視覚的装置そのものに注目することが有効であるのは、先述したとおり特にハードウェアとソフトウェアが分ちがたく結びついている事例に対してであることは留意すべきだろう。それらの装置から生み出される視覚的イメージは、装置から離れたところで多様な改変を加えられることが少ない。したがって、たとえばステレオスコープがその一つだったように、装置そのものが歴史の表舞台から降りてしまえば、それらが生産したイメージたちも顧みられなくなってしまう。

ところが、同じ十九世紀発祥の視覚的イメージの中には、とても取り扱いの難しいものがある。十九世紀の半ば以降、私たちのもっとも身近にあり続け、つねに身体のありかたに深く介入してきたと思われる視覚的イメージ、すなわち「写真」と呼ばれるものである。同時代に現れた他の視覚的装置とともに、装置としての「写真機（カメラ）」もまた、観察者の視覚を動員し組み込む。とはいえ写真機は、撮影した次の瞬間には生産の主導権を明け渡してしまう装置なのだ（「写真」を見るためには「写真機」は必要ない）。前掲のクレーリーの議論が、写真を論じる段におよぶと大方もごもごとしがちになるのは、おそらくこれに大きく起因している。ハードウェアとソフトウェアの強い結合を前提とする近代的な視覚システムが、十九世紀以降に個人の身体的感覚をいったんは分断し、あらためてシステムに従属させるかたちで再構築したとする彼の主張にしたがうならば、写真もまたカメラ・オブスキュラ絵画やステレオスコープ映像などと同様に、装置と観察者との深い結びつきの中で生産されるイメージとして捉える必要がある。

だが実際には、写真は写真機がイメージを定着させた後に、むしろいったん生産を放棄することで生成されるものだ。そして観察者としての私たちは、その後に続く生産過程にも加担しなければならない。プリント、複写、転写、彩色、トリミング、合成など、いわゆるレタッチや編集、さらに現像と呼ばれる作業が、イメージの生産や再生産の過程で繰り返される。しかもそれらは多くの場合、装置としての写真機の外側で行われる。あらためて当の写真機の内側に戻ることはない。写真は、元来の主体的な生産者（写真機）を失ったまま、私たちの目に委ねられる。私たちは、世界を見渡す主体としての資格を与えられなかったにもかかわらず、その後も「写真」と呼ばれるものとの困難な関係に身を投じなければならない。

二十世紀を経て今日まで、視覚的装置としての写真機は、一方で多様な用途で使用されながら、他方でアナログ方式からデジタル方式へと構造も変われば原理も異なる装置へと変わりつつある。それでも私たちは日常において、すでに厳密には写真であると定義しがたい静止画像、たとえばデジタルカメラなどの電子メディアに記録されたイメージをも「写真」と呼んではばからない。ダゲレオタイプ[4]もコンパクトデジカメも、私たちにとっては明確な区別なく「写真機」として認識されている。つまり、写真が写真であることを決定づけるのは、装置としての写真機でもなければ、撮影という行為でもなく、むしろそれ以降の、写真を加工するプロセスにおいてなのだ。カメラが記録した視覚的イメージを、私たちは「写真」としてどのように加工し、あらためて身体化してきたのか。加工や修整という撮影後に続くさらなる生産工程と、そのモードの変遷についての歴史的検討を含めた考察の中にこそ、視覚的イメージと身体との新たな関係性が立ち現れる可能性が多分に含まれている。

このような写真機にそなわるある種の無責任さは、これまで幾度となく「写真とは何か」を問う議論を呼び起こしてきた。枚挙にいとまがないものの、それらが写真の特質をどのように設定しようとも、多くは途中でヴァルター・ベンヤミンの思索を通過するだろう。写真や映画に代表される機械的な複製技術が、芸術作品の唯一性による荘厳さ（アウラ）を消失させ、それによって芸術の礼拝的価値は展示的価値へと置き換わる〔ベンヤミン、一九九七〕。ベンヤミンによるこの有名な指摘は、たしかに写真や映画の本質を突いている。写真や映画は、「現実」を機械的に複製することで、被写体に本来そなわっていたはずの「いま、ここに在る」という特徴を消し去ってしまう。また、複製されて大量のコピーが出回ることで、それらは容易に入手され、反復的に参照される。したがって、オリジナル（被写体）の価値は、絶対的なものから相対的なものへと変質せざるをえない。

こうした複製技術による「アウラの凋落」は、視覚的イメージ全盛の今日において、なお日常的に私たちが体感する事象であり続けている。ゆえに翻って考えてみれば、十九世紀以降の視覚文化の歴史とは、いったんは凋落したアウラを私たちが何らかのかたちで回復させたり、補塡しようとしてきた歴史だったと捉えることもできる。写真を例にするなら、たとえば理想的な一枚を手に入れるために、レンズの交換やフィルタの添付など写真機そのものに技術的な改変を加えることもあれば、撮影者の創作意図にもとづき配置や構図を工夫することもある。被写体への意匠を凝らした装飾や、華美な衣装と粧飾、あるいは被写体自身の鍛錬による肉体改造や整形技術による身体加工が施されることもある。あらかじめ撮影の前に施される処置だけに限られない。印画や表示にいたるまでに、加工や修整などのレタッチや合成が繰り返される。さらに、豪華に額装することもあれば、丁寧にアルバムに収蔵することもしばしばだ。このように、撮影後に続く取り扱いをとおしても、私たちは積極的に写真に触れようとし、いわば失われたアウラの再興に余念がない。

かつてロラン・バルトが写真について、本来は触知できないはずの光を定着させる「一種の皮膚」であり、被写体の身体と私たちの視線を媒介するメディアであると指摘したように〔バルト、一九八五〕、写真は視覚的でありながら触覚的でもあるイメージとして捉えられてきた。たしかに、一枚の写真はときにあたかも個人の身体や私的な時空間から剥ぎ取られた一片であるかのように見えることがある。多くの人が家族や友人、恋人の肖像写真を肌身離さず持ち歩き、また見知らぬ他人の包み隠された部分を写真を介して覗き見ることも好きだ。写真によって被写体のアウラが消去されることで、私たちは被写体のコピーに一方的に接近し、触り、改変する自由を手に入れている。だからこそ、誰がどのように触れるのかが問われると、写真はたちまち政治的闘争を引き起こす引き金にもなる。失われたアウラの補塡を誰が執り行うのかを巡り、たとえばベンヤミンはファシズムの発動を糾弾し〔ベンヤミン、同上〕、ギー・ドゥボールは消費者を受動的存在として扱うマスメディアと資本主義の結託に抗い〔ドゥボール、二〇〇三〕、ローラ・マルヴィは私たちの視線に内在化された男性中心主義を明るみに出した〔マルヴィ、一九九八〕。しかも、力を持つ何者かによる視覚的イメージの政治的独占に警鐘を鳴らした彼ら彼女らが共通して提起した対抗措置の方法は、いずれも支配的なモードを被支配階層の側から換骨奪胎することだった。それはつまり、いったん生産された視覚的イメージを、あらためて自己の身体に根ざしながら加工しなおすことでもあるのだ。支配的なモードが構成した一連の語りの流れから、細部を分割・抽出（サンプリング）し、切り貼りや組み替え（コラージュやモンタージュ）をとおして、再構成（リミックス）する。そういったゲリラ的な身体と視線の関係性の結びなおしもまた、写真とそれに連なる視覚的イメージの加工の過程にはそなわっている。

以上を考慮しつつ、あらためて十九世紀以降に登場した視覚的メディアと身体との関係、とりわけ写真の影響を受けて発展した視覚的メディアと身体の関係について整理するときには、まず大きく二つの段階に区分して捉えるとよいだろう。すなわち、一つ目は装置と身体との関係、二つ目は装置が生産したイメージと身体との関係である。一つ目の段階において、たとえばクレーリーが論じたように、視覚的装置は私たちから「私が、いま、ここで見る」というたしかな主体性を剥奪する。私たちは装置に視覚のみを提供し、その一要素に組み込まれることで、身体の自律性を失う。同じ段階をベンヤミンの観点から捉えるとすれば、視覚的装置は私たちの視線の対象から「それが、いま、ここに在る」というたしかな客体性を消し去る。対象そのものにそなわっていた物質性は、イメージへと変換および複製されることで失われる。つまり、写真をはじめ近代的な視覚的装置の数々は、主体と客体の双方に対して、それぞれ同時に物理的な身体性を喪失させるべく作用するのだ。たとえば、ある一枚の風景写真に映り込む景色は個人が主観的に捉えたものではなく、あくまでカメラが捉えたものであり、またその景色は具象的でありながら、今ここに実在するものではない。

二つ目の段階は、こうした主体と客体の関係に生じた亀裂をもとに始まる。装置が生産したイメージに対して、私たちはまなざしを投げ、意識を注ぎ、触れるように手を加える。ベンヤミンがウジェーヌ・アジェ(5)の都市写真に対して、失われたアウラの「痕跡」を判読しようとしたように（ベンヤミン、同上）、あるいはバルトがセルゲイ・エイゼンシュテイン(6)の映画のコマから、表象しようにもしがたい「第三の意味」を読み取ったように（バルト、一九九八）、ジャン・ボードリヤールがいかなる現実とも切り離されたイメージを「シミュラークル」と呼んだように〔ボードリヤール、二〇〇八〕。私たちは一つ目の段階で失った主体性と身体の自律性を取り戻すべく、イメージそのものを客体と見なし、関わろうとする。たとえば、一枚の風景写真に映り込む景色（のイメージ）を主観的に捉えながら、「それが、いつか、どこかに在りうる（または、在りえた）」という仮想の客体性を際限なく追い求めるのだ。

3．複数の「写真から映画へ」

この二つの段階は、視覚的イメージの生産において一つ目が撮影、二つ目は編集・加工の工程におおむね対応している。そして、以下で本章が主な考察の対象とするのは、二つ目の段階である。静止画像や動画像といった視覚的イメージに限らず、文字や音声なども含め、一般的にイメージはいったん記録された後に、何らかの形で加工や編集と呼ばれる生産工程が伴う。この工程は、消費の段階ではあまり顧みられない。たとえば、私たちが目にする一枚の写真に、明暗や濃淡の調節が行われていたとしても、よほど極端でない限りそれを気にとめることは少ない。あるいは、一本の映画を見るとき、一続きの映像が途切れた後にすぐ別の映像が続いたとしても、私たちはその転換部分をそれほど意識せずに見ている。このように、重なりや繋がりにより生じる「厚み」が、たった一枚に見える表層に何層も潜んでいることが、視覚的イメージの持つ特徴なのだ。その見えない「厚み」がどのように構成され、またそれがどのように変わってきたのかについて考察したい。

ただし、これを示すために広大な視覚的イメージの領域に分け入り、その足跡を辿るには幾多の問いと検証の繰り返しが必要であるに違いない。本章にできるのは、わずかな一端を取り上げることのみだが、それを論じる際に非常に示唆に富む視覚的メディアがある。動画メディア、とりわけ映画だ。なぜなら、私たちが今日「映画」と呼ぶものは、もともと写真を並べたり重ねたりすることで生み出される「厚み」の一つだからだ。一枚の写真は、被写体の動きをブレやボケとして記録する。そこには動いたぶんだけの時間が、凝縮されておさまっているともいえる。一方、時間を刻々と切り分けながら、被写体の動きを連続する複数枚の写真として記録するのが映画だ。つまり、写真にとって映画は、一定の時間の幅に動きをおさめるための方法の一つなのだ。

動画メディアは、十九世紀末に歴史的に先行して登場した映画を嚆矢として、しばしば「動く写真」とたとえられてきた。電子技術にもとづく視覚的イメージが、写真のように見える静止画像を表示するようになってからも、それらの写真的なイメージは、テレビ放送やビデオソフト、デジタルデータやインターネットなどの領域に、それぞれの「映画」を出現させてきた。教科書や解説書によく現れる「写真から映画へ」という結節点は、あわせて「一秒間に二四枚の写真」という説明が付加されることで、視覚的イメージの「量」の発展的増加拡大の始まりへと、私たちの思考を誘いがちだ。しかし、それは同時に「写真とは何か」という、視覚的イメージの「質」に関する遡及的探求の契機でもある。さらに、繰り返し立ち現れる新しいタイプの「写真」たちが、そのつどあらためて「映画」を生み落としてきたことに鑑みれば、この結節点は必ずしも十九世紀末の一つだけに限られない。写真や映画それ自体よりも、むしろ複数ある「写真から映画へ」について注意深く検討してゆく中にこそ、視覚的イメージが持つ性質の全体像が鮮やかに姿を現す可能性もある。

視覚的メディアと身体との関係を考える際にも、「写真から映画へ」について注目することはなおさら重要だ。エドワード・マイブリッジ(7)の連続写真〔Muybridge, 1955〕のように、刻々と記録された被写体の動きを一コマずつ見ることは、私たちに素朴な驚きを引き起こさせるとともに、あるべき理想の姿を再帰的に想像させる。それは、スポーツ選手や舞踏家が、自らの身のこなしや立ち居振る舞いを詳細に確認する作業にも似ている。その姿が視覚的メディアの時空間内に、どのように再現または表象されてきたのかを検証することで、これまで私たちが理想の身体像をどこに方向づけ、あるいは方向づけられてきたのかが捉えやすくなるだろう。こうした目論みのもとに、映画をはじめとする動画メディアの歴史的展開に沿いながら、複数ある「写真から映画へ」のそれぞれの契機を抽出してみよう。そして、それに伴う編集や加工のモードの変容と、動画イメージに投影されてきた身体表象のありかたの推移について、具体的に確認および検討してゆく。

（一）写真から映画へ

先述したとおり、映画は、写真に物理的な時間の幅が加えられることによって誕生した。写真の被写体が動いて見えることは、それだけでオーディエンスに広く驚きを提供しただろう。加えて、トム・ガニングが「注意喚起（アトラクション）の映画」と指摘するように、初期の映画には、見る者の身体に直接はたらきかけようとして構成された表現が目立つ（ガニング、二〇〇三）。数多くのトリック映画を制作したジョルジュ・メリエス[8]の作品が好例であるように、衝撃性や珍奇性、現前性を伴う刺激的な撮影対象が積極的に採用され、オーディエンスの日常感覚を即時に寸断しよう（びっくりさせよう）という企図を含むものが多い。それゆえ、初期映画の加工・編集の工程では、多重露光、二重焼付け、着色（ステンシル）など、フレーム内に注目を促すための空間的な演出が多彩であり、それらはいずれも写真の加工技術から転用されたものだ。

他方で、時間的な演出には、大胆な途切れ（カット）、重複（オーバーラップ）、繰り返し（リプレイ）といった編集技法がしばしば用いられた。リニア（連続）に流れる時間から、注目に値する瞬間のみを任意に切り取り、並べ替え、再構成できるという、もとより映画表現にそなわるノンリニア（不連続）な特性を強調したためだと考えられる。こうした時間の不連続性そのものが、オーディエンスの感覚を揺さぶるスペクタクルの一つだったのだ。

このような、アトラクション性の高いスペクタクル装置として始まった映画に、明らかなモードの変容が認められるようになるのは、一九〇〇年代の半ば前後からと指摘されている。デイヴィッド・ボードウェルらによる映画のスタイル分析でよく知られる、古典的ハリウッド映画がその代表例である〔Bordwell, Staiger & Thompson, 1985〕。映画の都ハリウッドに象徴される産業的な量産・分業体制の整備、制作機材の技術革新、オーディエンスからの要請への応答、芸術表現としての自立性の希求など、様々な要因が複合的に絡み合う中で、映画は物語装置としての側面を強めていった。オーディエンスに対し、始まりと終わりが明確に定められた物語（脚本）を、わかりやすく提供するための技巧が模索され、注意の喚起のみならず持続を、また現前性のみならず表象性を高めるための追求がなされた[9]。

Ｄ・Ｗ・グリフィスの探求的実践[10]が示すように、時間と空間の演出はともに一致と持続が基本となり、「そして」や「だから」のような連続性や因果性を重視するイメージの接続技法が洗練された。したがって、それを担う編集の作業が、撮影後に続く非常に重要な生産工程として浮上したのだ。途切れなく撮影した一続きの動画は「ショット」と呼び習わされ、台本上の物語の分節点にあわせ整列させたショットのまとまりを「シーン」と呼ぶようになった。一つ一つのショットは、もともとノンリニアな性質をそなえている。しかし、それをあらためてリニアな状態へと再編成する作業が、映画の編集・加工の主たる目的となった。すなわち古典的ハリウッド映画は、ノンリニアな部品としてのショットを用いて、物語世界の内側を連続するリニアな時空間として見せかける物語装置なのだ。

こうした傾向は、古典的ハリウッド映画のみに限られない。モンタージュ映画として有名な、一九二〇年代にソヴィエトで展開した映画理論とその実践においても同様である。この理論は、イメージの連結によって生まれる意味作用に過度な期待を寄せた。とりわけ、編集の工程を、映画表現の芸術的独自性を定義する重要な要素として扱った。たとえば、セルゲイ・エイゼンシュテインの理論と実践はよく知られている〔エイゼンシュテイン、一九七四〕。彼の理論では、ショット同士を連結することを「衝突」と表現するため誤解が生じやすい。しかし、それは単にぶつかり合いだけを意味するのではない。相互に矛盾や対立を孕むショット同士をあえて並置することで、弁証法的な止揚を経て、新たな意味や概念が生み出されることを想定している。(11)ノンリニアな部品同士を衝突させることで、概念的な連続が作り出される。ソヴィエトのモンタージュ映画は、このような効果を期待して、オーディエンスの身体から精神までを刺激し、変革させるための、イデオロギーの伝達装置を目指したのだ。

これらの編集の工程におけるモードの変容は、映画が写真とは異なる独立した視覚的メディアであることを印象づけ、小説や舞台演劇と対等に並置されうるものだという認識を広めた。ただし、他方では、一九二〇年代半ばからのトーキー（発声）映画、一九三〇年代半ばからのカラー映画、一九四〇年代の戦争プロパガンダへの活用というように、依然としてスペクタクル装置であり続けたことも忘れるべきではない。つまり、映画とは、たえずスペクタクル性を補強することでオーディエンスの日常感覚を寸断し続けながら、同時に、編集工程で生み出すリニアな連続をもとにオーディエンスの生活世界を浸食し、イデオロギーを注入してやまない、現実世界の擬制物であるのだ。

このような映画に対する、一九五〇年代以降の分析的な批評言説や対抗的な作品制作の多くが、その擬制の暴露や連続性の解体に意義を見いだしているのは興味深い。たとえば、表象性ではなく現前性を称揚したアンドレ・バザンの映画批評〔バザン、一九六七〕、その流れを引き継ぎ、物語世界内の連続を意図的に切断することに積極的だったフランス・ヌーヴェルヴァーグの作品群。(12)または、古典的ハリウッド映画の彼岸から勃興したポップアートやアンダーグラウンド映画。(13)あるいは、映画を意味空間として細分化する作業の中で、副次的に連続性の束縛から自由を獲得する構造主義的映画分析や記号論的映画批評。(14)さらに、イデオロギーの伝達装置としての映画の本性を暴露することで、支配的な虚偽意識の無自覚な受容を遮断しようとするフェミニスト映画批評や精神分析的映画批評[15]など。いずれも、映画の編集工程において生み出される虚構としての一筋のリニアな連続を、あえて受け入れないことで説得力を持つ言説や作品ばかりである。

（二）アナログ電子画像からテレビジョン放送へ

さて、映画史において、映画にふたたび大きな変化が生じる契機を提供したとされるのは、おもに一九五〇年代の後半から始まる観客動員数の急激な減少である。この時期は、大きな映画産業を抱える国家や地域の多くが、政治的な動乱と変革を経験した時期でもある。映画もこれらの影響を免れえなかったのは当然だろう。しかし同時に、より直接的に影響を与えたと考えられるのは、新しい「写真から映画へ」の出現と展開だ。すなわち、テレビ放送メディアの台頭と、一般家庭への受信機の普及である。

テレビジョンをはじめ、電気信号からなる視覚的イメージは、技術的には写真との関連性を持たない。ただし、光を感受して視覚的に知覚できる状態で表示しようという、原理的な着想は共有する。電気信号の変換技術や伝送技術の充実と足並みを合わせ、一九二〇年代後半から四〇年代のうちに、まずはアナログ方式のテレビジョンが放送メディアとして実用にいたった。

テレビジョンは、光を電気信号に変換し、輝度の制御と走査の仕組みによって、写真（静止画）のように見える視覚的イメージを電子的に構成する。そして、異なる像を結ぶ信号を、瞬時瞬時に送受信し続けることにより、映画（動画）のように動きをあらわす。テレビ放送は、もともとイメージを電気信号に変換して送受信することを目的としたため、写真や映画よりも、電話やラジオの後発メディアとして捉えるのが妥当だ。信号の送受信に公共の電波域帯を使用することで、遠隔地間での速報性に長けた効率的な情報伝達が可能となる。したがって、放送の開始には政治的体制の強い管理下で、大掛かりな設備投資と産業化を行う必要があった。また、受信機が広く消費者のもとに普及するまでにも時間がかかった。ゆえにテレビ放送は、すぐさま映画に取って代わるようなものではなかった。

それに加えて、編集・加工の側面に注目すれば、初期のテレビ技術には動きを保存して加工する術がなかった。早くとも一九五〇年代の半ばまでは、録画の技術が確立しなかったのだ。したがって、初期のテレビ放送はリアルタイムの中継に特化された。生放送として強いスペクタクル性を発揮した一方で、イメージの精密な加工や編集は困難だった。必要とあらば、既存の写真と映画の技術がそれを引き受け、まずフィルムを用いたコンテンツ生産がなされた後に、そのフィルムを電気信号に変換して放送した。つまり、初期のテレビ放送は、イメージを自在に切り取り、並べ替え、再構成するようなノンリニアな運用を行わない、リニアなシステムだったのだ。ゆえにこの点でも、物語装置としての映画と干渉するものではなかった。

しかし一九五〇年代半ばから、業務用ＶＴＲの技術革新が徐々に進み、テレビ放送におけるコンテンツ生産に独自の加工・編集の工程が加わることとなる。イメージをビデオテープに保存して、写真や映画の技術を介さずとも、加工・編集を行えるようになった。アナログ方式の磁気記録ビデオテープは、その性質上、繰り返しの加工・編集に画質の劣化を伴い、映画フィルムほど容易にノンリニアな運用ができない(16)。技術的な制約は残ったものの、アナログビデオ技術の実用化は、新しい「写真から映画へ」を確実なものにしたといえる。あわせて、カラー放送の開始や、家庭用受信機の広汎な普及も加わることで、テレビ放送は「動く写真」としてのステータスを急速に高めていった。

中継放送を中心とするリニアな動画メディアとして始まったテレビ放送は、映画とは対照的に、あたかもノンリニアな性質を求めるかのように展開した。ＶＴＲ技術の活用による番組収録、繰り返しの再生、早送りと巻戻し、高速再生と低速再生、マルチ画面。あるいは、ニュース、スポーツ、コンサート、ドラマ、ドキュメント、リアリティショーなど、目まぐるしく移行するバラエティに富んだ番組編成。または、コマーシャルによる寸断、速報ニュース、テクストのスーパーインポーズなど。時間と空間を自在に超越できることを示そうとするようなこれらの演出や構成は、コンテンツの内容よりも、むしろテレビ放送というメディアそのもののノンリニア性を強調した。

あわせて、複数の放送局が並立し、放送形態の多様化も進んだ。後発の放送形態であるケーブル放送や衛星放送などの多チャンネル放送は、ＰＰＶ（Pay Per View／コンテンツ単位で課金する放送料金システム）やＶＯＤ（Video On Demand／視聴時期やコンテンツを視聴者の要求に合わせ配信・販売するシステム）を採択することで、オーディエンスの視聴環境に多様な選択の幅をもたらした。

そして、一九八〇年代からの家庭用ＶＴＲの広汎な普及が、コンテンツとオーディエンスの関係性を、より一変させた。それ以降、たとえば新聞の「テレビ番組欄」に象徴されてきたような、時系列に沿ったテレビ放送の連続性は、個々のオーディエンスの志向（見たいときに、見たい場所で、見たいものを、見たいように見る）によって、しばしば解体されうるものになった。オーディエンスはＶＴＲ機器を活用して、ときに好みの番組のみをアーカイヴ化したり、自発的にコンテンツに対し加工や編集を加えることで、主体的に動画イメージを扱いうる存在となったのだ。

視覚的イメージやメディアを語る言説において、それまで映画が仕立て上げるリニアな物語に隷属する存在として、あるいはテレビ放送が仕掛けるノンリニアなスペクタクルに操られる存在としてばかり説明されてきた大文字の「観客」や「視聴者」たちが、それぞれ個別の「オーディエンス」として、能動的にイメージを消費する存在に読み替えられてゆく時期がこれと重なる。一九七〇年代以降のポスト構造主義批評[17]、一九八〇年代以降のカルチュラル・スタディーズ(18)の隆盛は、こうした視覚的メディアを巡る視聴環境の変化と多様化による影響が、少なからず作用しているからだろう。なお、私的な生活世界の圏内で、自己の身体感覚に根ざしながら、もっぱら嗜好に耽溺するオーディエンスを指して、それを「おたく」と呼ぶようになるのもこの時期からである。イメージの収集や二次創作もまた、編集や加工のありかたの一つなのだ。

(三)　コンピュータグラフィクスからモーショングラフィクスへ

そして、一九八〇年代から九〇年代にかけて、視覚的イメージの領域は、全体として大きな変容の時期を迎える。絵画、写真、映画、アニメーション画像、電子画像、テレビ、ビデオなど、あらゆる領域にまたがる歴史的大転換をもたらしたのは、やはりデジタル情報技術の進展と、インターネットの普及だろう。それまでアナログデータとして連続量であらわされた視覚的イメージが、電子的なデジタルデータとして、離散量であらわされるようになった。デジタルデータの特性は、劣化の伴わない複製や送受信、保管の省スペース化や、容易なデータ共有などが行えることが挙げられる。それらの特性を持つ電子的な視覚的イメージが、大量に生産され、かつ消費されるようになった。

「マルチメディア」や「コンピュータグラフィクス」という呼称に象徴されるように、各種の視覚的イメージは、デジタル方式による一元管理の元で、あらためて再編成されることになった。それらは、もとのメディアのコンテクストから切り離され、必然的に互いのメディア特性を浸食しあう。たとえば、絵画と写真がデジタル化されると、どちらも画素（ピクセル）を格子状に配列して像を結ぶ、ラスターイメージとして扱われる。そうなると、両者の区別は、絵画のように見えるか、それとも写真のように見えるかといった、イメージの消費者それぞれの判断に委ねられることになる。同じく、こうした状況は、「このあいだテレビでやったアニメの映画をビデオに録ってパソコンで見る」というような、本来はとても複雑であるはずの発言すら、ごくありふれたものにしてしまう。しかしだからこそ、ここでも「写真から映画へ」（グラフィクスからモーショングラフィクスへ）という結節点に注目することが示唆に富む。

デジタル静止画像がもたらした絵画と写真の区別の溶解によって、写真というメディアは「写真とは何か」について、根本から問いなおされなければならなくなった。生産工程においては、スタジオや暗室とアトリエが複合化され、生産者としても、写真家とグラフィックデザイナーの区別が曖昧になった。写真の加工技術もまた、専門的な機材や職人の手を離れ、マウスやペンなどを使って画像に変更を加える作業に変わった。つまり、デジタル静止画像としての「写真」は、撮影後にあらためて絵画的に扱われるようになったのだ。

レタッチやペイントと呼ばれる加工・編集の過程において、同時に複数の「写真」の全体、または一部が配置され、重ねられ、拡大（または縮小）され、再配置される。彩度や明度などの調整も、この過程の中で行われる。Adobe社のPhotoshopに代表されるような画像編集ソフトウェアでは、これらの「写真」の全片または断片を「レイヤー（Layer／層）」と呼ぶ。そして一つの画像を、複数のレイヤーの集合や重なりとして構成する。こうして生成される一枚の「写真」は、写真のように見えるものの、実際には何枚もの画像が組み合わされ、重ねられることで構築される（すでに現実との関連性を剥奪された）シミュラークルである。

したがって、それらの画像に「動き」をつけること、すなわちデジタル画像を用いての「写真から映画へ」は、連続しない（ノンリニアな）擬似空間を、連続して（リニアに）並べることによって成立する。ただし、もともとデジタルデータとして離散量であらわされる画像の集合であるため、追加や削除、並べ替えは容易に行うことができる。[19] つまり、電子的なデジタルデータを用いて生成される動画イメージは、空間的にも時間的にも、ノンリニアな性質を持つ視覚的イメージなのだ。このような動画イメージは、一九八〇年代から既存の映画やテレビ放送にも取り入れられるようになる。コマーシャルやプロモーション用のコンテンツ、特撮映画の視覚的効果など、おもにスペクタクル性を高め、オーディエンスの注意を喚起するための役割を担い、デジタルメディアの技術的進展とともに、次第に活用の範囲が広がっていった。

なお、写真の直接的な影響を受ける映画にとっては、デジタル化によって写真が被った変容を、ともに経験せざるをえない。実写（動く写真）と描画アニメーション（動く絵画）の区別は、それらがデジタルデータに置き換えられると、いったんは消去される。他方で、テレビ放送とビデオ技術も、デジタル化とその特性によって、イメージをノンリニアに運用することが容易になった。すなわちそれは、映画もテレビ放送も、デジタル機器に依存して生産を行うぶんには、ほとんど違いがなくなったことを意味する。つまり、デジタル記録された動画イメージは、それが映画作品なのかテレビ番組なのか、あるいはアニメーション作品なのかを、もはや生産工程では明確に区別できないのだ。

結果的に、一九九〇年代以降の動画イメージは、さながら初期映画のモードの再登板の様相を呈している。映画研究の文脈では、ミリアム・ハンセンが早くからこうした傾向に意識的だ。古典的ハリウッド映画が作り出した、一致と持続を強調する時空間表象が、テレビ放送を根幹とする電子技術の流入によって崩れ、混沌とした様態になった映画のモードをポスト古典的ハリウッド映画（後期映画）と呼び、初期映画のモードとの相同性を指摘しながら、これを「先祖返り」と表現する〔ハンセン、二〇〇〇〕。仮にハンセンの視座に立って、映画に限らず、たとえばYouTubeなどのインターネット動画サイトで数多く視聴される動画イメージの特徴を確認すれば、それらはたしかに初期映画のモードのように「センセーショナルで超自然的、科学的、感傷的、そうでなければ端的に刺激を喚起」〔ハンセン、同上：二八二〕する短尺のクリップばかりである。さらに、それらの動画イメージは、Ｗｅｂサイト内での表示方法においても、時空間的に不連続に配列され、かつ相互に因果関係を持たずに羅列されている。そうした動画イメージが、ますます日常的に身近なものとなる中で、既存の映画やテレビ放送、ビデオソフトなどは、これらのネットワーク上の動画イメージとの境界領域を定義しては破壊され、ふたたび定義しなおすといった、困難な共存を続けている。

4. つながる／かさなるメディアと身体

以上、複数の「写真から映画へ」のそれぞれに焦点をあて、それらの特徴について、おもにイメージの加工・編集のモードに注目しながら、あらためて検討してきた。それをとおして見えてきたのは、視覚的イメージの加工や編集に際して、時間と空間の「連続」がどのように扱われたのかによって、それらのイメージと私たちの視覚や身体との関係に、そのつど変化の兆しがもたらされてきたということだろう。

順を追ってまとめると、まず初期映画のモードは、現実世界の時間と空間を不連続に再現・再配置することで、身体に直接作用することを目指した。しかしそれはやがて、物語世界内の時空間の強固な連続に身体を従属させる、古典的な映画のモードに置き換えられた。対照的に、アナログＶＴＲ技術に支えられたテレビ放送のモードは、現実世界との強い連続を前提としながら、コンテンツの構成や視聴環境を多様化させることで、連続からの身体の離脱を促した。そして、デジタルデータを用いて生成される動画イメージは、あらゆる視覚的イメージを連続しない離散量に一括して書き替えることで、各種のモードがコラージュされ等価に混ざり合い、重なり合う、架空の時空間へと身体を誘ってやまない。

端的にいえば、「写真」や「映画」と呼びうるイメージは、これまで生産の過程において、線形性や連続性（リニア性）を重視する加工に力点を置くものから、非線形性や不連続性（ノンリニア性）を当然のものとして受け入れながら、多層性を重視する加工に力点を置くものへと変化してきたことになる。動画イメージのみに注目するとしても、たとえばレフ・マノヴィッチが指摘するように、「それは今や（二十世紀のほとんどで理解されていたような）瞬時瞬時に変化する一枚の静止画であるというよりも、むしろ複数の画の重層的なまとまりとして理解される」〔Manovich, 2013 : 293〕ものになりつつあるのはたしかだろう。それはおそらく、ハンセンが指摘したような、視覚文化の単なる「先祖返り」よりも、もっと複雑なものであるはずだ。

こうした状況下で、私たちオーディエンスの身体は、夥しいほどの視覚的イメージに触れている。幾重ものレイヤーによって構成される架空の時空間の内に、ときには理想の自分の姿を見いだすことで、現実世界の強いしがらみから容易に解放されることができる。ただし反面で、統一された身体感覚を失う不安を、ますます抱えることになるだろう。とりわけ、デジタルデータを用いて生成される視覚的イメージは、たとえばビデオゲーム機がコントローラーをそなえるように、またはコンピュータ端末がＧＵＩ（グラフィカルユーザーインターフェース）とキーボードやマウスを付属したように、当初から私たちを純粋な観察者の位置に留めようとして生成されるものではない。イメージの消費者たちが、現実世界と連続しない仮想の時空間に対して、さらなる加工や編集を行うことは前提とされている。誰もが生産や再生産の一端を担う存在として、あらかじめ定められているのだ。

ごく日常的にも、私たちはたとえば、存在しない時空間にあたかも存在するように見える架空のキャラクターに憧れて、演じたり、コスプレしたりすることがある。自画像として記録したデジタル画像の自分の身体を、審美的に好ましい姿に補正した上で、複製することもある。このように、ノンリニアな時空間における身体表象の制約なき自由を享受しつつ、リニアな生活世界では、むしろ一貫して持続した「私」を探し続けている。そのような様態は、社会全体を射程に入れたより大きな哲学的枠組みで考察されるべき事象でもある。そして何より、個々のオーディエンスが視覚的イメージをどのように消費し、再生産するのかを詳細に追跡する、マス・コミュニケーション研究やメディア論、カルチュラル・スタディーズが、ますます精力的に向き合ってゆくべき事態でもあるだろう。

〈注〉

（1）ラテン語で「暗室」や「暗箱」を意味する装置。写真機や映写機の原理的な起源となった装置としてよく知られる。箱や部屋の壁面に一つの穴を開けることで、その隙間をとおして外の風景が反対側の壁面に倒立して投影される光学現象が生み出される。日食の観察など天文学的な活用の他、ルネサンス期以降は画家や版画家による写実的な表現に利用された。

（2）左右の目に見立てて視差をつけた画像を並べ、それらを左右の目で別々に見ることで立体視の効果を生み出す装置。一八三八年にイギリスの物理学者チャールズ・ホイートストンによって発表された。幾何学模様や線画などの立体視のほか、写真の登場後は写真を立体視することが人気となった。

（3）十九世紀の前半に登場した、静止している絵を動いているように見せる科学的装置の一つ。一八三二年、ベルギーの物理学者ジョセフ・プラトーにより原型が考案された。ボール紙の円盤に一定間隔で小さな隙間が開けられ、さらに円周に沿って少しずつ変化する挿絵が描き込まれている。鏡に向かって円盤を（中心を軸として）回転させ、隙間越しに片目で覗くと、鏡に映った挿絵が動いているように見える。同種のアニメーション効果が得られる装置にソーマトロープやゾーイトロープなどがある。

（4）銀板写真。世界初の写真技術の一つ。一八三九年にフランスの画家ルイ・ジャック・マンデ・ダゲールが発明、洗練させた。銀メッキした銅板（銀板）の表面をヨウ素蒸気にさらしてヨウ化銀の膜をつくり感光させる。感光した銀板を水銀蒸気にさらして像を浮かび上がらせる。銀板表面に直接像を定着させるため、左右が反転した複製できない一枚の写真のみがえられる。そのまま放置すれば感光が進んだり、傷みやすいため外気に触れないよう処置が必要であるものの、黎明期の写真としてはかなり高精細な像がえられたため特に肖像写真などの用途で欧米を中心に広く流通した。

（5）ジャン＝ウジェーヌ・アジェ（一八五七―一九二七）。フランスの画家、写真家。十九世紀末ごろから写真家として活動。画家が風景画を描く際の資料となる写真を撮ることから始め、パリの都市風景や人物の写真を多く残した。

（6）セルゲイ・ミハイロヴィチ・エイゼンシュテイン（一八九八―一九四八）。旧ソヴィエト連邦の映画監督、理論家。映画の構成要素を効果的に結合し観客の心理を操作・誘導する理論として「モンタージュ理論」を打ち立て、創作においても実践。『戦艦ポチョムキン』（一九二五）

など映画史に多大な影響を与える作品を残した。

(7) エドワード・ジェイムズ・マイブリッジ（一八三〇―一九〇四）。イギリス出身、アメリカで活躍した写真家。疾走する馬の動きを連続して写真に収め、後にゾーイトロープなどを用いて動きを再現して見せたことでも知られる。その他にも多くの被写体で連続写真を撮影した。

(8) マリー＝ジョルジュ＝ジャン・メリエス（一八六一―一九三八）。フランスの奇術師、映画監督。映画の登場後、最初期からの映画製作者として一九一〇年代中頃まで活躍。『一人オーケストラ』（一九〇〇）や『ゴム頭の男』（一九〇一）など多重露光やディゾルヴといった特殊効果を用いたトリック映画を数多く制作した。ジュール・ヴェルヌ原作のＳＦ小説を映画化した『月世界旅行』（一九〇二）は広く知られている。

(9) 古典的ハリウッド映画のスタイル分析については同じく以下にも詳論がある。Bordwell, D. *Narration in the Fiction Film*, University of Wisconsin Press, 1985. または、デイヴィッド・ボードウェル／クリスティン・トンプソン（藤木秀朗監訳）『フィルム・アート　映画芸術入門』名古屋大学出版会、二〇〇七年。

(10) デイヴィッド・ワーク・グリフィス（一八七五―一九四八）。アメリカの映画監督。異なるシーンを交互に見せる並行モンタージュ（クロス・カッティング）や登場人物の主観的視点などを象徴させながら観客に見せたい対象を大写しにして注目を促すクローズ・アップなど映画における様々な物語表現を編み出したことで「アメリカ映画の父」と称される。代表作には『國民の創生』（一九一五）や『イントレランス』（一九一六）などが挙げられる。

(11) モンタージュ理論とその理論的背景についてはたとえば以下も参考となる。大石雅彦・田中陽編『ロシア・アヴァンギャルド３　キノ　映像言語の創造』国書刊行会、一九九四。

(12) 一九五〇年代末から一九六〇年代末にかけてフランスの若手監督たちが展開した映画の刷新運動。産業的秩序に従属することなく批評家としての視点も所持する「作家」として創作に向かう姿勢に特徴がある。

(13) 商業的な目的ではなく、芸術的あるいは個人的な目的から制作される映画も数多くある。その中には物語性の意図的な排除、常識的価値観への異議申し立て、映画＝物語装置としての仕組みの暴露など、古典的ハリウッド映画に対するオルタナティヴな態度から生み出される作品も少なくない。アメリカではとりわけ一九五〇年代の後半から六〇年代にかけて比較的安価な一六ミリフィルムを用いた前衛映画が隆盛した。一九六〇年代にはポップアートの旗手アンディ・ウォーホルも盛んに実験的な映画制作を行った。

(14) クリスチャン・メッツから連なる映画記号学の展開はよく知られている。嚆矢としては、クリスチャン・メッツ（森岡祥倫訳）「映画　言語体系か、言語活動か？」（岩本憲児、波多野哲朗編『映画理論集成　古典理論から記号学の成立へ』フィルムアート社、一九八二年）。

(15) ジグムント・フロイトやジャック・ラカンの精神分析学を積極的に映画論に取り入れる傾向はとりわけ一九七〇年代半ばから盛んになった。「フロイトにとって無意識は無時間性によって特徴づけられる完全な保存の場所である」（メアリー・アン・ドーン［小倉敏彦訳］「フロイト、マレー、そして映画　時間性、保存、読解可能性」［長谷正人、中村秀之編訳］『アンチ・スペクタクル　沸騰する映像文化の考古学』東京大学出版会、二〇〇三、五七頁。）というドーンの指摘からも導き出せるように、〈夢〉や〈無意識〉といった精神分析学のターミノロジーは映画のようなリニアに整列させられる一筋のプロットを解体する際にも非常に有用な道具となりうる。

(16) アナログ方式のビデオテープに記録された映像信号の加工・編集は（途中でデジタル信号に変換する工程が入らない限り）収録テープから編集テープへのダビング作業が必須となる。これをリニア編集と呼ぶ。リニア編集では編集を重ねることでダビング回数が増えるとそのぶんの画質や音質の劣化を免れえない。また、編集テープの途中で修整の必要が生じればそれ以降をあらためて編集しなおすか、新たにテープを用意して再編集しなければならない。したがってフィルム編集やデジタルノンリニア編集に比べると、リニア編集は画質や音質への影響に対して繊細にならざるをえず、修整や変更の頻度をなるべく低くするための配慮もより求められるものとなる。

(17) ジャック・デリダの「脱構築」やジャン＝フランソワ・リオタールの「大きな物語の終焉」といった、意味の固定よりも未決定性や非決定性を重視するポストモダン言説の流行は、各種の芸術表現を「作者」や「主題」から切り離して自由に解釈することに正当性を与えた。解釈する者（視聴者や観客）に意味の（刹那的で遊戯的な）決定が委ねられるということは、すなわちテクストが提供する一連の「語り」はそのつど解体され際限なく編成され続けることでもある。

(18) イギリスのバーミンガム大学現代文化研究センター（The Birmingham Centre for Contemporary Cultural Studies）を起点として、とりわけスチュアート・ホールによるエンコーディング／デコーディング理論の影響を強く受けながら展開されてきたオーディエンス研究にはテレビ番組の視聴者の能動性や積極性に焦点を当てるものが多い。代表的なものに D. Morley, *The 'Nationwide' Audience: Structure and Decoding*, British Film Institute, 1980. や I. Ang *Watching Dallas: Soap Opera and the Melodramatic Imagination*, Methuen, 1985. などがある。その他、テレビ視聴者の能動性に（いささか過度な）期待を寄せながらテレビメディアを分析したものに、ジョン・フィスク（伊藤守他訳）『テレビジョンカルチャー　ポピュラー文化の政治学』梓出版社、一九九六年などがある。

(19) デジタルデータで記録された動画イメージの加工・編集は、データをいったんハードディスクなどの外部記録装置に取り込みコンピュータベースで専用ソフトウェアを用いて行う。これをデジタルノンリニア編集と呼ぶ。外部記録装置に保存されたデータはランダムにアクセス可能であり、ソフトウェアの操作をとおして任意のデータのどこからどこまでを再生するか、どの順番で並べるか、どことどこを重ねて再生するかなどを指定することで作業が進む。したがって、ダビング用のテープにリニアな連続を作るアナログリニア編集とは異なり、作業時に生じる画質や音質の劣化を抑えることができ、なおかつ修整や変更を何度でも行うことができる。工程の大部分をデジタル技術を用いて行うものとしては、一九八九年に発表されたAvid社の編集システム「Avid/1」を皮切りに一九九〇年代をとおして映画・テレビ業界に普及し、二〇〇〇年代には家庭用のコンピュータでも比較的容易に活用されるようになった。

〈参考・引用文献〉

エイゼンシュテイン、セルゲイ（エイゼンシュテイン全集刊行委員会訳）『エイゼンシュテイン全集』キネマ旬報社、一九七四～一九九四年

ガニング、トム（中村秀之訳）「アトラクションの映画　初期映画とその観客、そしてアヴァンギャルド」『アンチ・スペクタクル　沸騰する映像文化の考古学』東京大学出版会、二〇〇三年

クレーリー、ジョナサン（遠藤知巳訳）『観察者の系譜　視覚空間の変容とモダニティ』以文社、二〇〇五年

ドゥボール、ギー（木下誠訳）『スペクタクルの社会』筑摩書房、二〇〇三年

バザン、アンドレ（小海永二訳）『映画とは何か（全4巻）』美術出版社、一九六七～一九七七年

バルト、ロラン（花輪光訳）『明るい部屋　写真についての覚書』みすず書房、一九八五年

――（沢崎浩平訳）『第三の意味　映像と演劇と音楽と』みすず書房、一九九八年

ハンセン、ミリアム（瓜生吉則、北田暁大訳）「初期映画／後期映画　公共圏のトランスフォーメーション」『メディア・スタディーズ』せりか書房、二〇〇〇年

ベンヤミン、ヴァルター（佐々木基一他訳）『複製技術時代の芸術作品』晶文社、一九九七年

ボードリヤール、ジャン（竹原あき子訳）『シミュラークルとシミュレーション』法政大学出版局、二〇〇八年

マルヴィ、ローラ（斉藤綾子訳）「視覚的快楽と物語映画」『「新」映画理論集成〈一〉歴史・人種・ジェンダー』フィルムアート社、一九九八年

Bordwell, D. Staiger, J. Thompson, K. *The Classical Hollywood Cinema: Film Style and Mode of Production to 1960*, Columbia Press, 1985.

Manovich, L. *Software Takes Command*, Bloomsbury Academic, 2013.

Muybridge, E. *The Human Figure in Motion*, Dover Publications, 1955.

―― *Animals in Motion*, Dover Publications, 1957.

魔法にかかった身体——「ゴスロリ」系雑誌におけるボディ・イメージ

水野　麗

1．ゴスロリ系雑誌の立ち位置

あなたは街を歩いていて、リボンやらレースやらフリルやらが満載の、やたらにヒラヒラフリフリした服装の女子を見たことがないだろうか。あるいは全身黒ずくめ、魔女のようなロングスカートで真っ黒なアイメイクの女子を。

筆者が一九九〇年からフィールドワークを続けているのは、このような過剰に装飾的でドラマチックなファッションをする一群である。彼女たちの服はこう呼ばれている。「ゴスロリ」[1]と。

「ゴスロリ」は、若者たちの中から自然発生したストリート・ファッションの一つであり、おたく文化、ヴィジュアル系文化とも関連し、独自の文化を形成している。映画、テレビドラマ、小説、漫画にも「ゴスロリ」を着た登場人物が出てくるし、日本国外にも愛好者がいる。二〇〇九年に外務省が制定した三人の「ポップカルチャー発信使」、通称「カワイイ大使」の一人は、「ゴスロリ」系雑誌の読者モデルだった。このように「ゴスロリ」は、ファッション・カルチャーとして、一定の社会的な影響力を持っているが、他方でいまだ学術的な研究が乏しいという現状もある。

「ゴスロリ」ファッションを愛好する者――本論では愛情と親しみと敬意を込めて「ゴスロリ」ちゃんと呼ぶ――は、「ゴスロリ」の服飾を扱う店舗や「集会」・「お茶会」と呼ばれる集まりで直接的に交流すると同時に、インターネットや雑誌といったメディアによっても多くの情報を得ている。「ゴスロリ」ちゃんの多くは若い女性[2]であるため、「ゴスロリ」系雑誌にも他の女性雑誌と共通する記事が載っている。しかし他方で、「ゴスロリ」ならではの実践も見られる。

女性雑誌が読者である女性によって作られつつ、女性に影響を与え、彼女たちの生活の変化の伴走者であったように、「ゴスロリ」系雑誌もまた、新しい時代の新しいタイプの女性である「ゴスロリ」ちゃんによって作られ、彼女たちに影響を与えている。この「ゴスロリ」系雑誌ならではの特徴は、「ゴスロリ」ちゃん特有の身体観と関わっているのではないかと筆者は考えている。「ゴスロリ」ちゃんにとってのボディ・イメージは、これまでの女性雑誌が作り上げてきた身体の像と、どのように重なり、どのように異なるのか。その意味を本論では明らかにしていきたい。

さて、先ほどから「ゴスロリ」と呼んでいる服装は、一般的には「ゴシック&ロリータ」の略称と考えられている[3]。「ゴシック&ロリータ」は、「ゴシック」・「ゴス[4]」と「ロリータ[5]」が並列あるいは混在、融合した服飾文化である。「ゴス」は、一九七〇年代にポスト・パンクとして音楽シーンに誕生し、不吉でエキゾチックなイメージを身にまとうために、独特のファッションを進化させていった。他方、やはり一九七〇年代に、少女的なテイストの服をつくるアパレルメーカーが活動を始め、「ロリータ」ファッションの原型が形成されていた。「ゴス」も「ロリータ」も、一九八〇年代にすでに文化的なトライブができあがっていたが、「ゴスロリ」という名前は生まれていなかった。それぞれ別個のルーツを持って誕生した二つのスタイル[6]は、一九九〇年代後半からのヴィジュアル系バンドのブームによって化学変化を起こして融合し、そこで自然発生的に「ゴスロリ」という名称がつけられた。二〇〇〇年に入ると「ゴスロリ」の人気は徐々に高まり、二〇〇五年に「ロリータ」ファッションの少女が主人公となった映画『下妻物語』[7]が公開されると「ゴスロリ」ブームとでもいうべき盛り上がりを見せた。それとともに、「ゴスロリ」系雑誌の創刊ラッシュも起きたのである。

「ゴスロリ」系雑誌の代表は、『ゴシック&ロリータ　バイブル』（以下『バイブル』とする）である。この雑誌は「ゴスロリ」がブームを迎えつつあった二〇〇〇年十二月にいち早く発売された季刊誌である。これについで続々と「ゴスロリ」をテーマとした雑誌が創刊されたが、二〇〇五年にピークを迎えた後、終息していった。一〇誌程度あった「ゴスロリ」系雑誌が次々に休刊していく中、『バイブル』は出版元を変えながら現在（編者注：二〇一三年時点）まで十六年間続いており、最長最古の「ゴスロリ」雑誌となっている。

そこで次章では『バイブル』と他の女性ファッション誌との違い、また他の「ゴスロリ」系雑誌との違いを確認し、「ゴスロリ」ちゃんのボディ・イメージを探っていこう。

2. 原宿系雑誌と「ゴスロリ」系雑誌

現在の女性ファッション誌は細分化され多様を極めるため、本論では「ゴスロリ」の母体でもあり近接領域である原宿系ファッション誌を比較対象とした。

以下（次ページ）は『ＣＵＴｉＥ』[8]と『Ｚｉｐｐｅｒ』[9]、そして『バイブル』の本誌である『ＫＥＲＡ！』[10]と、ゴスロリ系雑誌の代表である『バイブル』[11]の内容について、総ページ数に対してどれぐらいのページを占める

	バイブル		KERA!		CUTiE		Zipper	
カタログ	37	(29.4%)	28	(14.5%)	57	(33.7%)	26	(13.3%)
ヘア・コーデ	0	(0.0%)	25	(13.0%)	18	(10.7%)	35	(17.9%)
文化	26	(20.6%)	63	(32.6%)	32	(18.9%)	55	(28.2%)
教養	23	(18.3%)	0	(0.0%)	0	(0.0%)	0	(0.0%)
広告	28	(22.2%)	46	(23.8%)	45	(26.6%)	55	(28.2%)
その他	12	(9.5%)	31	(16.1%)	17	(10.1%)	24	(12.3%)

図表１　『バイブル』と原宿系雑誌の内容

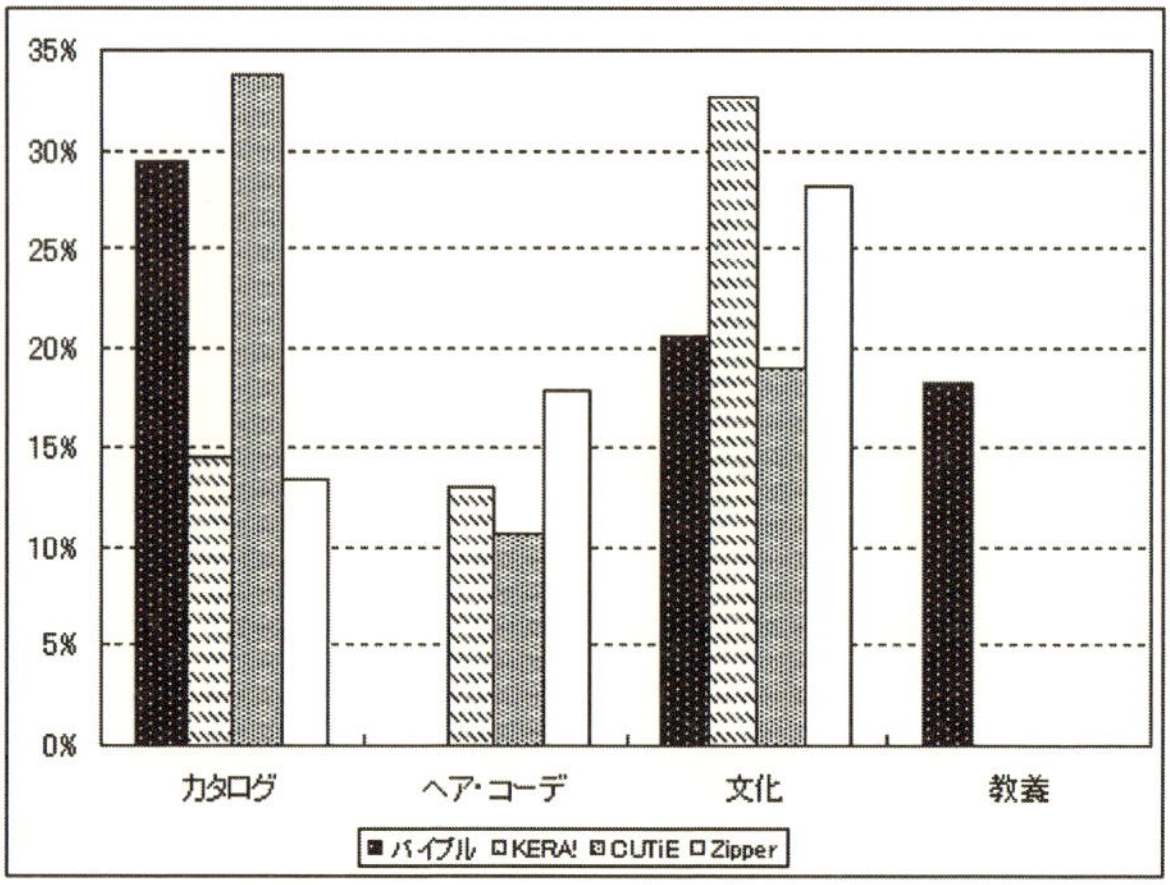

図表２　４項目比較グラフ

のかを表したものである[12]。また特に注目したい項目をグラフ化した。「カタログ」は、服飾の見本やモデルによるイメージフォトなどの写真記事をカウントした。「ヘア・コーデ」は髪型・化粧・美容・痩身に関する記事と、着こなしに関するコーディネート記事を合わせてカウントした。「文化記事」は、インタヴュー・エッセイ・小説・詩・マンガといった芸術系記事ならびに料理や手芸などの創作系記事をまとめてカウントした。そして「文化記事」には納まらない何らかの専門知識を教授する内容を「教養記事」としてカウントした。

グラフを見ると原宿系の三誌は共通する内容になっているが、これらと『バイブル』は明らかな相違を見せている。原宿系雑誌で重要な要素となっていた「ヘア・コーデ」は、調査した号の『バイブル』では掲載されていない。「ヘア・コーデ」記事が希薄である傾向は他の

「ゴスロリ」系雑誌も同様である。また、「文化記事」の掲載量は四誌とも似たり寄ったりであるにもかかわらず、「教養記事」は原宿系にはまったく掲載されていない。「教養記事」は『バイブル』に限らず他の「ゴスロリ」系雑誌でも頻繁に見られるもので、特に『バイブル』では、毎号のように多くのページを割いてこの種の記事が掲載されている。以上のことからコーディネートやヘアメイクといった身体に関わる記事の欠如と、教養記事の有無という点に、「ゴスロリ」系雑誌と原宿系雑誌を分かつ線があると推測される。

では、「ゴスロリ」系雑誌には身体系の記事が少ないという特徴を考察してみよう。私が取材したあるインフォーマントは、『バイブル』のヘアメイク・コーナーについて、「ロリータの雑誌はメイクに比重が薄いの。他の雑誌ではベースから化粧直しの仕方とかすごく丁寧に、コンシーラーの使い方とかあるのに、(『バイブル』では)いきなり『アイラインはコレ』ってなってて、絶対無理」と発言[13]している。データとしてだけでなく、読者の実感としても『バイブル』には身体をどう見せるかについての工夫がないと受け止められているようだ。

コーディネートやヘアメイクのページは、社会的な美の基準から外れた身体を少しでも整える方法を教え、偽装する方法を授けるものである。言い換えれば、身体的・物的な限界の自覚のもと、身体の自己演出について意識的にふるまうための「知」なのだと言える。それならば、「ゴスロリ」ちゃんは身体に関心がないのだろうか？しかし、ファッション誌を購読するような一〇代、二〇代の女性が、自らの身体に関心がないというのは考えにくい。また、『バイブル』の読者コーナーを見ると、「太っているのでゴスロリ服が似合わない」という悩みが繰り返し投稿されており、このことから、「ゴスロリ」ちゃんは身体に関心がないどころか、他の女性文化の担い手と同じように体にコンプレックスを抱え、ままならない外見をどうにかしたいと願っていることが分かる。

それにもかかわらず、他の女性雑誌のように「体系別コーデ」や「お悩み別メイク」といった記事が見られないのはなぜなのだろうか？　まして、「ゴスロリ」がブームを迎えた二〇〇〇年代は、社会学者でファッション文化を専門とする米澤泉[14]が指摘しているように、「衣服より身体」が重要視される「コスメの時代」であったはずだ。米澤のまとめによると、九〇年代以降、華美な衣服よりも身体を磨くことに関心が移り、エステやフィットネス、化粧品やサプリの需要が高まった。そして二〇〇〇年代に化粧はサブカルチャー化したという。つまり、女性が自らの身体をコントロールしようとする意識が、これまで以上に強くなった時代だったのである。

身体を重視する風潮の中、雑誌にコーディネートのコーナーがないのは、「ゴスロリ」というファッションの特性に由来するのでないかという仮説も成り立つ。たしかに「ゴスロリ」服は、コーディネートのパターンがある程度決まっている。装い方のカテゴリー[15]が細分化されており、モチーフや色使い、柄などがパターン化されている。色や組み合わせの法則を守れば、コーディネートに失敗することがない。インフォーマントの中には、「ゴスロリ」は「オシャレじゃないと思うよ」という発言をされた方[16]もいる。「ゴスロリ」は、組み合わせのセンスや、似合わせるためのテクニックが問われるようなおしゃれではないのだ。

また、個性的な服は、そのスタイルをしている者同士が似た外見になり、逆に没個性的に見えるということがある。そのため、ファッション雑誌としてはコーディネートを提案しにくいということが起きているのかもしれない。例えばカルチュラル・スタディーズの代表的な論者であるホール[17]やヘブディッジ[18]は、サブカルチャーの内部でのみ通用する儀礼やシンボルがあることを指摘している。文化の内部と外部の隔たりがサブカルチャーの特徴の一つだと言えるが、それゆえに、内部では細かい差異化の競争が行われていても、外部からは皆同じに見えるという現象が起こる。しかし、実は、本当に没個性的なのだという可能性も捨てきれない。消費社会の中ではあらゆるスタイルが瞬時に商品として流通するがゆえに、新規参入者から創造性を奪っているからだ。本当に没個性的な、まるでブランドのロゴのようなアイコン的なファッションならば確かにコーディネートは不要だろう。

そこで次のような仮説も成り立つ。――「ゴスロリ」系雑誌にコーディネートやヘアメイクのページがないのは、

「ゴスロリ」というだけで完結してしまい、身体にコンプレックスがあろうがなかろうが、制服のように一律に着てしまっているためなのではないか。サブカルチュラルなアイコンとしての「ゴスロリ」に依存し、着衣と身体の間の交渉を放棄し、思考停止に陥っているのではないか——しかし、本論ではこうした説は取らない。その理由をこれから述べていこう。

3．「魔法」にかけられた身体

「ゴスロリ」系雑誌の記事の構成に見られる謎。それは、身体にこだわり悩みながらも、身体をスルーする態度をとる矛盾である。これを解く鍵として、「『ブサロリ』ちゃん」という存在を紹介しよう。このネーミングはたいへん侮辱的だが、本論ではあえてこのまま紹介したい。ネット上の表現によると、「『ブサロリ』ちゃん」とは、髪ボサ（髪がボサボサになっている）、スッピン、メガネ、デブ、そして服だけ「ゴスロリ」で靴や小物は普通かむしろダサいものを身につけているような「不細工なゴスロリ」のことである。「『ブサロリ』ちゃん」もまた、他の多くの女性と同じように、身体にコンプレックスを抱えているはずだが、それにもかかわらず外見を整えることをあまりせず、なぜかめちゃくちゃなコーディネートになっている。「『ブサロリ』ちゃん」は、例えば小集団のなかのちょっと浮いた人であるとか、コーディネートに失敗している初心者であるとかの、センスのない人であるとかというレベルの話ではなく、一定の人数が継続して存在しており、一つの層としてカテゴリー化できるほどはっきりと視覚化された存在だ。

ところでここで筆者は、「『ブサロリ』ちゃん」は自分の外見を直視できない愚か者なのではない、ということをあえて強く訴えたい。彼女たちはきちんと自らの外見を判断し、一生懸命にコーディネートを考えており、一つひとつは合理的な選択をしている。それにもかかわらず、どこかにファッション的な盲点を持ち、全体的なバランスを欠いているのであった。

客観性と合理的選択を持ち合わせているにもかかわらず、「『ブサロリ』ちゃん」になってしまう……。一体なぜこのようなことが起こるのか。あるインフォーマントは「『ブサロリ』ちゃん」について、「服を着ただけで満足しちゃうのかな？」「ロリ服ってコンプレックスを解消してくれる魔法の服だと思われているんじゃない？」と発言[19]している。何に「満足」し、どんな「魔法」がかかった服なのか、[20]言葉を補って説明しよう。

誰しも完璧な身体など持ち合わせておらず、コンプレックスを抱えた身体をどうすることもできない。だからこそコーディネートで何とかしようと、ファッション雑誌を手に取るということが行われる。しかし、「『ブサロリ』ちゃん」にとって、あの装飾過剰な「ゴスロリ」服は、コンプレックスを抱えた身体に向けられる他者の視線を跳ね返し、身体の醜い部分を一瞬でなかったことにしてくれるようなものとして存在するのではないか。服を着ただけで装うことにまつわる葛藤がすべて消え、外見まるごと全てに「満足」できるので、コーディネートの必要がないというわけだ。そして、身体のコンプレックスがなかったことにされるのと同様に、髪型やメイクや小物や靴といった、服以外の部分の整合性も、「ゴスロリ」服を着たことによる「満足」感から見えなくなってしまうのではないか。

このような身体意識を、仮に「魚眼レンズ効果」と呼ぼう。魚眼レンズは、現実の事物をすべて映し出しているにも関わらず、レンズの周辺部では大きさや形が変換されてしまう。同様に、中心にある「ゴスロリ」服は大きくはっきりとまっすぐな像を結んでいるが、関心の度合いの低い部分は歪んで小さくなり、よく見ることができないということをイメージして欲しい。「『ブサロリ』ちゃん」が合理的な判断をしているにもかかわらず、コーディネートを破たんさせてしまうのは、優先順位の低い部分を意識からとばしてしまうような「魔法」にかかっているためではないか。

しかも、この「魔法」は着る側の「『ブサロリ』ちゃん」だけのものではない。デザイナーの側も同様の「魔法」にかかっていると考えられる。その例として、着るとスタイルが悪くなって見えるという、通常のファッションでは考えられないパターンになっている「ゴスロリ」服を紹介しよう。あるブランドから出されたジャンパースカートは、正面から見たときには違和感はないが、横から見るとウエスト周りの模様が放射線状に広がり、錯覚で胴が太く腹部が出て見える。また別のブランドから出されたロングスカートには、わざわざ腹部が膨らんで見えるような飾り布がウエストから太もも周辺にかけてつけられていた。他にもブーム初期には、どのブランドでも膝丈のスカートが販売されていたが、これに合わせるために売られていたソックスは、しばしばふくらはぎ丈で上部にレースの飾りがつけられることが多く、この組み合わせは足が太く短く見えてしまう効果を生んでいた。このように、こうした不思議なデザインがしばしば見られるのである。

図表３　横から見たときに体の幅が太く見えるデザインのワンピース

これと比較したい事例がある。二〇一二年にある有名デザイナーがメイドカフェの制服をデザインしたとき、「三六〇度どこからみても素敵に見える立体感」をテーマにしたことだ。[21] 秋葉原などで売っているメイド服は、パーツこそ装飾的で萌え要素に満ちているが、全体的にちぐはぐで貧相なものが多い。おそらくこのデザイナーは、メイドカフェに赴いたとき「正面から見たらまだマシだけれど、後ろや横からみたら服としてヘンだなあ」というような感想を持ち、そのためにわざわざ上記のような「三六〇度どこから見ても」というコンセプトを打ち出したのではないか。

先の「ゴスロリ」服は、大量販売されているメイド服とは比較にならないほど丁寧に制作されているものの、やはり「三六〇度どこからみても素敵に見える立体感」という視点は欠如しているように思う。むしろ、正面から見たときのカワイらしさ、パーツ単体としてのカワイらしさ、といった部分的なデザインが追求されているようだ。つまり、デザイナーの側も、関心の中心だけがクローズアップされる魚眼レンズ的な発想の中で商品を作っていると思われる。各パーツごとの「カワイイ」だけで満たされてしまうような「魔法」が、最初から生産者側にもかかっているのである。

このように考えてくると、身体に対して「魔法」がかかり、魚眼レンズを通してみたときのような「歪み」が生じているのは、個人の実践のレベルの問題ではなく、「ゴスロリ」文化に内在している特徴なのだと言える。「『ブサロリ』ちゃん」はコーディネートの失敗例として大きく目立つ存在だが、それは「失敗」なのではなく、ただ魚眼レンズの「歪み」具合が大きいだけなのだと言える。

「『ブサロリ』ちゃん」の例から見えてきたのは、「ゴスロリ」的な身体の在り方である。再び、「ゴスロリ」系雑誌の謎に立ち返ると、これらの雑誌において身体を磨くための記事が乏しいのは、「ゴスロリ」的な身体というものが、コンプレックスを解消するための具体的な方策を最初から必要とせず、トータルな見え方への志向性を持ちにくいためだと考えられる。「ゴスロリ」ちゃんは、身体について思考停止に陥っているわけではなく、大きな「歪み」を生む「魔法」のもとで、その身を装うことを楽しんでいるだけなのだ。

4.〈ことば〉による「魔法」の獲得

では、こうした魚眼レンズ効果を生む「魔法」は、「ゴスロリ」文化のどのような部分からもたらされるのだろうか？ そこで参照したいのが、原宿系雑誌と「ゴスロリ」系雑誌の相違の第二点目、「ゴスロリ」系雑誌には教養記事が多く掲載されているという特徴である。

教養記事にはどんな内容が書かれているのか。例として表に『バイブル』の一号から一五号までの教養記事のタイトルを挙げた（次ページ）。だいたいの傾向が見えてくることと思う。

さらに十六年分の教養記事の内容をおおまかに分類すると、①「ゴスロリ」に関する用語辞典 ②「ゴスロリ」的な芸術作品の解説（小説・映画・漫画・舞台・音楽・人形）③キリスト教文化の解説 ④植物文化の解説（薔薇、百合などの品種・歴史・文化）⑤地理、歴史（ヨーロッパの各都市と横浜・神戸・京都）⑥服飾史・ブランド史 ⑦マナー講座 ⑧お姫様について（人物紹介・歴史）となる。

「ゴスロリ」というファッションが一つのサブカルチャーを形成している以上、①用語辞典や②芸術作品の解説が掲載されているのは不自然ではない。しかし、③、④、⑤に挙げた文化解説は、その内容が百科事典的な密度で展開され、ファッション誌としては異質である。また、文化情報誌としてとらえ直してみたとしても、当の文化に関わる内容ではないものをこれほど多く掲載しているのは異例だろう。さらに、⑦マナー講座などは、日常生活では不必要なほど細かく、とても実践することができない厳しい内容が書かれている。辞書か教科書のようなこうした記事は、一読すると不思議な印象を残す。しかも、これらは一過性のものではなく、『バイブル』において繰り返し掲載され、また他の多くの「ゴスロリ」系雑誌にも見られることから、「ゴスロリ」文化そのも

号数	教養記事のタイトル
1	ゴスロリファッション用語辞典、ゴシックスタイルヒストリー
2	ゴスロリ用語辞典
3	ゴスロリ用語辞典 AtoZ、素材用語辞典
4	紳士と淑女のゴスロリマナー事典、天使と悪魔のライブラリー（本、音楽、映画の紹介）
5	ガイド・トゥ・ゴスロリ・カルチャー、ゴスロリテーブルコーディネート、紅茶マナー事典、幸せを呼ぶパワーストーン（鉱物紹介）
6	英国式お茶会講座、80年代耽美音楽入門、アメリカンゴシック（文化紹介）
7	ロンドン名所めぐり（建築、地理、歴史）
8	なし
9	高橋真琴画廊
10	ゴスロリ音楽館、澁澤龍彦コレクション、
11	嶽本野ばらライブラリー、池田理代子の世界
12	ゴスロリのための趣味の館（本、音楽、映画紹介）、名画に見るファッションとコルセットの歴史
13	薔薇特集（歴史、品種、書籍、映画紹介）
14	HISTORY OF VIVIENNE WESTWOOD
15	天使と悪魔特集（解説、分類、書籍、映画紹介）

＊タイトルに「ゴシック＆ロリータ」とあるものは「ゴスロリ」とした。また内容が推測しにくいものは補足した。

図表４　『バイブル』の教養記事の例（１～15号まで）

のにおいて重要な意味を持つと考えられる。

では、教養記事が書かれる理由は何か？　それは、「ゴスロリ」が見た目だけでなく「精神」を重んじる風潮があることに由来すると思われる。「ゴスロリ」系雑誌やネットでは、「ゴシック＆ロリータは精神」という言い回しがよく見られる。ちょうどパンクにおいて、見た目だけのフォロワーを「ファッション・パンク」と呼んで揶揄したように、「ゴスロリ」でもそのスピリットが大事だとされている。教養記事は、具体的な行動の参考にするということ以上に、服の中身である身体に宿る「精神」を「ゴスロリ」的にしたいというニーズに対応しているのだ。毎号のように教養記事を掲載している『バイブル』は、この点で他の「ゴスロリ」系雑誌から抜きん出ており、「精神」を重要視する傾向に拍車をかけたと思われる。

この「精神」の重要視は、ライフスタイルとファッションの統一の軽視につながっている。

やはりパンクに「スーツを着ていても心はパンク」という言い訳があったように、「ゴスロリ」にも、カジュアルな服や制服を着ていても「精神」は「ゴスロリ」なのだとする主張がある。その場合、「ゴスロリ」としてのアイデンティティを保つために、何かちょっとした「ゴスロリ」風のアイテムを身につけるということが行われた。例えば、制服の下にドロワーズ[22]を履く、靴下だけ「ゴスロリ」ブランドの物にする、といったことである。つまり、一見ちぐはぐな装いも、「ゴスロリ」ちゃんにとっては、本質的な「ゴスロリ」性の表出として認識されているのだ。このことから、コーディネートの軽視は、「精神」を重要視することから生み出されており、その発想は雑誌メディアのコンテンツによって下支えされてできたものなのだと言える。

もう一つ、魚眼レンズ効果を生む「魔法」の源泉だと考えられるのが、長文のキャッチコピーである。ファッション誌にはモデルが服を着たイメージ写真が欠かせないが、『バイブル』ではこれに、長文の詩のようなキャッチコピーが添えられることがある。これは「ゴスロリ」系雑誌の中でも『バイブル』にのみ見られる独特の掲載手法である。例えば創刊号には、人気ミュージシャンが回廊にたたずんでポーズを取っている写真に「蝙蝠共の蒼き鳴き声　久遠の響きを持ち木霊する　誘われし迷宮の入口にて」というコピーが添えられている。このコピーは、なんらファッションについて語っておらず、そのかわりに、深遠な雰囲気の「詩」となっている。こうした記述は、モード誌についての重要な論考であるロラン・バルトの『モードの体系』[23]にも取り扱われていないタイプの陳述例であり、破壊的な文章表現で話題をさらったキャバクラ嬢向け雑誌『小悪魔アゲハ』[24]のキャッチコピーですら、意味不明ながら服や髪型の説明をしていたことを踏まえると、非常にユニークなものと言える。

この文学的なコピーは、何を意味しているのか。荘厳、禁欲、耽美、退廃、不吉などなどをイメージさせたいのはあきらかだが、それよりもなにか美しい物語があり、その美貌の登場人物が着ているのがちょうどこの写真の服なのだという、そんな印象を持たせられる。存在しない壮大な物語のバックボーンを与えられたことで、「ゴスロリ」服は、もともと持っていたロマンティックな雰囲気をさらに強く押し出すことになる。詩のようなコピーによって服は物語化され、より魅惑的なものになったのだ。

バルトは、モード雑誌の写真とそこに添えられた言葉について、イメージとしての衣服に対する間接的でばらの認識は、記述によってモードとして把握されるとしている。「衣服そのものはモード雑誌が語っている〈ことば〉を材料にして作られている」[25]というのだ。これを踏まえると、『バイブル』のこの特徴的なキャッチコピーこそが、「ゴスロリ」服を作り、「ゴスロリ」のモードを生み出したのだと言える。さらに言えば、〈ことば〉によってはじめて、「装飾過剰な衣服を身につけた身体」が、「『ゴスロリ』ちゃんの身体」になることができる。いうなれば〈ことば〉によってこそ、身体は「ゴスロリ」化するのである。「『ゴスロリ』化した身体」は、素の、コンプレックスを抱えた生々しい体ではなく、美しい観念的な世界を身に帯びた身体である。そのため、ただ服を着ただけでは得られることのない「強さ」の感覚や独特の高揚感を得ることができる。「『ゴスロリ』化した身体」の強度は、〈ことば〉の強度とイコールであるため、教養記事やキャッチコピーが気高い語気に満ちていればいるほど、その「強さ」が保証される。そのために、教養記事は日常実践とかけ離れ、キャッチコピーは韻文化したのではないか。

「ゴスロリ」ちゃんたちは口々に、「ゴスロリを着ると強くなれる」と言う。その理由はいくつか考えられるが、一つには「ゴスロリ」ちゃんの身体が、このような言語的な構築物であることが挙げられる。「『ゴスロリ』化した身体」は、〈ことば〉によって獲得されたがゆえに、ヴィジュアルイメージが先行したそれ——例えば原宿系雑誌によって導かれた身体——とは異なる像を結ぶ。それが、魚眼レンズ的な「歪み」なのだ。「『ゴスロリ』化した身体」に必要なのは、具体的な装いのノウハウではなく、身体を丸ごと物語化する〈ことば〉の群れだったのだ。

5. メディアと身体と装いの現在形

二〇〇〇年になって登場した「ゴスロリ」系雑誌は、「ゴスロリ」ちゃんたちのボディ・イメージを〈ことば〉によって具体化し、また「ゴスロリ」ちゃんたちの側もそうした〈ことば〉によって一層その身に魔法をかけていった。これと同様に、二〇〇〇年代に〈ことば〉によって身を装っていた女性たちがいる。それはコスメフリークという存在である。前述の米澤によると、彼女たちにとって化粧は「化粧を読む、書く、語る」という三つの行為から成り立つというという。(26)「ゴスロリ」ちゃんやコスメフリークの実践を踏まえると、二〇〇〇年代の身体や装いとは、メディアで飛び交う〈ことば〉そのものによって構築されていると言える。

コスメフリークは実際に自分が美しくなることよりは、話題のコスメを使って「脳内美人」になることが重要であるという。同様に「ゴスロリ」ちゃんたちも、実際に自分がカワイクなることよりも、自分の中の自己像がよりカワイイ・美しい・崇高な存在になることが重要だと考えている。だが、先にも紹介した「ゴスロリを着ると強くなれる」という言葉がある。装飾過剰な服を着た結果として「カワイクなれる」のではなく、「強くなれる」というのはどういうことなのか? これは見た目が美しくなるかどうかとは関係なく、内面的な満足感と自信が獲得されることを示しているのだろう。

一般的に、女性は社会の中で美的な存在であることを要請されている。しかし、誰もが美しい身体を手に入れられるわけではない。「美しくあれ」と「美しくない」の間で引き裂かれているからこそ、女性雑誌はさまざまな提案をしてきた。しかし、「ゴスロリ」系雑誌は、もはや実際に美しくあるように読者を導くことを放棄している。本論では、「ゴスロリ」では、魚眼レンズを通して見たときのような「歪み」がボディ・イメージに生じているると述べてきた。しかし、これは正確ではない。魚眼レンズは「歪み」を生じさせるのではなく、女性が自分のために「カワイイ」を楽しんでいる限りにおいて、実は「正しい」像を結んでいるのだ。着ていてうれしい服、見ていて楽しい小物が大きく、逆に、あまり気に入らない、見たくない部分は小さく映るレンズは、誰のためでもなく自分自身のための、装いの快楽のために必然だからだ。

女性雑誌はこれまでさまざまな身体を演出し、女性の生き方を反映しつつ、時代の潮流を作り上げてきた。「ゴスロリ」系雑誌もまた、「ゴスロリ」ちゃんの身体のあり方をくみ取りながら、より明確にそのボディ・イメージを構築することに成功した。「ゴスロリ」ちゃんたちは、自分だけのおしゃれを存分に楽しみながら、決して自足することなく連帯の手を広げており、二〇〇〇年代以降のファッションと身体の関わり方の一つを明確に示していると言える。これまで女性は男性のため、他の女性のため、身分的な制約のため、儀礼のために装ってきた。近代ファッションの歴史は、そうした装うことに関する社会的な抑圧をはねのけようともがいてきた歴史でもある。しかし「ゴスロリ」は「着たいから着る」ということを、もやは建前ではなく、本当に心の底から、（コーディネートを破たんさせながらも）実践している。他の誰かのために装うのではなく、自分自身のために装うということの極北がここにあるのだ。

〈注〉

（１）本論では便宜的に、「ゴス」も「ロリータ」も「ゴシックなロリータ」も括弧つきで「ゴスロリ」と表記する。また、文中で紹介したインフォーマントの服装が本来は「ロリータ」であったり「ゴス」であったりする場合でも、便宜的に「ゴスロリ」と一括している。

（２）黎明期であった八〇年代に一〇代後半から二〇代であった層は、現在は五〇歳代になっており、決して「若い」とは言えない。しかし、フィールドワークをしていて一番「ゴスロリ」人口が一番多いと感じられるのは、九〇年代後半に起きた「ヴィジュアル系」ブーム時に一〇代二〇代で参入してきた世代であり、現在（編者注：二〇一三年時点）は三五歳以下である。このことから、「若い」という表現を使った。

(3)「ゴスロリ」という言葉は、「ゴシック」と「ロリータ」の総称として使われるが、この二つは別種のスタイルであり、本来はまとめられるものではない。また、「ゴスロリ」は「ゴシックなロリータ」スタイルの略称でもある。しかし、『バイブル』増刊の『ゴシックロリータバイブル　ブドワール』によると、「ゴスロリ」という言葉は、『バイブル』の本体である『KERA!』の一九九八年九月号に読者投稿で使われたのが最初であるとされ、「ゴスロリ」は「ゴシック&ロリータ」の略称としてではなく、はじめから「ゴスロリ」としてメディアに現れている。「ゴスロリ」という言葉については、このようなやや複雑な事情があり、保留が必要である。

(4)ガヴィン・バッデレイはゴスの研究書『ゴス・シック』の冒頭において、「ゴシック」を中世ヨーロッパ文化ならびに十八世紀のゴシック・リヴァイバルに関するようなより広義の価値観を指す場合に使用するとし、現代のアンダーグラウンド・シーンでみられる事物について述べるときは「ゴス」を使用するとしている。本論もこの使用に従う。Gavin Baddeley *GOTH CHIC*, Plexus Publishing, 2002

(5)「ロリータ」は、「ロリィタ」「ロリキタ」とも表記されるが、現在は「ロリータ」と長音符を使う表記が主流であるため、これを採用した。

(6)実際は「ゴス」と「ロリータ」はそれほど断絶しているわけではなく、初期の「ロリータ」スタイルには、禁欲的で静謐なイメージを持つものもあり、「ロリータ」のなかに「ゴス」と結びつく要素が含まれていた。またバンドカルチャーがこの二つのスタイルを包摂しており、両者はライブハウスという空間で物理的に近接していた。

(7)マスメディアなどいわゆるメジャーな言説空間では、二〇〇五年あたりにブームのピークがあったが、インディーズブランドを構えている三〇代の男性に行ったインタヴュー（二〇〇九年九月）によると、ストリートでの「ゴスロリ」ブームは、すでに二〇〇四年に終息を迎えつつあったという。

(8)一九八九年創刊の宝島社の月刊誌。調査の号は二〇〇五年一一月号。

(9)一九九三年創刊の祥伝社の月刊誌。調査の号は二〇〇五年二月号。

(10)インデックス・コミュニケーションズから一九九八年に隔月誌として創刊され、一九九九年より月刊化した雑誌。現在（編者注：二〇一三年時点）の発売元はジャックメディアとなっている。調査の号は二〇〇六年八月号。

(11)二〇〇一年一月創刊。季刊誌。当初バウハウスから刊行されたが、ヌーベルグー、インデックス・マガジンズ、インデックス・コミュニケーションズ、ジャック・メディアと次々に出版元が変わっている。現在はモール・オブ・ティーヴィー（現ジェイ・インターナショナル）から刊行。調査の号は二〇〇五年夏号。

(12)ゴスロリ雑誌の創刊ラッシュが二〇〇四年前後であることから、一通り出揃った二〇〇五年、二〇〇六年を調査した。

(13)二〇〇四年五月に二〇代の女性に行ったインタヴューによる。

(14)米澤泉『コスメの時代』勁草書房、二〇〇八年。

(15)「ロリータ」の上に形容詞をつけて省略した「甘ロリ」「クラロリ」といった「〇〇ロリ」という分類、「ゴス」の上に形容詞をつけた「V

系ゴス」「ホラー系ゴス」といった「○○ゴス」という分類、「パンク」の上に形容詞をつけて省略した「ゴスパン」「ロリパン」といった分類。また色による「黒ロリ」「白ゴス」という分け方もある。

(16) 二〇〇九年一月に一〇代の女性に行ったインタヴューによる。

(17) Stuart Hall and Tony Jefferson, (eds.) *Resistance through Rituals*, Harper Collins Academic, 1976.

(18) ディック・ヘブディジ（山口淑子訳）『サブカルチャー――スタイルの意味するもの』未来社、一九八六年。

(19) 二〇〇四年五月に二〇代の女性に行ったインタヴューによる。

(20) この「魔法」と「満足」に関しては、「自分だけが特別であるはず」という肥大化した自意識を「魔法」のように「満足」させてくれる服として「ゴスロリ」があるのではないかという仮説も成り立つが、この点に関しては稿を改めたい。

(21) Fashion News（アクセス日　二〇一二年八月二八日）http://www.fashionsnap.com/news/2012-08-28/keita-maruyama-homecafe/

(22) 本来は下着だが、「ゴスロリ」では下着の上に重ね履きする装飾的な幅広のパンツをこう呼ぶ。

(23) ロラン・バルト（佐藤信夫訳）『モードの体系――その言語表現による記号学的分析』みすず書房、一九七二年。

(24) 二〇〇五年創刊の月刊誌。二〇一四年までインフォレストから出され、一五年にネコ・パブリッシングから隔月誌として復刊された。

(25) バルト、前掲書、六五頁

(26) 米澤、前掲書、一四二頁

老いという「病」／「本来」という幻想

谷本奈穂

美容は巨大なビジネスだ。近年、化粧品は約一兆五千億円の出荷額にのぼり[1]、一九九〇年代には美容専門誌がいくつも創刊され、二〇一〇年には年間七四九万冊も出版されるに至っている[2]。美容整形は（美容外科だけで）、二〇〇二年の段階ですでに一四五〇億円の診療代にのぼり[3]、そのうえ現在では、外科以外の美容皮膚科や審美歯科などの診療科も参入し、メスを使わない美容医療（プチ整形とも呼ばれる）も普及してきたことから、さらに大きな規模になっている。こういった美容への関心（美容熱）を支える身体イメージはどのようなものなのか。本論の目的は、それを明らかにしていくことである。

さて、昨今、美容ビジネスの対象は何も若い女性たちだけに限らない。美容に熱心な中高年の女性たちが大勢いるからである。今では、「美容・健康市場にとって、二〇代の若い世代よりも中高年女性の方が消費欲旺盛な上客」（『新潮45』二〇一二年一〇月号、新潮社）とさえ言われている。

本論は、その点に焦点を当て、四〇～五〇代の女性向けファッション誌[4]の中で描かれる女性身体のイメージを明らかにしていく（以降、四〇～五〇代をミドルエイジと記す[5]）。一節では、なぜミドルエイジ女性向け雑誌に注目するのかを述べる。二節では雑誌分析の先行研究を紹介しつつ、本論の立場をより明確にしていきたい。三節で実際に雑誌記事を分析し、女性身体イメージの輪郭を示す。四節はその身体イメージが社会的な文脈ではどう捉えられるかを考察して、結びとしよう。

1. ミドルエイジ女性は美容好き？

まず本節では、ミドルエイジ女性向けファッション誌の美容記事を扱う理由を、順に示していきたい。第一に、人々に美容に関心を持たせる要因は何か、その要因と関連しそうな世代はどこかを考える。第二に、当該の世代が接触するメディアは何かを考えることで、理由を示していく。

（一）　注目すべき世代

これまで、人々の美容に対する関心の高さに比べて、美容意識に関する研究は多くなかった。例えば、一口に「美容に関心のある」といっても、「いったい何が美容へ駆り立てているのか」は、明らかにされてこなかったのである。そこで筆者は、「美容整形または美容医療をしてみたい」という希望が、どのような要因から生まれるかを探ったことがある[(6)]（二五歳～六五歳の男女八〇〇人を対象とした調査。詳細は注および谷本〔二〇一二〕を参照）。

人を美容整形や美容医療に向かわせる要因を、つきつめて分析していくと、「学歴」や「既婚・未婚の別」は要因にならず、「性別」が要因になると分かった。さらに、「外見の老化を感じている」という意識も要因の一つになっていた。すなわち「女性であること」「外見の老化を感じる」ことが、美容整形や美容医療を受ける動機づけになっていると明らかになったのである。

ところで、美容目的ではなく、一般的な意味で「外見を整える」こと――髪を切ったり、顔を洗ったり、服を着替えたり――は、誰しもが行っている。同調査で、一般的な意味で外見を整えることの理由として、「若く見られたいから」を挙げた者は全体の一四・七五％いた。性別・年代別に検討すると、四五～五四歳の女性たちに最も多く、二六％にのぼっている（表1）。「外見の老化を感じる」意識が美容整形へ向かわせ、同時に、「若く見られたい」人は四五～五四歳の女性たちに多い。だとするならば、今日の美容に対する高い関心を支える層に、四五～五四歳の女性たちを挙げてもおかしくはないだろう。冒頭で述べたように、美容に熱心な四〇代や五〇代の女性たちが大勢いるというのも、うなずける話なのだ。特に、彼女たちの中にある、若さや老化にかかわる意識を考察することで、美容熱を支える身体イメージが浮き彫りになると予測される。

年代	男性	女性
25 ～ 34 歳	15%	16%
35 ～ 44 歳	12%	15%
45 ～ 54 歳	12%	26%
55 ～ 64 歳	7%	15%

N=800（各階級の人数は 100）
なお 45 ～ 54 歳についての男女差は χ^2 検定：5% 水準で有意

表1：「若く見られたい」という理由で外見を整える人の割合

（二）　新しいファッション誌

さて、美容への関心と関連するメディアに、女性雑誌が挙げられるだろう。かつてファッション誌は若い女性を中心としたメディアであったが、二〇〇〇年代にはミドルエイジ向けのものも登場してきた。『出版指標年報』（二〇〇三）が「四〇代向け初のファッション誌」と評した『STORY』は、二〇〇二年に創刊されている。[7] 以降、四〇代ファッション誌は、『Precious』（小学館）が二〇〇四年、『Marisol』（集英社）が二〇〇七年、『GLOW』（宝島社）が二〇一〇年に創刊されることになる。また、日本雑誌協会の分類で五〇代女性誌に分類されている雑誌として、『エクラ』（集英社）と『クロワッサン Premium』（マガジンハウス）が二〇〇七年に、『HERS』（光文社）が二〇〇八年に創刊されている。

女性雑誌の歴史は細分化の歴史と呼ばれ[8]、「女性読者は次々と、自分の年齢に相応しい情報を求めてシフトしていく」[9]という。ただし、ある世代が加齢したから、新しい雑誌が登場しただけではない。年齢だけではなく、雑誌のジャンルに注目することも必要であろう。というのも、「ある世代のための新たなジャンル」が登場してきたということは、すなわち、その世代の女性たちがこれまでの同世代よりも、当該テーマに関心が高い可能性を示しているからだ。

本論に即していえば、新たに「教養誌」「育児誌」「料理雑誌」などではなく「ファッション誌」が登場したことが重要である。この事態は、現在ミドルエイジの女性たちが（かつての同世代の女性たちよりも）ファッション（外見や美容）に関心がある、という可能性を指し示している[10]。

（三）美容とミドルエイジ女性

さてここで、筆者の調査で明らかになった「美容熱（の一部）を支えるのは、四五～五四歳の女性たちであった」事実と、「二〇〇〇年代に『新たに』ミドルエイジ向けファッション誌が登場した」事実が、重なり合うことに気づくだろう。この重なりは偶然ではない[11]。

本論は、これらの雑誌におけるミドルエイジ女性の身体像を明らかにすることで、現在の美容熱を支える身体観の一部を明らかにしていく。その際には、調査でポイントとなっていた「外見の老化」や「若さ」について、記事が何を語っているかを留意して考察する必要があるだろう。

2. これまでの雑誌研究で語られてきたこと

すでに、多くの先行研究で、女性には「女らしさ」「美しさ」を求める女性規範（イデオロギーとも呼ぶ）が押しつけられてきたと明らかにされている。[12] 女性雑誌は、その規範を伝えるメディアであると指摘されてきた。たとえば荻野美穂によると、そもそも若さや美しさを求める願望とは、「高度産業化・大衆消費社会の産物」である。そして、「巨大化した国際ファッション産業、および化粧品やエステティック、美容整形などの美容産業によって煽り立てられ、たえず再生産されつづける『操作された欲望』である」（荻野、一九九六：一七二）という。女性雑誌は、そういった「操作された欲望」の助長に、一役買っていると指摘されてきたわけである。井上輝子は、女性雑誌を「性役割イデオロギーを喧伝するメディア」と断じ、一九八〇年代には「若さと美しさを強調することによって、女性の性役割に『女性は美しくなければいけない』の一条を加えた」（井上、一九八九：六）ことを指摘している。同様に、諸橋泰樹（一九八九：一〇四―一四六、二〇〇一：一三一―一〇〇）も、女性雑誌や広告を分析して、エイジズム（高齢者差別）などの女性規範を発見している。彼は、「マスメディアによる一元的な大量情報、一元的な尺度やマス・プロダクト、人々のまなざし」が、「女らしさの制度」となって、女性たちに強迫的に押し寄せると述べている。そのうえで、「美しくありたい」「痩せたい」というニーズが先にあるのではなく、「美しくあれ」「痩せてあれ」「スリムな女性が好き」という男性意識、商品やサービスが先にあって、次にニーズが作られるのだ、と語っている。

以上のように、女性雑誌は、女性に対して「美しくあれ」といった規範を伝えるメディアであると言われてきた。結論を先取りすれば、新しく登場したミドルエイジ向けファッション誌も、その点は同じである。若い女性向け雑誌との違いがあるとすれば、「美しくあれ」のバリエーションである「若くあれ」が主張されることであり、大きな枠組みで考えると、これまでの女性雑誌研究が明らかにしたことは、そのままミドルエイジ向けファッション誌にも当てはまる。

しかし、ここで筆者が重要であると考えるのは、「どのような論理構成」で主張がなされるのか、そして、「その背後にどのような身体イメージ」が内包されるのかということである。以下で、それを明らかにしていきたい。

3. 分析

（一）雑誌選択と分析方法

ミドルエイジの女性たちを対象にした「ファッション誌」を選択し、その中の美容記事を分析していこう（選択基準については注(13)を参照のこと）。具体的には、四〇代向けとされる『STORY』（光文社、二〇〇二年創刊）、五〇代向けとされる『エクラ』（集英社、二〇〇七年創刊）を選び、時期については両誌が一年を通じて初めて発刊された年である二〇〇八年を選択する。

『STORY』および『エクラ』の二〇〇八年一月号～一二月号の二四冊から美容記事をすべてテキストデータ化し[14]、テキストマイニングを行った。[15] テキストマイニングとは、テキストを対象としながら、統計学などの技法を適用し知識を取り出す技術のことである。具体的には頻出語句（ひんぱんに現れる言葉）および、語と語の共起関係（双方の言葉がどのくらい同時に出現するか）を調べた。

『STORY』と『エクラ』は対象年代と出版社が違っているため、記事内容が異なっている可能性を考慮して、別々に分析を行ったが[16]、美容記事に関しては大きな差異は見いだせなかった。そこで、本章ではデータを統合して共通する特徴を紹介していく。両誌のデータを統合した語数は二七二二〇一[17]、うち異なる語数は一六三九三語である。表2に統合したデータで頻出語句上位一五位までを示しておく。

（二）老化と関連のある語

では、筆者の調査でポイントとなっていた「老化」について、ミドルエイジ向けファッション誌ではどう描かれているのかを見ていこう。「老化」「老い」「加齢」「衰え」というタームをまとめて、「老化」というコードを作成し、老化と関連する語句を探索した。結果は表３に示す。Jaccardという値が書かれているが、双方の言葉がどのくらい同時に出現するかの程度を示す値である。Jaccard の値が大きいほど「老化」と関連があったと見なすことができる。

表３から次のことが分かる。まずもって「老い」は、「活性酸素」、「酸化」、「代謝」の「低下」、コラーゲンやホルモンの「減少」、「ターンオーバー」の遅れ……などといった「原因」のあるものとして描かれていること。そして次に、化粧品などの「成分」や「機能」が、その原因に「アプローチ」するという記述が来ることである。実際の記事を見てみたい（以降、雑誌引用の傍線はすべて筆者による）。

	抽出語	出現数
1	肌	2868
2	美容	747
3	使う	696
4	効果	695
5	顔	592
6	ケア	542
7	クリーム	521
8	成分	519
9	シミ	495
10	メーク	432
11	シワ	413
12	発売	388
13	目	382
14	眉	343
15	配合	342

表２：両誌における頻出語句

	抽出語	Jaccrd
1	原因	0.107
2	活性酸素	0.0924
3	機能	0.0797
4	細胞	0.0725
5	低下	0.0685
6	代謝	0.0678
7	減少	0.0662
8	配合	0.065
9	成分	0.0643
10	アプローチ	0.0636
11	トラブル	0.0617
12	コラーゲン	0.061
13	酸化	0.0588
14	ターンオーバー	0.0588
15	悩み	0.0571

表３：「老化」と関連する語句

年々、増える肌老化の悩み。この肌老化の最大の原因は、酸化にあると言われています。ストレスや環境汚染、紫外線が作り出す活性酸素はシミのもととなるメラニン色素を作るばかりか、皮膚の弾力を支えているコラーゲンを破壊・酸化させ、シワやたるみを生み出す要因に。この活性酸素を除去する力が抜群で、なんとビタミンＣの約六〇〇〇倍、ＣｏＱ10の約八〇〇倍もの類いまれなる抗酸化力を持つ大注目の成分が、アスタキサンチン。

（『STORY』三月号）

お茶の葉に多く含まれるポリフェノールの一種、カテキンを配合。活性酸素がひき起こす「酸化」という老化プロセスを抑え、すっきり洗い流す。

（『エクラ』六月号）

老化は、本当は、人にとって不可避な現象である。それにもかかわらず、なにがしか「原因」のある特殊な現象として位置づけられていると分かる。しかも、商品（←私たちが買うことのできる！）の「成分」や「機能」によって、その「原因」は、「除去」したり「抑え」たりできるのだ、と描かれていることも分かるだろう。

（三）　シミやシワと関連のある語

「老化とは特定の原因が引き起こすものであり、原因は除去できる」という記事の構造を、もっと如実に示すのが、老化のサインとされる「シミ」や「シワ」と関連する語句である。シミとシワの類を合わせて「シミ・シワ」のコードも作成し、それと関連する語句を探索したところ表４の結果を得た。上位の語ほど「シミ・シワ」と関連が深い。

老化のサインであるシミやシワは「ケア」、「治療」の対象とされている。特に、二番目に関連している「治療」という語句に注目すべきであろう。というのも、治療という言葉は、医療の現場でしか使ってはならない特殊な用語であるからだ。エステティックサロンでは、医療行為に抵触しないように、このタームの使用を自主規制しているほどである。したがって、「治療」というタームを使う限り、シミやシワはもはや医療の領域に入っているのである。

現在シミが取れる光治療器の中でも絶大なる治療効果を誇るマシン。ほとんどのシミに反応し、直後、焦げたシミは黒く反応しますが一週間以内で自然に剥がれ落ちます。

（『STORY』一月号）

ボトックスはシワを消すというより、作らないようにするという発想から生まれた治療法。何回かボトックス注射を続けているうちに、シワを作る癖がなくなったり、すでにできているシワも軽減されてきます。

（『STORY』四月号）

シミを薄くしたくてオーロラ（光治療機）を当てたところ、顔全体のくすみがとれて肌が一トーン明るくなりました。一回でも効果を得られますが、二カ月に一回通っています。皮膚科の病院なので、乾燥などの肌の状態によっては、お薬を処方していただきます。

（『エクラ』三月号）

	抽出語	Jaccrd
1	ケア	0.0901
2	治療	0.0861
3	気	0.0804
4	美白	0.0782
5	目立つ	0.0726
6	肌	0.0691
7	効果	0.0679
8	カバー	0.0635
9	成分	0.0606
10	美容	0.0554

表４：「シミ・シワ」と関連する語句

美容の「治療」が、医療の領域に入ったことを明確にする例として、がんの治療と同じ「メニュー」であることを語る記事を挙げることもできる。

> 超高濃度ビタミンC点滴療法は中から外から若返ることができるメニュー。容量、治療回数はカウンセリング後に決定。初回は抗癌剤治療と同じく一〇gからスタート。点滴時間は約五〇分。
>
> （『STORY』八月号）

ここまでの考察で、まずは、ミドルエイジ向けの美容記事において、女性の身体が医療の対象とされていることが確認できる。

（四）医療対象の広がり：衛生から老化へ

「美容領域で女性の身体は医療の対象になった」……と書けば、なるほど社会学の論文らしい結論である。しかし実は、もう少し掘り下げが必要だ。なぜなら、身体に医療が介入する記述が、近年に始まったのかどうかを確認する必要があるからである。そこで、一九五〇年代の婦人誌の美容記事を見てみよう。

> そばかすは青春期になるとふえてくることもあり妊娠、月経等の時は濃くなります。家庭療法は、過酸化水素水等の塗布が安全です。また強い日光の直射をさけるように気をつけ、ビタミンCの多い、夏みかん、いちごなどの果物や野菜を充分に摂り、レモンの輪切り、または胡瓜の切口で顔の皮膚をこするのも有効です。専門の医師にかかれば、ヽヽ《ママ》離膏、腐蝕剤等で取ることも出来ます。内部的には、ビタミンCの大量注

射、副腎皮質ホルモン注射等があります。注射は一日に一回、百円位。脳下垂体埋没療法も効果があります。脳下垂体埋没療法は一回か二回、二千円から三千円です。

（松井俊三『婦人倶楽部』一九五五年六月号）

この記事には、明らかに「医療」を通じた女性身体の操作が見られる。女性身体が医療の対象となることは一九五〇年代にも見られる。では、近年の記事と何が違っているのだろうか。

記事を注意深く読めば、女性身体が「医療」を通じて治療対象となっているとはいえ、その対象はシミやシワといった「老化のサイン」ではないことが分かる。そもそも、かつての女性雑誌が、シミやシワを「悩み」として描いてきたのかどうかを確認する必要がある。

四大婦人誌の一つである『主婦の友』の大正六（一九一七）年一〇月から昭和五（一九三〇）年一〇月までの「美容理装問答」という相談コーナーを調べた先行研究がある。一番多かったのは、肌に関する相談で、吹き出物、ニキビ、脂、顔色、色が黒い、ソバカス、あれる、はたけといった悩みが寄せられていたという〔玉置・横川、二〇〇八〕。これは「衛生」とかかわる肌の悩みといえるだろう。

もちろん、当時の『主婦の友』と『STORY』『エクラ』は対象年齢層や雑誌ジャンルが同じとはいえないので、単純な比較はできない。しかし、筆者も、化粧品広告を分析し、同様の知見を得たことがある。化粧品広告において、現在では「科学的知識の獲得」が目指されているのに対し、第二次大戦前では「衛生的な身体の獲得」が目指されることを見いだしている〔谷本、二〇一三A〕。

したがって、少なくとも言説空間においては、かつて「衛生とかかわるトラブル」が悩みの中心として描かれていたと考えられる。

では、シミやシワといった「老化のサイン」は、どう描かれていたのか。それを知るため、筆者は四大婦人

	抽出語	Jaccrd
1	出来る	0.2093
2	眉間	0.1818
3	額	0.1429
4	皮膚	0.1273
5	手入れ	0.1220
6	水分	0.1154
7	若い	0.1111
8	肌	0.1042
9	小じわ	0.0952
10	コーヒー	0.0952

表５：婦人倶楽部・「シミ・シワ」と関連する語句

雑誌の一つである『婦人倶楽部』（大日本雄辯會講談社、現在の講談社）の一九五五～五八年に発行された美容記事を分析した。[18] 当時シミやシワがどう描かれているかを見てみると、表５のようにシミやシワは、「出来る」ものとして描かれていた。[19] 実際の記事は次のようなものである。

私達の皮膚は二十歳をすぎますと、もう衰えはじめているのです。つまり二十歳から進行して、普通小じわの出来るのが、三十歳前後、はっきりしたしわは、四十歳前後です。

（『婦人倶楽部』一九五八年二月号）

そして、シミやシワは「治療」対象ではなく、せいぜい「手入れ」の対象である。

動物のレバーは、オールマイティーといわれるほど、欠くことの出来ないものです。肝臓病にもよく、シミは肝臓が悪いと出来るものだと云われています。又ひびやあかぎれの予防にもなるときけば、少々匂いが嫌いでも、お料理を工夫していただきましょう。

（『婦人倶楽部』一九五七年一二月号）

暖房のきいた室内では、大切な水分をうばわれるし、いずれにしても肌はカサカサになりますので、肌の手入れはまめにしなければシワやシミのもとになります。

（『婦人倶楽部』一九五七年一二月号）

では「治療」の対象は何であったのか。調査した記事の中では「治療」という言葉は二五回登場している。その対象は口臭、斜視、冷え症、あざ、鮫肌、わきが、夜尿症、いぼ、にきび、こしけ[20]、白なまず[21]などであった。治療対象として、衛生にかかわる悩みが多く挙げられていることが分かるだろう。例えば、こしけの治療として次のようなことが語られる。

こしけの原因はトリコモーナスと云う寄生鞭毛虫が膣内に繁殖して起ったり、膣炎、子宮内膜炎、外陰炎、バルトリン氏腺炎等のため又はホルモンの不足から起る異常分泌物のことです。この病気にかかると米のとぎ汁のようなおりものがして臭く、又外陰部にかゆみ、ただれが出来たり、腰や下腹が痛み、目まい、耳鳴、頭痛などがしてとても不快なものです。〔中略〕この「ネオ・エフジー球」はこしけの原因であるトリコモーナス寄生虫の優秀な殺菌剤カルバルゾン、化膿菌、痳菌等の強力な化学療法剤であるホモスルファミン、ホルモンの不足から起る優れた治療薬ヂアセトオキシヂェチルビベンジル、痛み痒みを止めるアミノ安息香酸エチルを合理的に配合しこれを米国製の無刺戟、無臭、無色、無脂肪性の最も新しい基剤に混合した膣坐薬でよくその治療効果をあらわし、寝る前に一球を膣内に入れておけば衣類を汚すことなく眠って居る間に治療の出来る理想的のこしけ治療薬であります。

（『婦人倶楽部』一九五五年六月号）

当時の『婦人倶楽部』と現在の『STORY』『エクラ』では、時代も雑誌ジャンルも対象年齢層も異なっている。だが、肌の悩みを医療で治そうという態度は同じである。

異なっているのは、医療の対象範囲なのである。前者が「衛生とかかわる悩み」であるのに対し、後者は「老化のサイン」になっている。つまり、人生の通常のプロセスであるはずの外見の老化まで、医療の対象となってきたことが、近年の特徴であると考えられる。

この違いは、単純に、雑誌の対象年齢層に起因するわけではないだろう。そもそも二〇〇〇年代にミドルエイジ向けファッション雑誌が「創刊された事実自体」が示唆するように、ミドルエイジの女性たちが外見に強い関心を持ち始めた（あるいは、これまでも関心を持っていたが、その声があらわになってきた）ということであり、それと連動して、医療の対象範囲が広がり、シミやシワも「治療」するものとなってきた、ということなのである。

以上をまとめよう。先行研究で発見された「操作された欲望」――「女性は美しくなければいけない」「美しくあれ」といった規範――という観点で考えれば、ミドルエイジ向け雑誌記事も、「若くあるべき」「若くあれ」という「規範」が描かれるわけだが、その際には次のような論理構成がなされる。

人生の当たり前の過程であったはずの老化は、「原因」があるものと措定される。そして老化は「治療」の対象となる。すなわち、近年の女性身体イメージの中に、シミやシワといった「老化」をある種の「病」として捉える側面があるといえるだろう。

ところで社会学では「非医療的問題が〔中略〕医療問題として定義され処理されるようになった」（コンラッド、シュナイダー、二〇〇三：一）ことを「医療化」と呼ぶ。つまり、医療とは関係ないように思われていたある問題を、医療的な観点から定義したり、医学用語で記述したり、医療的な枠組みから理解したり、医療的な介入で扱おうとしたりすることだ。例えば、出産や肥満は、これまで病院で扱う対象ではなかったが、今では病院で扱うようになってきている。

この医療化が、美容という領域において女性身体に起こっているのである。医療そのものが「性に関するイデオロギーを再生産する装置である」とする指摘はこれまでもあったが[22]、それが雑誌というメディアで前景化してくることが、二〇〇〇年代以降の特徴と考えられる。

（五）「肌本来」という幻想

さて、老化をある種の病とするイメージがあると明らかにしたところで、もう一つ筆者が注目したいことがある。それは、成分や医療の力で、原因を抑えて老化を防げば、「どのような身体が得られるか」ということである。最終的には「若くあるべき」というメッセージを伝えるとしても、どのような形で伝えられているかということが、重要であると考えるからだ。実際に読み込んでみると、「より若くなる」というストレートな表現ではなく、より巧妙な書き方が確認できる。

まず典型的な文章例を見てみよう。老化の「原因」を「成分」で治すという文例である。その際には、（二）で見たように最も出現回数の多い「肌」という語句が、どう描かれているかにも注目したい。

「肌密度」という言葉を聞いたことはありますか？　これは、「骨密度」と同じ理論で、肌を構成する成分の密度を表わすもの。「骨密度」と同じように、年々低下すると言われています。肌密度の低下には、①加齢によるセラミドの減少とバリア機能の低下、②加齢による水分の減少、③加齢によるターンオーバーの遅れという三つの大きな要因が。そこで葡萄ラボでは、この三つを立て直すことこそが、美肌を作る近道と考え、肌密度に着目したのです。そして生まれたのが、独自のブドウ由来成分ＳＤＣ〈肌密度強化成分〉。これは、バリア機能＝セラミド合成促進を目的とする特許成分「ブドウ発芽水」、保湿機能＝水分量増加を目的とする「ブドウ果汁発酵液」、角化機能＝ターンオーバー促進を目的とする「ワイン酵母」を、葡萄ラボ独自の比率で配合し、肌密度強化を目的としたミクスチャー成分。この成分を配合することで、肌密度の低下により硬く薄くなった角質に水分を巡らせ、長時間の水分保持を実現。これによって肌本来の美しくなる力を目覚めさせることに成功したのです。

（『STORY』三月号）

興味深いのは、「肌本来」という単語である。正しくは、「本来の肌」とか「肌本来の力」とかという意味でつかわれているので、「肌本来」という単語ではないが、そのような造語にすら見える。このタームは、『STORY』でも『エクラ』でも書かれており、出版社の違い、対象年齢層の違いを超えて登場している。

メラニンの再生を根源から抑制。肌本来の白さ、輝きに導く美白美容液

（『STORY』四月号）

栄養の宝庫と呼ばれるほど、アミノ酸やミネラルなど豊富な栄養成分を含むプラセンタ（胎盤）。そこにはひとつの受精卵を短期間で赤ちゃんに成長させるメカニズムが備わっています。このメカニズムは肌の生まれ変わりにも役立ち、ターンオーバーを活性化し、くすみのない白肌へ導きます。そのプラセンタから、肌に必要な成分だけを丁寧に抽出したのが「水溶性プラセンタエキス原液」。肌本来の美肌機能を目覚めさせ、肌のウォーミングアップを図る、余計なものを一切含まない、名前のとおりシンプルな美容液です。

（『STORY』六月号）

肌本来の新陳代謝を自然に促し、細胞レベルで若々しくリフトアップ。

（『エクラ』一〇月号）

不要なものを排出し、新しい細胞を生み出す肌本来の働き＝ターンオーバーが乱れると、エイジングのサ

インやなんらかの悩みが生じる。そして、それは肌細胞のエネルギー代謝の低下によって起こる――。

（『エクラ』一一月号）

肌本来の力「肌力」を覚醒させる、L・E・M（シイタケ菌糸体培地培養エキス）

（『STORY』三月号）

成分や医療の力で原因を排除すると、「どのような身体が得られるか」。それは、単純に「より美しい」「より若い」身体ではない。むしろ、具体例で見たように、読者が「もともと持っている身体」なのだ。つまり、あなたは本来もっと若い／美しい／白い肌であるにもかかわらず、「原因」によって「肌本来」の力が阻害されている、だから「本来の肌」を「目覚めさせる」「覚醒させる」ことで取り戻そう、という論理展開なのである。

「肌本来をとりもどそう」という表現方法の背景には、何が考えられるだろうか。一つには「自然」を重要視する女性美の伝統があげられよう。これまでの女性美に関する膨大な言説群は、女性の「自然」な美を推奨し、人工的な補正を戒め続けてきた[23]（コーソン、一九八二）。その傾向は現在でも見られる。特に日本においては、造語「ナチュラルメイク（自然＋化粧）」が示すように、自然に見えることが好まれているし、筆者の調査でも、美容整形について（アメリカなどと比べて）日本は自然な仕上がりを求められていると分かっている（谷本、二〇〇八）。女性美について、「自然」のままで美しいことは称賛されるが、「より美しくなる」人工的な補正はよくないこととして批判されるのである。したがって、「より若くなる」という文言よりも、「もともと自然にもっていたはずの若さを取り戻す」という文言の方が、多くの人にとって素直に受け取りやすいと考えられる。

もう一つの背景には、前述した医療化との関連があげられる。ストレートに「より若く」という言い方をしていては、医療の正当化には結びつかないからである。医療は、病を治療するものであり、「より美しく」「より若く」では、心的な抵抗が起きやすい。正当化は、①あなたの身体に悪影響を及ぼす「原因」があり、②〈老いのサインをもつ〉現状は「病」であり、③すなわち「治療」の対象となる、という理屈が成り立ってこそ可能となる。

（六）ミドルエイジ女性の身体イメージ

前節で、「肌本来」という表現の背景として、一つには、女性美の自然をたたえる伝統と、もう一つには、医療の正当化の二つの側面をあげた。それでは、こういった「肌本来」という表現と結びつくのは、どのような身体イメージだろうか。

身体に、人工的にプラスの状態を作り出すのは好ましくない。だが、「原因」によってマイナスされている分を、元に戻すのはよい。元の身体とは、身体が「本来」持っている力が十分に発揮されている状態である。また、それが「自然」状態でもある。自然な状態では、あなたはもっと若く、老いていないはずだ[24]。……このメッセージから読み取れるのは、「老いない」あるいは「老いにくい」身体イメージである。こうして、女性身体には、老いを病ととらえるイメージが付与されるだけでなく、もともと自然な力が備わっているイメージ、その力によって「老いない」というイメージまでもが、付与されていると分かる。

もちろんそれは幻想でしかない。どう抗っても身体は老いる。現実の身体には、シミやシワといった老いのサインは生じてしまう。言説が表しているのは、現実の身体を否定すること、シミやシワのできる身体を「逸脱」した身体と見なすことである。また幻想上の身体を肯定すること、「本来」と信じている身体を「正常」で「自然」な身体と見なすことでもある。

4. おわりにかえて

（一）小括

本章で見てきた二〇〇〇年代以降の雑誌言説は、従来の女性雑誌研究の指摘と同じように、ある種の女性規範（若さの追求）を伝えるメディアであった。しかし、本章が注目したのは、具体的な言説の中で、「どのような論理構成がなされているか」、「背後にどのような身体イメージを内包しているか」である。

分かったことは、女性の身体を美的に操作するに当たり、「成分」「機能」、そして「医療」が利用されていたことである。特に医療は、その対象を広げており、「外見の老化」までも治療対象としていた。「老い」とは、自然な現象ではなく、「原因」のある（ある種の）「病」として描かれることになる。病だから治せる・治して良いという正当化の論理構成がなされていた。

さらに、原因を排除すれば、「本来の身体」を目覚めさせることができるという言い方も見られた。この背後には、「本来ならもっと若い外見のはず」「本来の身体は老いていない」「本来、私の身体には潜在的な力（肌力など）がある」という身体イメージが前提されている。

・老いを潜在的な病とみなす認識

・「本来」「自然」の身体は老いにくいという幻想

これらが、近年登場したミドルエイジ向け女性雑誌における美容記事の特徴であり女性身体イメージである。これが本論の結論になる。

最後に以下で、前述のような言説が生じてきた社会的文脈にもふれておきたい。なお、社会的文脈には二つ考えられる。一つは、大きな文脈として「若さを追求する言説」の背景、もう一つは具体的な文脈として「女性身体イメージ」の背景である。

（二）　若さ追求の背景

まずは、そもそも、なぜ若さを追求する言説が近年に目立つようになったのかを押さえておこう。多くの論者によると、「若さ」に価値を置く観念は、高度経済成長期において、産業社会の業績主義や効率主義が強まると同時に社会的に普及したという[25]（飯島伸子、一九八八、栗原彬、一九九七、小松秀雄、二〇〇二など）。確かに、本論で見たように、高度経済成長期が始まったばかりの女性雑誌（一九五五～五八年）では、老化のサインは医療化の主たる対象となっておらず、極端に若さを追求する言説は少なかった。

若さ重視が広まったとされる高度経済成長期以降、美容の領域では化学や技術が進展し、産業（マーケティング）的要請が強まってくる。例えば、化粧品業界では、アンチエイジング化粧品が一九八〇年代に登場し、一九九〇年代以降に目覚ましい発展と普及を遂げ[26]、エステ業界では、痩身や脱毛を主体とした宣伝を展開していたが、二〇〇一年頃からシワやシミを取るといった抗老化が主要な項目として登場した。

また、医療領域では、一九九八年に東京大学病院で美容外科が設置され、美容外科に正当なイメージが付与される一方で、二〇〇〇年代にシミやシワに効果のあるとされる機器などが飛躍的に発達し（根岸圭、二〇〇七：四六八）、施術を受ける人々の心的ハードルが下げられた。その上、「病」ではない患者「未満」の人々を医療の場にとりこむ動きも、この二〇年の間に活発化する（例えば、美容医療なら日本美容医療協会が一九九一年に、アンチエイジングでは抗加齢医療学会が二〇〇一年研究会として、予防医療なら日本予防医学学会が二〇〇三年に発足している）。

これら美容業界の動きや医学の動きと連動して、二〇〇〇年代には若さを追求する雑誌言説は登場する。

とはいえ、美容や医療における産業的要請だけで、若さを重視する言説が登場したわけではない。人々の側の欲望が関係しているはずである。本章の場合なら、ミドルエイジの女性たちが、消費をけん引する存在となってきたことが大きいだろう。かつて、消費者の中心とみなされていたのは、結婚前の（せいぜい結婚直後の）若い女性たちであった。しかし、現在では、ミドルエイジの女性たちは主要な消費者とみなされ、彼女たちの欲望に沿った形の商品が次々と生まれている。アンチエイジング化粧品も、化粧品会社が作るから欲望が生まれるだけではなく、それを欲望する人々がいるから商品が作られる。それと同じで、ミドルエイジ女性の消費能力が上がることで、彼女たちが求める言説が語られるようになったと考えられよう。

こういった、社会的・人的背景から、二〇〇〇年代以降の若さを重視する言説が生まれたと考えられる。

（三）　女性の身体イメージの背景：近代の貫徹――医療と本来

次に、３節の分析結果の背景を考察したい。つまり、〝医療化が老いまで進み、老いを潜在的な病とみなし、その成立ロジックには「本来」「自然」を持ち出すような身体イメージ〟についての背景である。

前述したように、若さを礼賛する価値観は、産業社会における業績主義や効率主義などの広まりと軌を一にしていた[27]。ということは、若さ礼賛言説そのものが、まさに近代的な価値観の一部であり、近代化の進展として捉えることができる。したがって、もしミドルエイジ女性が、若い外見を維持しようとするならば、それは（近代的な）価値を維持しようとすることにもなる。

医療化も同じく近代化の進展として捉えることができる。医療化を批判したイヴァン・イリイチ〔一九七九〕は、近代に対する痛烈な批判者であった。彼は「医学は予防を市場化しはじめた」とし、これまで患者ではなかった人（患者「未満」の人）を、新しい疾患をつくりだすことで、患者として医療の場に受け入れる動きを批判する。「新しい疾患」は、「医療が介入したことの結果」「医師がつくるもの」と断じ、「治療法、医師、病院」が引き起こす「医原病」なのだと主張した[28]（一方的に医者側が病を作り出し、患者を支配するなどという図式は極端であって、人々の側の欲望や働きかけも考慮しなければならない。しかし、本章ではこの議論には深入りせず、医療化が近代化の一部であるということだけ確認したい）。ゆえに一部のミドルエイジ女性たちにとって、老化が「病」として医療の対象となったことも、身体において近代化が進んだ事態と捉えなおすことができる[29]。

さらに、産業的要請が強い社会とは、近代化がかなり進んだ状態ととらえられている（阿部、二〇一二、見田、一九九六など）。産業と消費は近代化の過程で大切な要素であったことを思い返せばいいだろう。これも、ミドルエイジ女性たちにとっては、近年産業界の主たる対象とみなされるようになってきたことであり、身体が市場化する事態として理解することができる。

以上から、「老いを潜在的に病とみなし、医療化がすすむ」ということは、若さ礼賛、医療化、産業的要請などと絡み合う「近代化の進展」に他ならないといえる。そして、若さを維持しようとする女性身体イメージは、近代が徹底的に貫徹したものと考えられるだろう。

とはいえ、その身体イメージでは「本来」「自然」が重要な要素となっていた。このことは、近代化の進展とどのような関係があるだろうか。

立岩真也（二〇〇二：一五〇―一七〇）の指摘では、近代を批判する者は、近代医学を外部から解決を与えるものと考え「自らにそなわっている治癒力」を重視することがあるという。「自らにそなわっている治癒力」とは、「肌本来の美しくなる力」「肌本来の美肌機能」「肌本来の新陳代謝」「肌本来の働き」を「目覚めさせる」「覚醒させる」という語りと、親和性が高い。

しかし、本章で見たようなミドルエイジ向け美容言説に限っていえば、近代化に抗するために、「本来の力」が持ち出されているわけではない。「本来の力」をむしろ利用して、徹底した近代的な身体を作ろうとしている。したがって、美容の言説において、「医療」と「本来や自然」は対立するというよりも、相互に支えあっていると考えるべきである。

前述の例文でいうなら、「肌本来」を「目覚めさせる」には、「セラミド合成促進を目的とする特許成分」が必要であり、「メラニンの再生」を止める必要があり、「受精卵を短期間で赤ちゃんに成長させるメカニズム」を利用することが必要であった。「医療」は「本来」を引き出す装置であり、「本来」は「医療」によって実現する理想（もっといえば幻想）になっている。「医療」的なものと「本来」的なものは、一見すると対立するが、実は車の両輪となっている。

筆者は別稿で、近年の美容言説において科学（＝化学）と自然物（＝花や果実）が相互補完的に使用されることで、科学に対する人々の潜在的不安が和らげられ、科学の持つ訴求力が増しているアイロニーを指摘したことがある〔谷本、二〇一三A〕。それと同じことが指摘できよう。一見、相反するような要素が取り込まれることで、一方の力が増強される。つまり、「医療」と「本来」は相互補完しあいながら、「医療」にさらなるパワーが与えられることになる。

以上から、〝医療化が老いまで進み、老いを潜在的に病とみなし、その成立ロジックには「本来」「自然」を持ち出す〟言説は、「近代化」という大きな背景から生じていると分かる。そして、一部のミドルエイジ女性向け雑誌に現れる女性身体イメージは、「医療」と「本来」という一見相反する両輪に支えられた「近代が貫徹した身体イメージ」として捉え返すことができる。別の言い方をするならば、老いという「病」を構築し「本来」という幻想も取り込んだ「近代が産み落とした身体イメージ」ともいえるだろう[30]。

※本章は、「ミドルエイジ女性向け雑誌における身体の『老化』イメージ」『マス・コミュニケーション研究』日本マス・コミュニケーション学会、第八三号、二〇一三年及び『美容整形というコミュニケーション』花伝社、二〇一八年、２章に加筆・修正を加えたものである。

〈注〉

（１）日本化粧品工業連合会ホームページ〔http://www.jcia.org/n/st/01-2/　最終アクセス二〇一三年三月三一日〕。

（２）『出版指標年報』二〇一一年より。

（３）門倉貴史の試算による。二〇〇二年の段階で美容外科を名乗る施設は六〇四カ所あり一つの施設当たり二億四〇〇〇万円の「売上」をあげているという〔http://www004.upp.so-net.ne.jp/kadokura/rport20060816.pdf#search='%E7%BE%8E%E5%AE%B9%E6%95%B4%E5%BD%A2+%E5%A3%B2%E4%B8%8A'　最終アクセス二〇一三年三月三一日〕。

（４）本章では、美容専門誌とは、コスメやメイクに関する専門雑誌を指す。

（５）社団法人日本雑誌協会の分類（二〇一三年三月時点）では、三〇代、四〇代はミドルエイジ、五〇代はシニアと表記されているが、本章では四〇代と五〇代をミドルエイジと記す。

（６）「美容整形・医療を望むかどうか」を従属変数とし、「性別」、「年代」、「世帯年収」、「学歴」、「既婚・未婚」、そして「外見に関わる意識」を独立変数とするロジスティック回帰分析を行った。「外見にかかわる意識」とは、外見について普段感じている意識一一項目で、「自分の身体は自分のものである」「外見に関して周囲の人の意見を聞くべき」「異性から魅力的と思われたい」などである。

（７）ただし日本雑誌協会の雑誌分類では「四〇代ファッション誌」に分類されている『Grazia』（講談社）は、一九九六年に創刊している。また、同じく『レディブティック』（ブティック社）が一九七二年に創刊されているが、これは洋裁誌である。

（８）例えば、古田〔二〇〇八〕や橋本〔二〇一二〕などで指摘されている。

（９）前掲『出版指標年報』一五九頁。

（10）別言すれば、現在のミドルエイジ女性が年を取るのに応じて、ファッション雑誌が後追いで登場した可能性があるということになる。

（11）しかし、この意識が本当にコーホートによる特徴なのかどうかは、別の調査が必要になるだろう。

（12）本章では、女性規範とイデオロギーを類似した概念として記述している。

（13）①社団法人日本雑誌協会の「男性・女性・男女」という分類から、まず女性雑誌を選択する。②女性雑誌は「総合・ライフデザイン・ライフカルチャー・情報・コミック」に分かれているので、ライフデザイン誌を選ぶ。③さらに、その中は「女性ティーンズ誌・女性ヤング誌・女性ヤングアダルト誌・女性ミドルエイジ誌・女性シニア誌」と年齢別に分類されているので、女性ミドルエイジ誌と女性シニア誌を選択する。

④女性ミドルエイジ誌は、「三〇代ファッション・四〇代ファッション・ライフスタイル総合・生き方」に、女性シニア誌「ライフスタイル誌、ファッション」にそれぞれ分かれているので、「四〇代ファッション」と「シニアのファッション誌（五〇代）」を選ぶ。⑤前者で最も発行部数の多い『STORY』、後者は発行部数が大きくは違わないことから、一番早くに創刊している『エクラ』を選択する。

(14) 本章では、顔にまつわる化粧や美容の情報に限定し、香水、ダイエット、髪に関わる記事はデータ化していないが、これらの情報も今後分析の対象とする必要があるだろう。なお、『STORY』の文字数は二八五八二七文字、語数は一四〇〇八六語、うち異なる語数は一〇九五三語である。『エクラ』の文字数は二七九四六五文字、語数は一四六五八三語、うち異なる語数は一一〇三六語である。

(15) KH Coder というフリーソフトを使用した。

(16) これまでも出版社による違いは指摘されており、光文社は結婚に価値を置く内容になっているのに対し、集英社は結婚を重視しすぎない誌面を作る傾向があるという〔小倉、二〇〇三〕。

(17) 分析上、カウントしない語句を作ったため単純な総和になっていない。

(18) 第二次世界大戦後一〇年過ぎており、社会学で様々な価値観に変化が表れたとされる高度経済成長期が始まりつつあった時期を選んでいる。一九五八年二月号、一九五七年五月号、一九五五年六月号、一九五七年九月号、一九五七年一二月号。

(19) 文字数は三六九六三、語句二三三三一語、異なり語数は三二一二語である。

なお、『婦人倶楽部』も、ミドルエイジ向けのファッション誌とはいえないので、対象年齢やジャンルの違いに留意する必要がある。ちなみに、婦人倶楽部は創刊当初は若い主婦を対象としていたが、徐々に購読者層の年齢が上がったと考えられている。また、仮に、対象年齢が同じ雑誌が当時あったとしても、当時と現在の社会的状況は違っており、そもそも同じ年齢だからといって同じ社会的立ち位置にないことも、留意しておく必要があるだろう。

(20) 帯下、おりもの。病的なおりものの相談が掲載されている。

(21) 尋常性白斑のこと。

(22) 医療自体が性別役割を再生産するという議論には、ウルフ〔一九九四〕、宮〔一九九一〕などがある。それらは、医療に内在する「性差別への批判」をするとともに、医療が「特定のイデオロギー（「女は産む性である」「女は美しくあるべきである」）を喧伝・強化し、女性の身体をそうしたイデオロギーに組み込んでいく文化装置である」〔西倉、二〇〇一：四〇―五五〕と指摘している。

(23) コーソンが記述した、「自然」＝本来的な美を推奨し人工的な補正を戒める伝統は、中世、ルネサンス、近代とかなり長期間にわたる。ただし前近代には、コルセットや纏足など身体加工も行われていた。さらに「何を自然の身体ととらえるか」は前近代と近代で同じではない。前近代では、身体に加工を加えるのは普通のことであり、自然な身体という観念自体、近代が作り出したという議論もある。重要な議論ではあるが、本章ではその点には深入りしないで、あくまで近代以降に使われている意味で「自然（本来）」の身体が推奨されている点を確認したい。

(24) 医療ジャーナリスト・大竹奉一によると、「一般の医療はマイナスの状態を、『健康』というゼロの状態にする」が、「美容医療は、ゼロの状態をプラスしようとする」医療であるという（ＮＨＫ「クローズアップ現代」二〇一〇年四月一三日より）。にもかかわらず、本章で分析した雑誌の事例では、美容医療がマイナスからゼロに戻す表現が使われている。そのことで、美容医療に対する心的なハードルが低くなるようにされていることが分かる。

(25) もちろん、高度経済成長期以前も、老化に対しては否定的な見解やイメージがあった。だが、肯定的な見解やイメージも同時に存在したという。このあたりの議論は、辻〔二〇〇一〕、栗原〔一九八六〕、小松〔二〇〇二〕などに詳しい。

(26) 西洋の自然科学の処方に基づいた抗老化化粧品は一九三〇年代から存在してはいたが、本格的に登場したのは八〇年代だという。

(27) 業績主義と対比的に語られるのが属性主義である。

(28) イリイチは、医原病を「臨床的医原病」、「社会的医原病」、「文化的医原病」の三段階に分けている。

(29) また、医療化の話は専門家支配の話でもある（立岩真也〔二〇〇二〕、野口裕二〔二〇〇五〕、フリードソン〔一九九二〕ら参照）。医療の対象範囲が広がることで、人々の自己流ケアや対処が可能な範囲が狭まっていくことである、個人の側にある病の意味づけを（専門家が介入して）規格化していくことでもある。このような専門家システムが影響力を強めてくるのも、近代化の過程であると指摘されている。

(30) ただし、若さを求める言説は一部の雑誌で見られるものであり、老化を受け入れる方を是とする言説も存在する。この一見対立する言説については、谷本〔二〇一四〕にて論じている。

〈参考文献〉

阿部勘一「消費社会の普遍性と『消費社会論』」『成城大学経済研究』（一九七）成城大学経済学会、二〇一二年

飯島伸子「美容の社会学序説――美容行為の性差」『桃山学院大学社会学論集』二一（二）、一五一―一七四、一九八八年

イリイチ、イヴァン（金子嗣郎訳）『脱病院化社会――医療の限界』晶文社、一九七九年

石田かおり「スロービューティー宣言：次世代の美的価値を求める試論」『駒沢女子大学研究紀要』一〇、七―一八、二〇〇三年

井上輝子「女性雑誌研究の現代的意義」井上輝子＋女性雑誌研究会編『女性雑誌を解読する』垣内出版株式会社、一九八九年

ウルフ、ナオミ（曽田和子訳）『美の陰謀　女たちの見えない敵』ＴＢＳブリタニカ、一九九四年

荻野美穂「美と健康という病――ジェンダーと身体管理のオブセッション」井上俊ほか編『病と医療の社会学』岩波書店、一九九六年

小倉千加子『結婚の条件』朝日新聞社、二〇〇三年

栗原彬「「老い」と〈老いる〉のドラマトゥルギー」伊東光晴ほか編『老いの人類史』岩波書店、一九八六年

――――「離脱の戦略」『成熟と老いの社会学』岩波書店、一九九七年

コーソン、リチャード（ポーラ文化研究所訳）『メークアップの歴史――西洋化粧文化の流れ』ポーラ文化研究所、一九八二年

小松秀雄「現代社会におけるエイジズムとジェンダー」『女性学評論』（一六）、神戸女学院大学、二〇〇二年

コンラッド、ピーター／シュナイダー、ジョゼフ・W（進藤雄三、杉田聡、近藤正英訳）『逸脱と医療化』ミネルヴァ書房、二〇〇三年

谷本奈穂『美容整形と化粧の社会学―プラスティックな身体』新曜社、二〇〇八年

――「美容整形・美容医療を望む人々―自分・他者・社会との関連から」『情報研究』第三七号、関西大学総合情報学部、二〇一二年

――「化粧品広告と美容雑誌における科学――一九八〇年代以降を中心に」西山哲郎編『科学化する日常の社会学』世界思想社、二〇一三年A

――「ミドルエイジ女性向け雑誌における身体の『老化』イメージ」『マス・コミュニケーション研究』八三、日本マス・コミュニケーション学会、五一―二九、二〇一三年B

――「複雑化する美の呪縛―ある批判言説を読み解く」『情報研究』第四二号、関西大学総合情報学部、二〇一四年

――『美容整形というコミュニケーション――社会規範と自己満足を超えて』花伝社、二〇一八年

立岩真也「医療の転換　生存の争い――医療の現代史のために　一」『現代思想』三〇（二）、青土社、二〇〇二年

玉置育子・横川公子「雑誌「主婦の友」の記事〝美容相談〟から見る美容への関心」『生活美学研究所紀要』一八、二〇〇八年

辻正二『高齢者ラベリングの社会学―老人差別の調査研究』恒星社厚生閣、二〇〇一年

中島美佐子『よくわかる化粧品業界』日本実業出版社、二〇〇五年

西倉実季「美容外科にみる女性身体の医療化」『Sociology today』一一、お茶の水社会学研究会、二〇〇一年

根岸圭「美容医療で美しく」『東京女子医科大学雑誌』七七（八）、二〇〇七年

野口裕二『ナラティブの臨床社会学』勁草書房、二〇〇五年

橋本嘉代「ライフスタイルの多様化と女性雑誌――一九七〇年代以降のセグメント化に注目して」吉田則昭・岡田章子編『雑誌メディアの文化史――変貌する戦後パラダイム』森話社、二〇一二年

フリードソン、エリオット（進藤雄三・宝月誠訳）『医療と専門家支配』恒星社厚生閣、一九九二年

古田香織「女性雑誌を読み解く」『言語文化論集』三〇（一）名古屋大学大学院国際言語文化研究科、二〇〇八年

見田宗介『現代社会の理論―情報化・消費化社会の現在と未来』岩波新書、一九九六年

宮淑子『美の鎖―エステ・整形で何が起こっているか』汐文社、一九九一年

諸橋泰樹「醜い化粧品広告、太る痩身・整形広告」井上輝子＋女性雑誌研究会編『女性雑誌を解読する』垣内出版、一九八九年

――「『マスメディアの女性学』がめざすもの」『フェリス女学院大学文学部紀要』三六号、フェリス女学院大学、二〇〇一年

第三部

事例研究

――身体編――

ファッションと人間解放の神話

――自由な身体に閉じ込められた自我と、その表出

井上雅人

1. 動きやすい身体

ファッションについて考えることは、流行によって衣服が移り変わっていくメカニズムを考えることだが、それを違った言葉で言い表すと、身体と人工物との関係性について考えることである。

例えば、ミニスカートについて考えてみよう。

ミニスカートを穿くようになって、女性たちは、よく走るようになったと言われる。実のところ、本当に走るようになったかは証明できないが、少なくともミニスカートが日本で流行した六〇年代の後半以降、ミニスカートを穿きながら走る若い女性の映像が、頻繁に見られるようになった。

それというのも、くるぶしまであるような丈の長いスカートは、たとえたっぷりと布分量をとっていても、足にまとわりついて走りにくいし、あるいは膝下丈のタイトなスカートは、ちょうど膝の下あたりで両足を軽く縛るようなものなので、脚が前後に運動するのを阻害する。脚を束縛する布の下限が、膝が見えるまで上昇したと

き、はじめてスカートは女性に運動を許すようになったのだ。衣服は、身体の形状に従って作られるのが常ではあるが、衣服が身体の動かし方を規定することもある。

もっともミニスカートで走る姿は、歴史上はじめてというわけでもなかった。オデュッセイウスもアントニウスも、ギリシアやローマの戦士たちはみな、ミニスカート丈のチュニックで戦場を疾走した。ヨーロッパの古典古代において、ミニスカートは戦士の衣服だった。つまり、男性の衣服としてのミニスカートなら、歴史上、それほど珍しいものでもなかったのだ。ミニスカートを穿いた六〇年代の女性たちは、ギリシアの戦士のように走るようになっただけのことである。しかし、走るということにおいてであれ、女性が男性と街のなかで同じ身体を持つようになったのは、とても大きな変化ではあった。

このような身体と衣服との関係の揺れ動きは、特にミニスカートに限ったことではない。近代は、衣服と身体の、かつてないほどの相互干渉の時代である。バーナード・ルドフスキーは、十九世紀から二十世紀初頭にかけて生きた女性たちにたいして、「今日の女性と姿かたちがほとんど似ていない」〔ルドフスキー、一九七九：一二八〕と指摘しているが、二十世紀の前半を通して、女性の身体は実に小さくなった。もとい、小さくなったのは衣服の方であるが、女性ひとりが空間に占める容積は小さくなったし、見た目にも小さく映るようになった。そうやって、だんだんと生来の身体そのものの形象へと縮小して、行きついた先がミニスカートだったのだ。

六〇年代から七〇年代にかけて、ミニスカートは、ちょうど同じころに市民権を得たジーンズとともに、身体の解放の象徴とされるようになった。女性が人目をはばからずに、日常生活のなかで自由に思うまま、自分の身体を動かせるようになったというのは確かに解放であった。しかし、その「身体の解放」は、いつまでも単純に、走れるということだけを意味はしなかった。そこに多様な意味が付加されていったのだ。ミニスカートの持つ意味は、古典古代の時代に遡らなくても、けっして一様ではなかった。

ミニスカートは、それまで人目にさらされることのなかった「膝」を出すようになった衣服だと捉えられている。だが、それまで女性が膝を出したことがなかったかといえば、そうでもない。膝が隠れる程度の長さのスカートであれば、椅子に座れば膝は見えた。むしろ、ミニスカートが露出したのは、膝というよりも内腿であった。内腿は、疾走するときに見せる部分であると同時に、性的な行為に及ぶときにも見せる部分でもある。つまり、ミニスカートによって日常空間に持ち込まれたのは、女性たちの機能的な身体と、性的な身体の両方なのだ。

今となっては六〇年代の「身体の解放」は、「性の解放」とまったく同義と考えられている。しかし「身体の解放」は、「性の解放」を含むとは言え、まったく同じ意味ではない。ミニスカートは時代を経るにしたがって、性的なアピールの手段としてのみ解釈されるようになっていくが、しかし、ミニを世に送り出したと言われるデザイナーのマリー・クワントや、モデルのツイッギーがミニスカートを穿いたとき、それは女性らしさのイメージに立脚した性的なアピールではなく、中性的で脱女性的なアピールとして発信され、実際に作用したことも忘れるわけにはいかない。

アン・ホランダーが『性とスーツ』のなかで指摘するように、ヨーロッパの女性たちは、長らくズボンを穿くことを禁止されてきた。それは、男性より劣るはずの女性が、男性と同じ四肢を備えた、男性と変わらない身体を持っていることを隠すためであった。男女が基本的には同じ身体を持っていることを認めてしまうと、女性が男性より劣るとする根拠を失ってしまうからだ。しかし近代に入ると、多くの女性たちは、自分たちが男性に何ら劣らない存在であることを示そうと戦いもしたし、逆に、男性並みに労働する身体を持つことを強いられもした。そのために、「ズボンをはくことによって、女性も完全な人間であることを証明してみせることが必要」（ホランダー、一九九七：八九）となり、同じ理由で、より直接的に内腿をあらわにしたミニスカートを穿くことになったのだ。

しかし、機能的な身体として誇示されたミニスカートは、すぐさま性的な眼差しに絡めとられ、むしろ女性らしさの記号として定着していくことになった。ミニスカートによる「身体の解放」は、女性の身体における機能性の証明、つまり男性と同質の機械的な身体を持つことの証明であったはずなのだが、その当初から、「身体の解放」は「性の解放」へと意味をずらし、機能的で機械的な身体は、女性らしい身体へと意味するところを変え、性的な欲望の対象に転化されていった。

さらには、その身体を他者として見る者だけが欲望の対象とするのではなく、当の見られる女性も、自分の身体を欲望の対象にしていくことになった。ジャン・ボードリヤールによれば、「『再び自分のものとなった』肉体は、明らかに『資本主義』的目的に応じて投資される」〔ボードリヤール、一九九五：一九二〕こととなった。ボードリヤールは「人間解放と自己完成の神秘的手段としてもてはやされているこの自己陶酔的な肉体への熱中が、実は同時に他人との競争に勝つという意味でも経済的にも有効な投資となっている」ことを指摘している。こうして、ミニスカートによって露わになった女性の身体は、機能的な身体であることを男性と競うだけでは終わらず、性的な対象として読み替えられ、さらには同性間との競争に勝ち抜く手段としても利用され、投資の対象になっていった。

衣服の形つまり身体の形と、そのもつ意味は、常に相互作用しながら留まることなく変化していく。ミニスカートという、ひとつの衣服によって身体の意味は大きく変えられ、その身体の意味の変化によって、また衣服が変えられることになった。ボードリヤールが次のように指摘するとおり、ミニスカートの登場は、非常に政治的な事件であり、そしてそれがもたらした革命は、政治的に解決されたのだ。

数千年にわたって虐げられ忘れられていた女性たち、若者たち、そして肉体が公然と姿を現したという事実は、たしかに潜在的にはもっとも革命的な出来事であり、したがっていかなる既成の社会秩序にとっても危険きわまりない事態であるはずなのだが、実際には「人間解放の神話」として体制に組み込まれ再利用されてしまう。〔ボードリヤール、一九九五：二〇二〕

2．男らしい身体、女らしい身体

長い目で見れば、男女は同一の身体にむかっている。しかし、すんなりと同一の身体にむかっているわけでもない。

近代以前から続く禁止や排除によって、あるいは身分や性別や地域的慣習にしたがって、身体を異なったままにしておこうとする力も強い。ジョアン・フィンケルシュタインが言うように、「流行とは実は永遠に同じであることであり、現状を維持する働き」なのであり、ファッションはいかに新しく見えようが、そう簡単には「新しいものを徹底して経験する機会」〔フィンケルシュタイン、一九九八：一四〕になることはない。

前述のように、ヨーロッパの男性は、ギリシア神話が作られたころにはスカートを穿いていた。ズボンが古代ヨーロッパ文明圏に入ってきたのは、ローマ帝国が滅亡に向かうころである。最初は蛮族が穿くとされたズボンであったが、次第に男性だけが穿くことを許されるようになっていき、ついには男性らしさの記号として定着していった。

象徴的なのは、ジャンヌ・ダルクに火刑が言い渡されたとき、女性なのにズボンを穿いていたという理由が決め手になったことだろう。異性装は、神が決められた女性と男性の役割の違いを無視する行為だとされたのだ。着ることによって神の秩序を乱す者は、火刑にも値した。

しかし、ジャンヌが戦場でズボンを穿き、甲冑に身を包むことができたのは、周囲が許したからでもあった。ジャンヌが神がかりな存在だったこともあろうが、おそらく、まだ服装における性差に曖昧さが残されていたからでもあろう。それでいながら、結局、火あぶりに処されたのは、慣習的な寛容さとは異なり、公的には、服装の性差にたいする厳格さが確立していたからであろう。

ジャンヌの火刑は、その時代を境にして、女性の身体と男性の身体が決定的に違うものとされるようになっていったことの、ひとつの証拠である。ジャンヌ・ダルクが生きていたころに描かれはじめ、十五世紀の終わりに完成した『ベリー公のいとも豪華な時禱書』などを見ると、女性はチュニックを着て、男性はズボンを穿いて農作業をしている。農業という、特に性差が求められるわけではない労働においてすら、身体の性差が持ち込まれたということだ。

興味深いのは、日本にも似たような事例があることだ。それは、平安貴族の女性が十二単《じゅうにひとえ》を着込むとき、その下に袴を着用していたことである。

袴といえば、近代になって、華族女学校の制服に袴を指定した下田歌子の活動などが思い起こされる。海老茶色の袴を着用したことから、海老茶式部と呼ばれた女学生たちは、男勝りの好ましからぬ存在と考えられ、女性が武士の服装である袴を着用するなど許し難いこと、と考える向きもあった。平安朝の伝統によれば女性は袴を穿くはずが、明治の世の「伝統」では、女性は袴を穿いてはいけないとして強く認識されていたのだ。その「伝統」ができるまでの日本の服装史を、村上信彦〔一九五六〕や家長三郎〔一九七六〕は、女性たちが袴、つまりズボンを奪われていった過程であると捉え、女性が抑圧され、身体の自由をなくしていく歴史として書いている。十二単以降、女性がズボン型の袴を脱ぎ、小袖だけで身を包むようになっていったことを、身体の自由や活動性の簒奪と捉えたのだ。

こうして洋の東西を問わず、近代にいたるまでの歴史のなかで、男女の衣服は違ったものでなくてはならないというルールが成立した。それから現在にいたるまで、身体の性差はかなり強固に固定されている。現代社会において、一見してその人がどちらの性であるか分からないということは、やはり例外的である。

ところが不思議なことに、身体の性差が最も厳格と言われる十九世紀後半のヴィクトリア朝のイギリスで、男性のように長ズボンを穿いた女性の写真が撮られている。それは、一八七三年にアーサー・マンビーという著述家が、記録として撮影させたものであった。女性が流行のスタイルとしてズボンを穿く一〇〇年ほど前のことである。

ズボンを穿いていたのは、鉱山労働者の女性であった。近代の鉱山や工場をはじめとする合理性を徹底して追求した空間では、労働する身体にも合理性のみが追求され、男女の差は消失していた。ルイス・マンフォードは近代最大の発明品は「鉱夫」であるとしているが、鉱夫の身体は性差を超越した、普遍的で交換可能な、機械の部品のような身体でなければならなかった。坑道のような暗く狭い空間では、身体は極限まで効率性を追求されたからだ。

マンフォードによれば、特に近代の初期には、「鉱山の産物がその生活を支配し、その特徴的な発明や改良を決定していた」という。現在の生活を支えるさまざまな技術の出発点に、鉱山があるというのだ。マンフォードは次のように、技術の連鎖を捉えている。

> 鉱山から蒸気ポンプが生まれ、やがて蒸気機関が現われ、最後に蒸気機関車が生まれ、さらにその派生物として蒸気船ができた。エスカレーターやエレヴェーターは鉱山から生まれ、それらは綿紡績の工場ではじめて応用されたが、坑道が都市の交通に応用されて地下鉄になった。
>
> 〔マンフォード、一九七二：一九九〕

マンフォードは、これらの発明品を「鉱夫」とセットで考えた。そして、自ら掘った地下坑道というまったくの人工環境のなかで、労働時間と生産量によって計測される存在である「鉱夫」こそが、鉱山の生み出した、あるいは「近代」というイデオロギーの生み出したひとつの結晶だと位置づけた。

発掘した鉱物で、労働量が可視的に数量化できる鉱山では、人間は数値によって比較され、より多くの鉱物を得るように要求される。数値化され効率を追求される鉱夫の身体は、ミシェル・フーコーが「規律＝訓練」によって「服従させられ訓練される身体」、すなわち「《従順な》身体」〔フーコー、一九七七：一四三〕と呼んだのと同じものである。

もちろんフーコーも指摘しているように、鉱山だけでなく、病院、監獄、学校、工場、軍隊など、近代的な身体を形作る装置は数多ある。そのどれが元祖かを問うのは無意味だが、いずれにせよ、それらの装置によって規律＝訓練された「《従順な》身体」が、やはり近代が生み出したさまざまな技術、発明、メディアと接続するようになった。アンドレ・ルロワ＝グーランもまた、近代においては「普遍的な巨大組織体のなかの部品として、個人が大幅に交換可能」〔ルロワ＝グーラン、二〇一二：五四七〕になったことを指摘しているが、近代のなかで人間の身体は、規格化され、均質化され、最大限効率的に動く部品として改造されていった。

こうして近代に入ると、人々は、その身体観のみならず、身体そのものを変質させることになった。人々の身体は、教育や生産システムのなかで規律＝訓練され、それまでとは違うものになっていった。効率的に、機械のように滞りなく動く身体が理想とされ、次第次第に、その身体を社会の成員全員が持つことが求められるようになった。均質で機械のように予測可能な労働をすることが人間に期待されるようになり、誰にでも平等に、均質で機械的な身体を所有することが求められるようになった。

しかし、そうやって近代的な労働に都合の良いように飼い馴らされていった身体は、同時に、ジョルジュ・ヴィガレロとリチャード・ホルトが名付けるところの「身体を自由に動かせる新しい感覚」〔ヴィガレロ／ホルト、二〇一〇：四三三〕を付帯した、居心地のよく、意のままに動かせる自由な身体でもあった。ボードリヤールが「生産性向上のために合理的に搾取されるには、肉体があらゆる束縛から『解放』されなければならない」〔ボードリヤール、一九九五：一九七〕と指摘しているように、人間がより大きな組織に一部分として組み込まれていくなかで、身体は互換性を持った効率の良い機械へと改造されていったが、そのおかげで運動性能を高めてもいった。

だが、そういった改造の過程のなか、十九世紀後半の欧米において、どう見ても身体の運動性能を阻害するとしか思えない「クリノリン・ドレス」という奇妙な衣服が流行している。

この、地中から半分顔を出したアドバルーンのような衣服は、かつてないほど階級を超えて普及した。チャールズ・ワースというイギリス出身のクチュリエが、ナポレオン三世の皇妃ユージェニーと共に流行らせたこの衣服は、瞬く間に国境と階級を超えて広がり、身分に縛られることなく何を着てもいいというフランス革命の精神を具現化することになった。以降、見た目における細かな差異を駆使した「ファッション」という階級を超えた競争は、参加者や範疇を広げていくことになり、そういった現象を解釈するために、さまざまな流行論が生まれていくことになった。

一見して、鉱夫の身体とクリノリン・ドレスの身体は、逆方向の動きのように見える。クリノリン・ドレスは、アン・ホランダーによれば、西洋社会が長らく持っていた「男性服は清廉で快適かつ実用的、しかし一方の女性服は着つけが困難で人目を欺く愚かしいものという理念」〔ホランダー、一九九七：九一〕を、そのまま形にしたかのような衣服である。およそ機能的で自由な身体とは言い難い。にもかかわらず、クリノリン・ドレスが近代的な合理的精神の賜物であることも間違いないのだ。

前述のようにクリノリン・ドレスは、ソースティン・ヴェブレンが着目したような、いわゆる「有閑階級」だけではなく、かなり庶民の階級まで普及した。つまり、クリノリン・ドレスの身体は、庶民が日常生活のなかで、移動し労働できる身体でもあったのだ。クリノリンは、クジラのひげや針金でできた輪を、革ひもなどでつなぎウェストから吊るすことによって、半球の形状を形づくる下着である。クリノリンが、いかに女性の身体を人為的に構築するものであったかは、バーナード・ルドフスキーの『みっともない人体』に細やかに描かれているが、映画『風と共に去りぬ』を見れば、より瞬時に理解できる。特に、黒人の召使いに助けられて、主人公のスカーレットがコルセットを着用し、次第にクリノリン・ドレスを着込んでいくシーンは、あまりに有名だ。

ホランダーによれば、コルセットを締めることによって、女性たちは自分の身体と格闘し、「これを着てはじめて完全になれる、という感覚」〔ホランダー、一九九七：一九六〕を得たという。それは、男性たちが首のまわりにぶら下げているネクタイと変わらない、自我の輪郭を浮かび上がらせるための、非常に不合理ではあるが近代的な装置である。さらにはクリノリンが、前時代において形状を作り出すために何枚も穿かれていたパニエを軽量化し、歩行しやすくした発明品だということにも注目しなければいけない。それがどれほど動きやすいものであるかは、タイ王モンクットとその息子の家庭教師アンナを描いた映画『王様と私』のなかで、主人公のアンナが王と華麗に踊るシーンを目にすれば分かるだろう。

もちろん、クリノリンに先立って、同じような仕組みのファージンゲールなどが十五世紀には存在していたことは確かだが、クリノリンは、ファージンゲールなどとは比較にならないほど、大量生産され普及した。『風と共に去りぬ』が南北戦争当時のアメリカ南部を描いた映画であり、『王様と私』がそこから地球を半周回った東南アジアのタイを描いた映画であるにもかかわらず、両方において、クリノリン・ドレスが重要な役割を果たしているということは、この衣服がいかにグローバルに展開したかを示唆している。

クリノリン・ドレスは、一八四〇年代から七〇年代にかけて普及しており、特に五四年から六七年のフランス第二帝政期に全盛を迎えた。クリノリンの構造である針金は、鉄の量産技術が確立しなければ作ることができない。ミシンとファッションブックという、大衆のためのテクノロジーやメディアがなければ、大衆に普及していくこともなかったであろう。こういった大量生産技術、広い基盤を持ったメディア、巨大な半球をぶら下げてでも移動できる交通手段や交通網などの発達によって広まっていったクリノリン・ドレスは、やはり、均質さと機能性を求める近代的な身体のための衣服だったのだ。

こういった身体における近代化が引き起こした一連の現象もまた、日本において見ることができる。マンフォードが指摘したような鉱夫の身体は、山本作兵衛による一連の炭坑絵に描かれている。それどころか、三浦雅士が指摘しているように、日本の社会は、明治時代になると歩き方すら改造してしまった。三浦によれば、明治政府は「近代化を何よりも身体の問題として把握し、近代化を達成するために率先して、顔の表情を変え、身体の動作を変えた」〔三浦、一九九四：一三九〕という。欧米人の身体で起きた変化は、日本人の身体の上で、より加速されたかたちで起きたのだ。

日本の多くの女性が明治になって、江戸時代の武士階級の子女の姿を真似て振袖を着るようになったことも、欧米におけるクリノリン・ドレスの流行と類似した現象だと言える。しかも柳田国男が、江戸時代における木綿の普及によって、女性が内股に歩くようになり、「それが美女の嬌態と認められることになった」〔柳田、一九九〇：四四〕と説いているように、身体の変革は鎖国や開国といったこととは関係なく、江戸から明治に続く都市部の巨大化によって、階級や地域を越え波及していった。均質で機能的な身体が求められ、それでいて新たに身体における性差が仕切りなおされるのが近代であるならば、日本の近代はいつからなのか、あらためて問い直されなければならないだろう。

3. 自分らしい身体

フランス革命以降、人びとは公に、生まれや育ちに関係なく自由に衣服を着ることができるようになった。それ以前においても、都市部では身分と衣服との結びつきが崩れはじめ、神による秩序を乱す行為として問題にはなっていたので、もちろん革命前後ではっきりと区別できるものではない。しかし着ることによって、自分がどういう身分で、どこの出身で、どういう職業についているかを表明しなくてよいと政府が認めたことの意味は大きかった。

そうしてそれ以降、人びとは政府のお墨付きをもらって自由に衣服を着られることになったはずなのだが、にもかかわらず、人びとが自由に衣服を着るようになったかというと、そうはならなかった。

というのも、まず、衣服を入手するには金銭が必要とされる。自由に思うまま、衣服や、その材料を手に入れるためには、それなりの資金が要求される。そしてさらに、衣服を選ぶときには社会的な圧力がかかってくる。たとえ身分によって厳格に決められていないとしても、社会的位置によって選べる衣服は決められてしまう。単純な話、多くの男性は女性の衣服を選ぼうとしない。多くの若者は、流行遅れの衣服を選ぼうとしない。尺度はさまざまでも、それぞれが自分に相応しい衣服とは何かを考え、選ばなくてはならないのだ。

男性が仕事用にスーツを着ることと、女性が雑誌に載っているスタイルを追い求めることを、社会的圧力に由来する似たような現象としてしまうことには異論も多いだろう。しかし、それらは所詮程度の差であって、人びとが明文化されていない複雑なルールを内在化しながら衣服を選んでいることに変わりはない。ディック・ヘブディジは『サブカルチャー』という本において、主にパンクとレゲエという音楽を中心に形成されるグループのファッションを分析したが、そのグループを成り立たせていたのは、音楽にたいする感性の違いというよりも、階級と人種だった。軽薄に見えるような趣味が、実は根深い社会的な差別に由来していることもあるのだ。

十九世紀の終わりに、社会心理学者のギュスターヴ・ル・ボンは、流行にしたがってめまぐるしく衣服を着替えていく「ファッション」という新しい現象を目の当たりにして、「感染」という言葉を用い、病理学的なイメージで説明しようとした。つまり、何かを手に入れたいと思う欲望が、熱病のように人から人へと感染していき、流行を形づくっていると考えたのだ。本人の意思を超えたところに、その人間の行動を決定してしまう何かがあるに違いないというル・ボンの考えは、エミール・デュルケームが考えたような「集合意識」に近いかもしれない。一方で、その同時代の犯罪学者のガブリエル・タルドは、ル・ボンとは逆に、流行が起こるのは流行を追いかけている人たちが「模倣」しているからだと捉え、それを引き起こしている個人の自由意志に着目した。主体性を疑問視したル・ボンと違い、タルドは、あくまでも個人の主体性を前提とした。こういった対立は現在にいたっても、アイデンティティがどのように形成されるのかという議論において、しばしば対立する論点と同じである。

個人の主体性を認めるか認めないかにおいては対比的だが、二人の考えには、誰かを中心あるいは川上として、そこから感染するなり模倣されるなりして、多くの人へと流行が広がっていくという構造が共通している。彼らは、中心を持った一方向的な矢印としてのコミュニケーションを思い描いていたといってもいいだろう。

それとは異なる考え方を提示したのが、ソースティン・ヴェブレンであった。ヴェブレンは「衒示的消費」という言葉でファッションを読み解こうとしたが、これは「見せびらかしの消費」ともいわれている。どれだけ金銭的に恵まれているかや、どれだけ働く必要性がないかを、豪華な衣服を着たり、あるいは労働には不向きな衣服を着ることによって表明しようとしていると捉えたのだ。ヴェブレンは、そのことを女性が男性の代わりに「代行的消費」を行っていると表現した。ヴェブレンは、結婚している女性たちの「本分は家庭のうちにあり、彼女はそれを『美しくする』必要があるばかりか、彼女自身がその『主要な装飾品』でなければならない」〔ヴェブレン、一九九八：二〇二〕状況におかれていると指摘している。ヴェブレンの想定した構造では、見せびらかしあう競争のなかで、相手に負けないために、お互いに次々に相手より豪華な衣服に着替えていく必要が出てくる。それが、ファッションという現象を引き起こしていると考えたのだ。ヴェブレンは、ル・ボンやタルドが想定した一方向での流行の伝播ではなく、さまざまな方向で交差しあう矢印の渦として、ファッションを捉えたのだ。

しかし、あらためて現実を見回してみると、単純に金銭的に恵まれていることを示すような豪華さだけを追求して、衣服が着られているわけではない。ヴェブレンが「衒示的消費」という概念を考えついた時代には、確かにどこまでも豪華さを競うような単純さは残されていたが、時代を経るにしたがって、むしろ、そういった衣服は「成金趣味」として揶揄され、侮蔑の対象になることも多くなっていった。そうすると今度は、「成金趣味」を忌避しつつ、それでいて相手より「おしゃれ」であることをめぐって争うようになる。そのような現象をピエール・ブルデューは、「慎みの見せびらかし」〔ブルデュー、一九九〇：三八五〕という概念で説明している。つまり、ファッションという現象には、金銭を持っているという裕福さの見せびらかしだけではなく、良いものを知っているという教養の見せびらかしがあることを指摘したのだ。教養というのは、ブルデューの別の言葉でいえば「ハビトゥス」や「文化資本」である。家庭や教育機関といった環境を通して身につけられた考え方、嗜好、行動の傾向が、視覚的な情報として表出してしまうのがファッションだと捉えたのだ。

「教養」の蓄積には、生まれや育ち以外にも、マスメディアを通した情報収集も大きく影響する。フィンケルシュタインが指摘するように、「流行とは一定の商品やサービスを使って知識を組織化すること」である。おしゃれであるという名声を勝ち取るためには、「なにが流行でなにがそうでないかについての知識の格差」〔フィンケルシュタイン、一九九八：一三八〕をうまく利用して、情報戦を勝ち抜かなければならない。外面には内面がにじみ出るのだという真偽不明の思い込みを利用し、外面を操作することによって内面を示唆しようとするのがファッションであろう。ファッションは、特に雑誌を中心とした出版メディアとの関係が深い。「知識」は、そういったマスメディアを介して組織化され、受け手によって組み合わされ実践され、卓越化のための武器にされる。

ただ、知識といっても、言語によってのみ知識が形成されているわけではない。ファッションとは、物を媒介にした非言語コミュニケーションのひとつでもある。精神医学者のジャーゲン・ロイシュが指摘しているように、人間の行うコミュニケーションは、「言語レベルで明白に意図的に行われるメッセージの伝達だけ」〔ベイトソン／ロイシュ、一九九五：四―五〕ではない。衣服に限らず、およそ全てのデザインされた工業生産品は、「わたしたちが外界にかかわっていくための、ひとつの根源的なメディア」〔柏木、一九九二：五〕であり、ファッションは、デザインされた物を使用することによって引き起こされるコミュニケーションの軌跡のことである。それらをどう具体的に使用するのかの知識は、写真一枚で伝えられるようなことでも、言葉を尽くしたところで説明できるとは限らない。

その実例を見せてくれるのが、若者たちの物質的な豊かさの過剰さを写した都築響一だ。都築は、一九九三年に『TOKYO STYLE』、二〇〇八年に『着倒れ方丈記』という写真集を出版している。物が溢れきって混沌とした部屋の数々を撮影した『TOKYO STYLE』と、ブランドに夢中になっている人たちの病理的なまでに整然とした部屋を撮影した『着倒れ方丈記』の二冊だけを比較して、何かを論じることは乱暴であるし、二冊が刊行された間の一五年に、社会全体が『TOKYO STYLE』から『着倒れ方丈記』に向かっていったわけでもないのだが、これら二冊の写真集を見ていると、柏木博が指摘したように、どのようなタイプの室内であれ現代社会の人びとの室内は「私たちの存在、内面を物語る痕跡」〔柏木、二〇一三：六〕であり、「私たちの主体を現すもの」〔柏木、二〇一三：六〕であることがよくわかる。現代社会では、およそ全体を把握できないほど大量の消費財のなかから、自分らしいものを選んで所有し、自分らしく配置していくことが、常に要求されているのだ。二冊の写真集は、そのことを鋭く切り出して見せてくれる。

そして『TOKYO STYLE』にせよ『着倒れ方丈記』にせよ、その室内におかれている物の多くは衣服である。身体の上に直接着ている衣服は、室内以上に「私たちの存在、内面を物語る」ものであり、「私たちの主体を現すもの」でもある。あるいは、勝手に物語ってしまうものであり、現わしてしまうものでもある。

しかしだからといって、衣服から、内面を正確に読み取ったり、コミュニケーションの軌跡を解明するのは不可能である。ロラン・バルトの起こした記号論の潮流を受けて、一時期、ファッションを通じてどのような意味のメッセージが交わされているかを、具体的に解読しようとする試みが盛んになった。こういった解読は、ファッションに関する批評としても最も需要の高いものであり、実際にそういった批評が「人々を楽しませ、ファッションへの関心を高めるために行われている」（フィンケルシュタイン、一九九八：九九）のも事実である。しかし、フィンケルシュタインが警告しているように、「衣服から特定のメッセージを読み、それを誇張するのは簡単なこと」であり、ほとんどの分析は、こじつけに過ぎないだろう。

ピョートル・ボガトゥイリョフのように、スロヴァキアの一地方の民族衣裳を取り上げ、「それを着る人の階級、地位、職業、年令、入信している宗教」（ボガトゥイリョフ、一九八一：八五）など、衣裳に織り込まれた社会的な意味を解読した人物もいる。ただ、ボガトゥイリョフは、「民族衣裳には独自の特徴が多くあり、都会の衣服とは何らの共通性もない」ことを強調し、「都会の衣服は、すみやかに変化してゆく流行現象に支配されている」（ボガトゥイリョフ、一九八一：一二）ことを指摘している。ボガトゥイリョフも述べているように、着ている人が誰であるかを語るように何世代もかけて作られた民族衣裳と違い、現代社会の衣服を通してその人の人となりや、社会的位置を知ることは難しい。

それゆえに、ファッションにおけるコミュニケーションは、言語におけるコミュニケーションとはまるで違う体系を持っていると理解したほうがいいだろう。前述の「衒示的消費」を唱えたヴェブレンと同じ時代に、社会学者のゲオルク・ジンメルは、ファッションを二律背反的な心情の顕われと捉えた。ジンメルによれば、人と同じでいたいという「一様性衝動」と、人と違っていたいという「個性化衝動」〔ジンメル、一九九九：五六〕の矛盾した二つの衝動が、ファッションをもたらしているという。ジンメルは、ファッションを「真似をしたい」とか「見せびらかしたい」といった、本人の明確な動機の結果としては考えずに、あるいは、何かを伝えたいという確固たる意志の産物として捉えることもせず、着用者の心のなかの葛藤を映し出す鏡として考えた。ジンメルによって、ファッションはより複雑で高度な心の葛藤を表出するものとして認識されるようになり、そのメッセージは簡単には解読できないと考えられるようになった。

ミハイル・バフチンが指摘しているように、「記号の形態は、まず第一に、人々の社会的組織や、人々が相互に作用しあう際の身近な条件によって規定されている」〔バフチン、一九八九：三四〕ものである。衣服の意味は着ている人が所属する社会集団や、あるいは見る人が所属する社会集団によって決定されるものであり、日々刻々と変化してしまう。ほとんどの流行の衣服には、いくら解読を試みたところで、ただ「新しい」という社会的な合意しか見つからないであろう。記号論的な読みをしても、精神分析的な読みをしても、衣服のすべてが解読されることなどないのだ。しかし、明確な意味を持たなくても、ファッションはコミュニケーションを引き起こす構造を確実に作っている。その事実は、現代社会におけるコミュニケーションが、決して言語だけで形成されているのではないことを、はっきりと指摘している。

4．美しい身体

ジョアン・エントウィスルによれば、「ファッションは社会学から概ね無視」〔エントウィスル、二〇〇五：七八〕されてきたという。というのも、社会学の研究には「行為と合理性に焦点を合わせる傾向」〔エントウィスル、二〇〇五：七八―七九〕があるからだという。およそ合理的とは言えないファッションの世界を、社会学的に説明するのは困難ということなのだろうか。エントウィスルは、ファッションを社会学的に研究するためには、「ファッション・システムや社会的な地位、階級、所得、ジェンダー、エスニシティ、地域、職業」などの「衣服を枠付けている社会的諸力」が、「日常生活の衣服を構造化している仕方を分析すること」〔エントウィスル、二〇〇五：八二〕が必要だと説いている。

ミシェル・フーコーが指摘したように、権力とは、社会を構成するあらゆる人による日常的な実践を通して再生産され続ける体系のことである。日常世界は決して、抑圧する強大な権力者が存在して、一方的に抑圧される少数者がいるというような分かりやすいものではない。ミシェル・ド・セルトーに言わせれば、「所有者もなければ特権的な場があるわけでもなく、上司もなければ部下もなく、なにか抑圧的な作用をおよぼすのでもなければ、教義体系をそなえているわけでもない」〔セルトー、一九八七：一一八〕ような、とても厄介な存在なのだ。それゆえに、日常的実践の体系としての権力を把握するためには、日常的な行為の集積である「文化」を分析していくことが重要になる。そういった文化的な事象のなかでも、ファッションは、実際に目で見ることができる権力体系という貴重な存在である。

例えば、ファッションにおいては、抑圧する側、もしくは利益を得ている側と考えられているような、社会的に美しいとされる身体を持つ人も、あるいは、マスメディアで流通しているイメージや衣服そのものをデザインし、支配的な身体像を作り出している人も、どんなイデオロギーからも自由に身体を形成しているとは言い難く、むしろ既存の思考と行動の枠組に強く束縛されている。抑圧されているのは、美しくないとされる身体を持つ人のみならず、美しいとされる身体を持つばかりに、いつまでもその身体を維持するように求められ、その外側に出ることが許されないような人々も同様なのだ。このように、ファッションには、終わりのない抑圧の構造に全員が巻き込まれて、そしてまたその抑圧の構造を再生産せざるをえないという悲惨さがある。

しかし一方で、その悲惨な構造が同時に喜びになり、人間の可能性を広げていく行為にもなりうるというのも事実なのだ。ファッションは、貴賤や貧富の差、性差、美醜の差を、分かりやすく視覚化した差別の体系であることに間違いはない。にもかかわらず、そういった露骨に階層的なシステムに多くの人が喜びを見出しているのは、多くの人が騙され、騙されていることにも麻痺しているからで、喜びを感じているのは思い込みにすぎない、というような簡単なことでもない。

ホランダーは、「ファッションはそれ自体意志を持つ力であり、西洋の人間の集団的願望が生みだした独立した声明をもつ現象であり、デザイナーと大衆を従えて勢いよくつき進んでいく存在である」〔ホランダー、一九九七：二〇〕と肯定的に位置づけている。ファッションには、望ましい未来の人間の姿を現実として生み出していく力もあるのだ。

ファッションを、着るという日常的な実践によって大きな力にしているのは大衆だが、衣服のかたちを作り出しているファッションデザイナーの役割も大きい。デザイナーたちは、製品として衣服を作り出し、それによって利益を生み、企業を運営し、個人の活動を継続させている。ファッションデザイナーたちによる衣服の生産は、基本的には商業的な行為である。ただ、だからといって、経済的な利益を追求しているということだけでは、彼らの行動原理の全てを説明することはできない。マンフォードは、「人間が発明能力を発揮した原初の領域は、外的な道具作りにではなく、主として人間自身の身体器官の作り直しに」〔マンフォード、一九七一：五四〕あったと指摘している。あるいはルドフスキーは、「一般的にいって、人間は自分の体を創造のための原材料にすぎぬとみなしている」〔ルドフスキー、一九七九：一一八〕と述べている。ファッションデザイナーたちは、そういった原初の時代から続く、人間の身体を、人間が自分たちで手を加えることで自己所有化しながら社会化していく普遍的な活動の担い手として、現代社会のなかで中心的役割を担っている。

ファッションデザイナーの活動は、身体の可能性を開拓していく行為として捉えることができる。ところが、それとはまったく逆に、ファッションデザイナーの活動が、現在の身体における美の体系を肯定し、再生産して固定化する行為として作用することも多々ある。既成概念を打破していくことより、既存の価値観をなぞることによって、美しい服＝身体を作った方が、より多くの人に支持されるのは当然のことであろう。美しい服を作り、美しい身体を呈示するということは、美しくない身体とは何かを規定することでもある。ファッションデザイナーたちが、すでに合意されている美しさや醜さを、その価値観をまるで揺らがせることなく再生産し続けることは、むしろ社会の流動性を抹殺する危険な行為でもある。

フィンケルシュタインは、現代人は「身体を形成すること（fashioned body）によって、おなじく自己をも形成する（fashioned self）」〔フィンケルシュタイン、一九九八：六九〕のだと指摘している。そして、「ファッションの役割は、想像力を解き放って外見についての空想をたくましくして、主体の内にある私的な領域と、慣習、規範、規則に支配される公的な領域とをつなげることにある」〔一九九八：三二〕とも述べている。衣服は、社会が呈示する身体、つまり、社会が考える「人間のあるべき姿」の具体的な形である。毎日、何かを選んで着ることは、その「人間のあるべき姿」に自らを合わせつつ、距離を取りつつする、非常に政治的なゲームに参加していることでもある。

ということは、着ることを通して、政治的な改革を起こすことも可能なのだ。差別の体系であるはずのファッションに喜びがあるのは、着るという簡単な行為によって、差別を転覆し、自分や人類全体の可能性を切り開く瞬間に立ち会うことができるからなのだ。

〈参考文献〉

家長三郎『日本人の洋服観の変遷』ドメス出版、一九七六年
ヴィガレロ、ジョルジュ／ホルト、リチャード（築山和也訳）「鍛えられた身体　十九世紀の体操・運動選手」、アラン・コルバン編『身体の歴史Ⅱ』藤原書店、二〇一〇年
ヴェブレン、ソースティン（高哲男訳）『有閑階級の理論』ちくま学芸文庫、一九九八年
エントウィスル、ジョアン（鈴木信雄監訳）『ファッションと身体』日本経済評論社、二〇〇五年
柏木博『デザインの20世紀』日本放送出版協会、一九九二年
――『わたしの家　痕跡としての住まい』亜紀書房、二〇一三年
今和次郎『女性服装史』長谷川書店、一九五五年
ジンメル、ゲオルク「女性と流行」『ジンメル・コレクション』ちくま学芸文庫、一九九九年
丹野郁『服飾の世界史』白水社、一九八五年
都築響一『ＴＯＫＹＯ　ＳＴＹＬＥ』京都書院、一九九三年（のちにちくま文庫、二〇〇三年）
――著、金谷仁美編『着倒れ方丈記　HAPPY VICTIMS』青幻舎、二〇〇八年（のちに大型版、復刊ドットコム、二〇一八年）
デュルケーム、エミール（菊谷和宏訳）『社会学的方法の基準』講談社学術文庫、二〇一八年
ド・セルトー、ミシェル（山田登世子訳）『日常的実践のポイエティーク』国文社、一九八七年
バフチン、ミハイル『マルクス主義と言語哲学』未来社、一九八九年
フィンケルシュタイン、ジョアン（成実弘至訳）『ファッションの文化社会学』せりか書房、一九九八年
フーコー、ミシェル（田村俶訳）『監獄の誕生』新潮社、一九七七年
ブルデュー、ピエール（石井洋二郎訳）『ディスタンクシオンⅠ』藤原書店、一九九〇年
ベイトソン、グレゴリー／ロイシュ、ジャーゲン（佐藤悦子ほか訳）『精神のコミュニケーション』新思索社、一九九五年

ヘブディジ、ディック（山口淑子訳）『サブカルチャー　スタイルの意味するもの』未来社、一九八六年
ボードリヤール、ジャン（今村仁ほか訳）『消費社会の神話と構造』紀伊国屋書店、一九九五年
ボガトゥイリョフ、P・G『衣裳のフォークロア』せりか書房、一九八一年
ホランダー、アン（中野香織訳）『性とスーツ』白水社、一九九七年
マンフォード、ルイス（樋口清訳）『機械の神話』河出書房新社、一九七一年
――（生田勉訳）『技術と文明』美術出版社、一九七二年
三浦雅士『身体の零度　何が近代を成立させたか』講談社、一九九四年
ミシェル、ジュール（森井真ほか訳）『ジャンヌ・ダルク』中公文庫、一九八七年
南静『パリモードの二〇〇年　18世紀後半から第二次大戦まで』文化出版局、二〇〇〇年
村上信彦『服装の歴史3』理論社、一九五六年
柳田国男「昔風と当世風」『柳田国男全集一七』ちくま文庫、一九九〇年
ルドフスキー、バーナード（加藤秀俊・多田道太郎訳）『みっともない人体』鹿島出版会、一九七九年
ルロワ＝グーラン、アンドレ（荒木亨訳）『身ぶりと言葉』ちくま学芸文庫、二〇一二年

一九三〇年代、「体力」時代の身体―筋肉表象
――若木竹丸『怪力法　並に　肉体改造・体力増進法』を中心事例として

加藤徹郎

1. はじめに

一九三〇年代、それは一般的にいえば、明治期からの近代化が一定程度落ち着き、一方ではこの先、十五年という長い戦争への足音が少しずつ聞こえはじめるという、暗澹たる時代のイメージが強いのかもしれない。しかし社会科学の知見からすると、この見方は少し違ってくる。

吉見俊哉はその編著『一九三〇年代のメディアと身体』の序論にて、戦後六〇年代から九〇年代における、「一九三〇年代研究」の変遷をまとめている。その変遷は、マルクス主義者の転向研究、大正の大衆文化研究、ワイマール・ドイツ下の自由主義研究、そして総力戦研究へと続くが、こうした思想史上の流れのなかに吉見が見出しているのは、この時代を単に「明治の富国強兵と昭和十年代のファシズムに挟まれた中間の時代」としてとらえるのではなく、むしろ「三〇年代を通じ、マルクス主義とモダニズム、そしてファシズムや総動員体制が共通の地平で接合されていく、そうした知と権力、言説とメディア、人々の日常意識の布置」を見出していくと

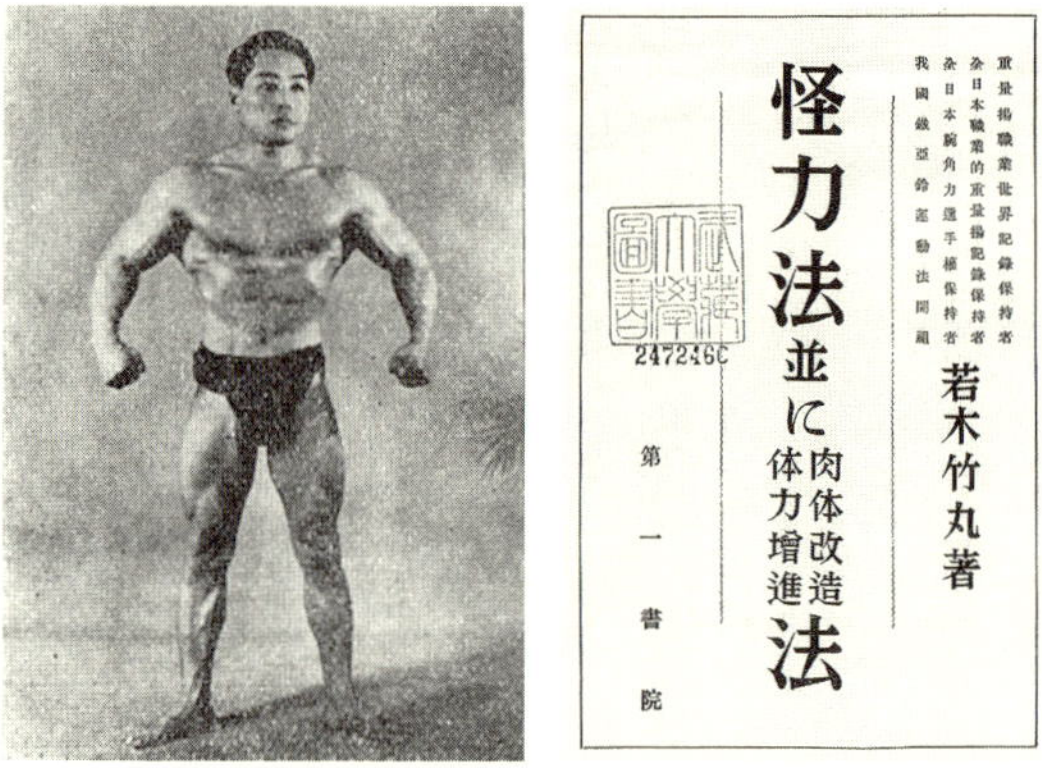

図１　若木竹丸と『怪力法』の内表紙（武蔵大学図書館所蔵）

いうものだ〔吉見、二〇〇二：三五〕。

近代化も一定程度落ち着き、ファシズムの時代に突入していく時期であったからこそ、むしろそこには、政治思想や社会思想、大衆文化、人々の日常意識、メディア、ジェンダーなどの、様々なカテゴリーの対立や衝突が生じ、また一方では思いもかけない接合が、ときに突発的に、また複合的、重層的に行われていた時代でもあったということだろう。

そしてそれは当然ながら、「身体」という〈場〉においてもけっして例外ではなかった。本章は、こうした吉見の議論を参照しつつ、「身体」を軸に論を展開するものである。時代の潮流に影響を受けながらも、ある意味ではいわば「絶妙」ともいえるタイミングで刊行された、筋肉鍛練にかんする出版物を取り上げてみたい。それらが、当時の出版バブル〔佐藤卓己〕の中に厳密に位置づけられるのかは分からない。が、この時代、ある一冊の奇異な出版物が生まれている。その本の名は『怪力法並に　肉体改造・体力増進法』〔一九三八〈昭和十三〉年、以下『怪力法』〕。著者は若木竹丸という人物である【図１】。

図からもわかるとおり、白黒でかつ画素の粗い、当時の写真に写る筋肉隆々のその姿は、ちょっと異様だ。実はこの人物、一説では「わが国におけるボディビルディングの祖」〔窪田、二〇〇六：九〕と言われる人物である。当時まだあまり専門書なども出回っていなかった時代に、独学でボディビルを習得し、戦前の日本で唯一、その系統の専門書を著した。一方で戦後は、フォーマルな形では一切表舞台に姿を現さず、自らの道場にこもり、ひたすら筋肉を鍛えていたという。だが、その沈黙によって逆に、その著書『怪力法』は「幻のボディビル指南書」

となり、若木自身もまた、戦後のボディビルダーや格闘家たちにとっての「伝説の存在」となっていく。

ところで、後述するように、この時代は人々に「健康な身体」を強烈に志向させる時代でもあった。それは「健康」という状態を通り越して「強健」といってもよいほどの勢いで、身体の健全性が強く求められる時代だったのである。国家レベルでの健康増進政策は言うに及ばず、民間における通俗的な「健康法」のレベルにおいても、さまざまな流派・団体が登場した時期でもある。[1] しかしその中においてもこの『怪力法』は、一種異様な存在に映る。したがってこうした題材を扱うことは、ある種のディレッタンティズム（好事家）的な作業なのかもしれない。だがしかし、あえて「極端な事例」を扱うことで、身体をめぐる当時の社会意識や、それに連なる我々自身の身体意識の問題に対してまで、踏み込むこともできるのではないだろうか。したがってここでは「極端な事例」から逆照射されることで見えてくる、身体をめぐる様々な問題を議論の俎上に載せたい。

以上のような問題意識に基づき、本章では「一九三〇年代の身体―筋肉表象」を検討していきたいと思う。とりいそぎまずは、戦前のボディビル界がどのような状況であったのかを概観しつつ、若木の著作と、それに付随する文献を検討していく。そのうえで一九三〇年代の日本で、「身体」をめぐる諸言説が社会的にどのような状況下にあったかを確認し、このような出版物――ひいてはそこに現れる身体―筋肉表象が、この時代になぜ現れてきたのか、考察していきたい。

2. 日本ボディビル前史

まずはボディビルがどのように誕生し、我が国に輸入されていったのか、概観しておこう。筋肉鍛練を軸とする競技は、一般的にボディビル、ウエイトリフティング、パワーリフティングなど、呼称は様々である。しかし基本的に根本は一緒で、「重量挙げを競技とするか／筋肉美を競技とするか」の違いがあるだけのことのようだ。もちろん、競技として成立する以前にも、古代より素朴な形での「石挙げ」や「石投げ」は行われていたし、日本でも神社などで「力石」や「差し石」、米俵を用いた力くらべなどが、祭礼や年中行事の呼び物として行われていた。世界的にみても、一八九〇年代ごろまでは重量挙げに明確なルールは存在せず、多くがサーカスのような場所で見世物的に行われていたという〔林、一九八四：九六―九七〕。

十九世紀に入ると、ドイツの体育指導者、グーツムーツとヤーンによってダンベル運動が紹介され、世界的に注目を浴びるようになる。そして一八九七年、「近代ウエイトトレーニングの父」と呼ばれ、現代トレーニングの基礎を作ったとされるユージン・サンドウ（旧かなづかいでは「サンダウ」）の手によって、『筋肉とその強化法（"Strength And How To Obtain It"）』が刊行される。(2) サンドウは医科系の学校で解剖学を学んだこともあり、そのトレーニング法は身体各部位の筋肉を個別に、かつ全体的にまんべんなく鍛え上げるメソッドに特徴があった。

サンドウのトレーニング法は解剖学に基づき、「個別の筋肉にそれぞれ一つの運動を割り当てる」ことに主眼が置かれた。トレーニングは全部で十九種あり、そのプログラムが一巡すれば、全身の筋肉をくまなく鍛え上げられることが謳われている。また、年齢や性別によって、ダンベルの重さ、回数、運動量の高め方などを変えたり、力のない子どもや年配者には鉄でなく軽い木製ダンベルを推奨したりするなど、運動法も細かく規定されていた。できるだけ多くの人々が無理なくトレーニングができるよう、きめこまやかに配慮されていたのである〔窪田、二〇〇七：二七―四四〕。

こうした体系的で手順もしっかりした運動法がうけたのか、サンドウのトレーニング法はまたたくまに世界中に広まったといわれる。日本もその例にもれず、一九〇〇（明治三十三）年には、『サンダウ体力養成法』と銘打たれた一冊の書物として刊行されている。刊行にあたっての中心人物は、講道館柔道の創設者・嘉納治五郎である。序文において、嘉納は以下のように述べる。

先年英国人某氏と会ひしとき、談サンダウの事に及びたれば、某氏は頻《しき》りに其の著書体育養成法を賞賛して止まず、予依《よっ》て之を繙閲《はんえつ》するに、其法頗《すこぶ》る簡易にして、然して其研究頗る緻密なるを見、乃ち自ら之を行ふこと一年、其結果頗る良好なるを覚にいたり。〔造士会、一九三三：序文〕

某英国人と会ったさい、さんざんサンドウの著書を賞賛されたので実際に参照してみると、そのメソッドは簡易かつ緻密であり、試しにやってみて一年、結果はすこぶる良くなっている。嘉納はこう述べている。また、前記引用の後、嘉納は自身の講道館柔道が「教師と相手を要する」のに対し、サンドウの運動法は一人でもできるということで、「国民体力増進の一助」となるのではないかと補足もしている。筆者の手元にあるのは初版と改訂版の二冊で、改訂版は明治四十四年発行で六四版となっている。各版の刊行部数は不明だが、初版からおおよそ十年で六四回増刷されたということは、それなりの認知と広がりはあったのだろう。

このように、比較的早い時期より認知されていたサンドウのダンベル体操であったが、わが国において競技としてのウエイトリフティングが本格的に導入されるのは、もう少し時間が経ってからのようだ。一九三一（昭和六）年には、若木竹丸ほか当時の「力技士」三名が、第二回全朝鮮力動（重量挙げ）大会に招かれている。しかし各人それぞれパワーこそあれど、競技のルールがまるで分からず、一人が三種ある競技のひとつで優勝したものの、他は惨敗に終わってしまったという。

その後、一九四〇（昭和十五）年に予定されていた東京オリンピック開催の気運のなか、実施種目であるウエイトリフティングにも関心が集まるようになり、一九三四（昭和九）年に大日本体育協会によるてこ入れが始まる。

協会は当時、国際オリンピック委員であった嘉納治五郎にオーストリアからのバーベル購入を依頼、ついで練習やルールの翻訳・研究を行った。そして一九三六（昭和十一）年には、日本初の競技会が行われる。こうした経緯をへて、翌年には日本重量挙競技連盟（現・日本ウエイトリフティング協会）が発足した。その後は戦前、六回の競技会が催されるものの、あいにく第二次世界大戦の勃発によって連盟は解散、その活動は沈静化してしまうのである〔林、一九八四：九八〕。

3.『怪力法　並に　肉体改造・体力増進法』（一九三八）と『筋肉美体力増強法』（一九四〇）

したがって、わが国におけるボディビルの歴史は、戦前はそれほど盛んではなく、実質的には戦後になってから確立されたといってよい。しかしこのような状況のなか、戦前において唯一ボディビルについて研究された一冊の著作が発表される。それが冒頭で取り上げた、若木竹丸の『怪力法』であった。

若木は一九一一（明治四十四）年一月、東京の本郷で生まれている。幼少期は「ただの子供であり、中学一年までは平々凡々のガキ」であった。しかし中学二年の時、上級生にこっぴどくいじめられ、そこから、強くならなければと思うようになっていったという。若木は一念発起、強い男になるために、自己流で筋肉鍛錬を始めていく。すると一七歳の時、たまたま神田の古本屋でユージン・サンドウの著作に出会うことになる。若木はサンドウの本と出会い、「今に貴方以上になってみせるぞと心に誓」い、必死にトレーニングを行っていった。その意味でサンドウは、若木にとってまさに「生涯の大恩人」となるような存在であったということだ〔黒崎、一九八九：一六七〕。

そのトレーニング量は、一日に一二時間とも一五時間ともいわれる。当時はまだダンベルやバーベルも市販では出回っておらず、運動具屋に注文しても「何に使うんですか？」と不思議がられたこともあったらしい。しかし若木は独自に、鉄棒の両端をコンクリートで固め、バーベルの代用を考案するなどしてトレーニングを重ねた。その怪力がピークに達したのは二六歳（昭和十二年）の頃で、身長一六二センチ、体重六二キロの体躯にたいして、胸囲は一メートル三二、上腕の力こぶは五一センチにまでなったという〔小島、一九八三：一五七〕。したがって、若木自身、己の実力に手ごたえを感じ、その所感をしたためたのが『怪力法』ということになるのだろう。

ところで、戦前に若木は、筆者が確認したところ実はもう一冊、『筋肉美体力増強法』（昭和十五年、以下『筋肉美』）という本を上梓している。(3)『筋肉美』には前者『怪力法』の「縮刷改題版」であると序文に断り書きがあり、内容的には多少の省略があるものの、ほぼ同じといってよい。以下では、『怪力法』を中心に、『筋肉美』を補助テキストとして参照していく。

（一）『怪力法』の構成と実際のメソッド

『怪力法』は、四七六ページに及ぶ大著となっている。紙幅の都合上、目次の全てを参照する余裕はないが、その内容はいわば当時の「筋肉鍛練百科事典」とでも言いたくなるくらいのボリュームだ。「著者アルバム」から始まり「筋肉解剖図」「男子理想肉体美」についての説明、内外の「筋肉美体育家略伝」「若木式各種運動法」「鉄亜鈴《あれい》運動法」など、内容は多岐にわたっている。

なかでも中心はやはり「鉄亜鈴運動法」と「若木式各種運動法」の、各種トレーニング法であろう。「鉄亜鈴運動法」は若木自身が独学で習得した、一般的なウエイトトレーニングのメソッドで構成されている。一方、「若木式各種運動法」は、彼が自ら考案した運動法で計六種が掲載されている。

「鉄亜鈴運動法」の記述はおおよそ五十種のメソッドがそれぞれ一～三ページにわたり、写真解説付きで紹介

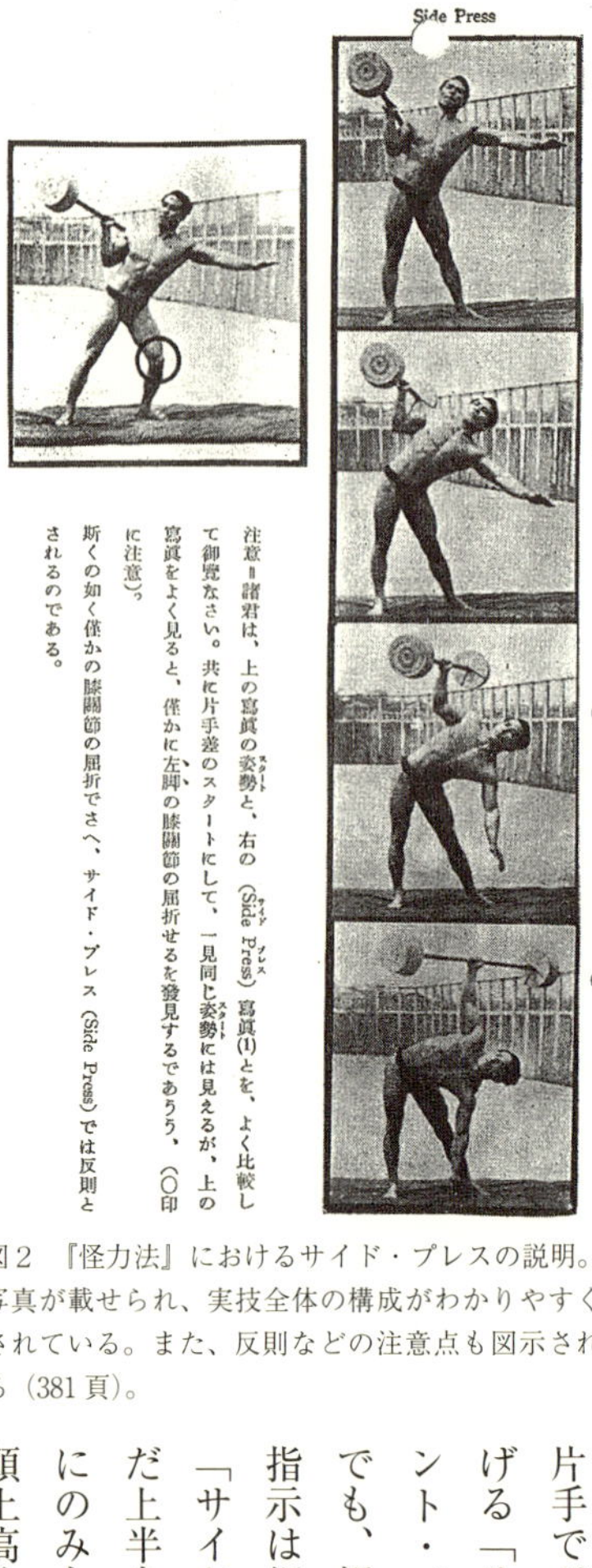

図２　『怪力法』におけるサイド・プレスの説明。連続写真が載せられ、実技全体の構成がわかりやすく解説されている。また、反則などの注意点も図示されている（381頁）。

されている【図２】。たとえば、片手でダンベルを頭上に持ち上げる「サイド・プレス」と「ベント・プレス」、両動作の説明でも、解説は簡素でありながら指示は細かい。

「サイド・プレス」の方は、ただ上半身及びダンベルをもつ腕にのみ力を入れ徐々に傾けつつ頭上高く押し上げること、その際反対の手は常に水平に保ち、身体に一切触れないようにすること、そして膝を曲げてしまうと競技では反則となることが指摘されている。一方、「ベント・プレス」になると、差腕（ダンベルを持つ手）を上げるときは身体をひねるのも可、膝を曲げるのも可であるが、ダンベルをゆっくり上げずに腰の力に任せて一気に上げると、また別の技である「ワン・ハンド・ジャーク」に変わってしまうことが指摘される[4]（『怪力法』三八〇―三八三）。

若木の説明はこのように、片手ひとつ上げる動作においても注意点やポイントを細かく挙げながら、技の違いを明確に指摘している。トレーニングの手法を知るにあたっては洋書しかなかったこの時代、『怪力法』の説明は相当にわかりやすかったようだ。戦後のボディビル界の第一人者で、後に早稲田大学スポーツ科学科教授となる窪田登も、「若木氏の著書のおかけで、私は（ある英文雑誌を閲覧した際に、細かいニュアンスのわからなかった）五十（種類の）挙上種目の全てをマスターでき、私のプログラムに含む運動種目がそれまでよりも三倍も増したのを覚えている」と、後に述べている〔窪田、二〇〇六：第一回—一三（カッコ内は引用者補足）〕。

　このように、当時日本ではまだ体系化されてなかったウエイトリフティングの技法を、まとめて解説するにいたったのは、この本の確かな功績だろう。だが、『怪力法』が特殊なのは、実はその先にある。若木はこうした一般的なトレーニング法にあきたらず、自己流で筋肉を鍛える鍛練法を「若木式運動法」として、いくつも創案していくのである。彼はその信条として、以下七つの項目を掲げる。

・時を選ばず
・場所を選ばず
・道具も選ばず
・道具を必要とするも廃物を利用出来得るもの
・安価で購求出来得る物《ママ》
・変化ありて興味深きもの
・余り長時間に亘らぬもの

〔若木、一九三八：八〕

「修行に工夫は付きものである。然して必要は工夫を自らが教へるものである」〔『怪力法』九〕。若木の着目点は、海外のトレーニング法の調査・研究に没頭するというよりもむしろ、それを応用しつつ、いかに自らの身体を逞しくするかにあったようだ。『怪力法』には、先の「鉄亜鈴運動法」のほかに、「若木式各種運動法」として「自転車チューブ運動法」「椅子式運動法」「一挙二人体育法」「個人徒手体育法」「健康維持軽運動」「自動車チューブ運動法」の六つが掲載されている。タイヤの廃チューブ、椅子、二人でいるときはその相手など、どれも身近

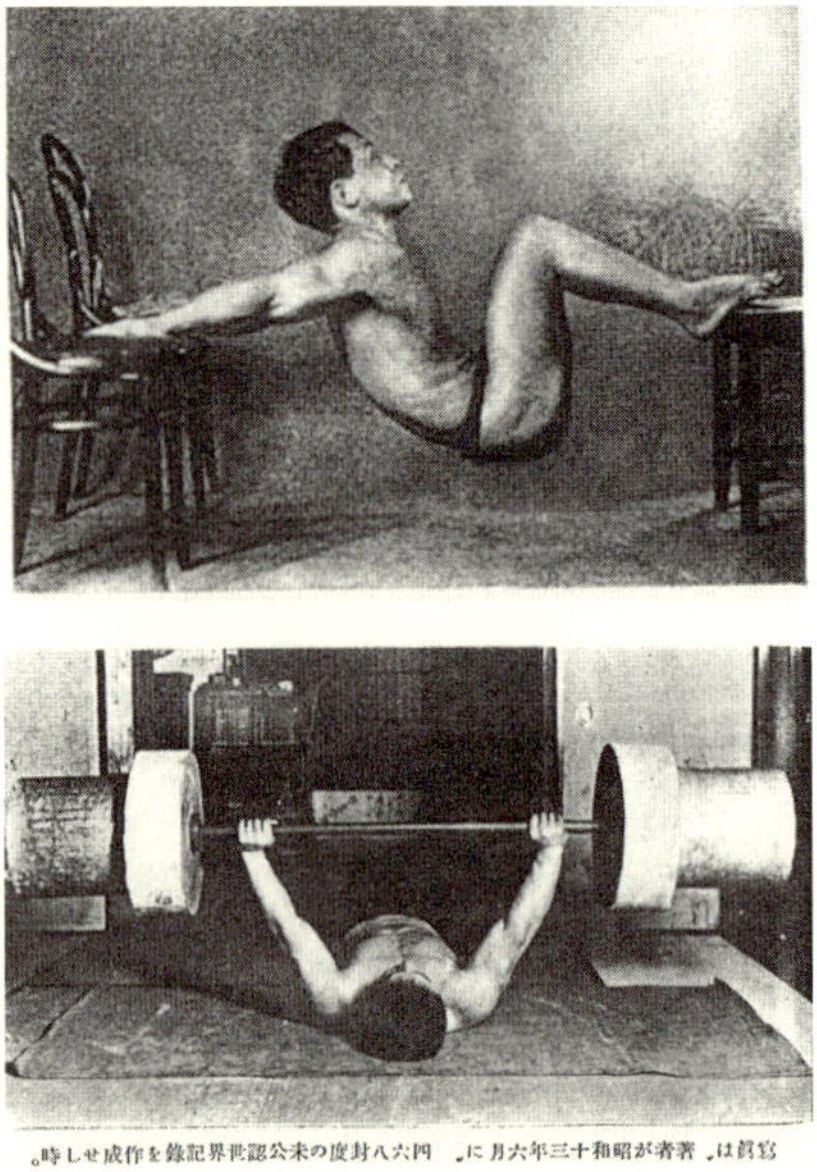

図３　椅子式運動法の例（写真上，251頁）。この体勢から腰を中心に全身を上に持ち上げる運動を繰り返す。写真下は、自宅にて若木得意の「寝差し」をしているところ（412頁）。使用しているのは、正規のバーベルではなく、「セメント亜鈴」である。

にあるものを利用するか、人と協力すればできるものばかりである。

たとえば、自転車チューブを二本用意しそれぞれを左右の足裏にひっかけ、反対側に棒を通して持ち上げる動作を繰り返せば、上半身と腹筋を鍛えることができる。また、椅子を三つ用意し仰向けになった状態で足元に一つ、頭上に二つ置き、椅子に手足が乗っかった状態で全身の上下運動を行えば、「体全体の効果は紙上で述べる必要を要しない程、効果莫大」である【図３】。さらに二人一組になって双方仰向けになって上下に組み、片方がもう一方を支え持ち上げれば、下の者は腕立て伏せをさかさまにしたような運動が可能だし、上になった者は硬直によって忍耐力と全身を鍛えることができる。

以上は「自転車チューブ運動法」「椅子式運動法」「一挙二人体育法」におけるそれぞれの一例だが、「個人徒手体育法」はいわゆる腕立て伏せの応用、「健康維持軽運動」は体力のない人でも楽にできるストレッチのような体操、「自動車チューブ運動法」は「自転車チューブ運動法」のハイ・エクササイズで、すでにそれなりの体力がある人向けに負荷がさらに大きくかかるよう考案されたものだそうだ。若木はこうした筋肉鍛練法を、自らのトレーニングを日々繰り返しながら、次々と考案していったわけである。

(二) 筋肉鍛練=精神修養?

しかしそもそも、最初に挙げた海外のウエイトリフティングに準じる「鉄亜鈴運動法」も、若木からすれば注文がつくものだった。先の信条でも確認したように、若木の提唱する運動法は「カネをかけない」ことで徹底している。いわく、「人間は総て美と云ふものに憧憬《あこが》れる」(『怪力法』三四六)。高価な鉄アレイも体育家にとっては美しいものであり、最も好むところではある。しかし、筋肉を鍛えるのに、特別な道具はいらない。廃物を利用すれば事足りる。自転車のチューブは一本五銭程度である。自動車のチューブもせいぜい一円か二円程度である。家で鍛えたいのなら椅子がある。椅子がなければリンゴ箱と板でそれなりのものを作ればよい。そもそも、若木が使用していた「亜鈴」そのものが、セメントを固めて自作したものなのであった。

このように若木が廃物にこだわるのは、何も経済的な理由だけが問題というわけではなかった。実はこの廃物利用という「精神」こそが、彼にとっては重要なのであった。すなわち、「道は近きにあり」(『怪力法』八)。どんなに虚弱な筋骨薄弱者であっても、「気持ちと心がけ次第で、如何に肉体鍛練法の容易なるかを悟るであろう」と彼は訴える。理想に向かうための努力と想像力さえあれば、着実に目標にたどり着くことができる。若木にとってはおそらく、この「試行錯誤の過程」こそが重要だったのだろう。『怪力法』と『筋肉美』、どちらの著作においても、海外のウエイトトレーニングの紹介と同程度に、自らの考案した「運動法」に紙幅を割いている。そこからは彼自身、創意工夫を重ねて自己の肉体をつくりあげたことへの自負が感じ取れるのである。

したがって、若木にとって筋肉鍛練は「修行」であった。修行に工夫はつきものであり、そうであるからこそ「必要は工夫を自らが教へるものである」(『怪力法』九)。若木としてみれば、必要な道具がないことは決して、運動ができないことへの理由とはならないのである。ここでは、あくなき追求心もまた、必要とされた。若木の運動法は、ただ単に筋肉を鍛えるだけではなく、こうした精神修養も兼ねていたのである。

（三）ヘルメス型とヘラクレス型

それでは結局のところ、若木は筋肉鍛練に何を見ていたのだろうか。『怪力法』は冒頭、大きく書かれた「健康は万能なり」という言葉で始まる。次いで「健康を保つは人間第一の義務」「富や名声も健康ならざれば益なし」「健康は人にとって価値あるものの総正価」という、スペンサー、スマイルズ、カーライルらの格言がならぶ（『怪力法』三―七）。そして自らの「体育法」を、「国民個人体育」と呼んだ（『怪力法』八）。『怪力法』は筋肉鍛練の書であるが、そこには当然「健康」観も含まれる。わざわざ章を割いてまで、若木は「体育と一般健康法著者に就て」という項目を設けている(5)。そこでもやはり、若木は「体育は生あるものの生涯行わねばならぬ修養である」という考えを示し、また「我々は日常規律ある生活運動等にも深甚の考慮を払ひて、特に健康の増進に邁進すべきである」としている。ただしここにも注文がつく。お百姓や労働者のように、仕事そのものに体力と必要とするような、「自然体育法を無意識に行ひつつあるもの」は、それが全うできている。しかし「都会人の如く体育の値打ちを知らぬもの」には、特に「健康法」の必要を感じているという。

ところが、若木は当時流行していた民間健康法などについては、「趣味体育」と切り捨て、あまり良く思ってはいなかったようだ。当時一般に定着しつつあったラジオ体操や自彊術《じきょうじゅつ》（当時流行した、十文字大元による健康法）のような軽運動に対しても、それは若木の考える「体育」の「序の口に進入せる状態」であるとしている（『怪力法』一四四―一四八）。

それというもの、これらの健康法の主導者たちは、若木が敬愛するユージン・サンドウを批判しているからなのであった。ほとんどの「健康法創始者先生方」は、初めは皆サンドウのような肉体を目指すのではあるが、彼の提唱する運動法を維持・継続できず、結局はサンドウをけなしだすと若木はいう。

然して彼ら先生方は一様に次のことを言ふであらう。

『サンダウの鉄亜鈴は一時非常な勢で殆んど世界の大半に普及した。我輩も数年間サンダウの亜鈴術を形式通り実行したが、其は決して完全な方法ではない。腕力を養ふには宜《よ》いが真の力は腕にあるのではない、徒《いたず》らに腕力を養ふよりは、強健な心臓と強い肺臓、健全な皮膚並びに胃腸を持つ事が遥かに重要であるからして、サンダウ其の人の身体の発育を見ても決して理想的ではない。その余りに大きくない身長に比して四肢が余りに太すぎて全体の釣合を失なふて居る。』と。

彼等は一様にサンダウ氏をけなすのである。

〔若木、一九三八：一三三―一三四〕

しかし若木の見たところ「鍛へ上げられたる頑健な四肢の所有者」に、弱い肺、弱い心臓、ガサガサの皮膚、貧弱な胃腸で悩むものはいない。だから「彼等先生方」は、一見、頭脳明晰で難解な文字を利用し学理的な理由ばかりを述べているようにみえるが、「中には肩書許《ばか》りで実際の効力のない机上の空論に等しき著作の余りにも多きに驚く」〔『怪力法』一三三―一三四、一四五〕。

では、若木の言う意味での、「机上の空論」ではない「健康」とは何か。これに関して、彼は「ヘラクレス型」という、自分が確固に理想とする体型をあげる。若木は体型の種類を「男子体型五段階」という分類にして示す【図4、次ページ】。下から「病弱体」「虚弱体質」「普通体質」「ヘルメス型」「ヘラクレス型」という順番になっているが、「ヘルメス型」と「ヘラクレス型」にはそれぞれ、「健康美」「肉体の理想」と但し書きが付いている。そして両者の違いを、自らの「健康」観に絡めて次のように訴える。

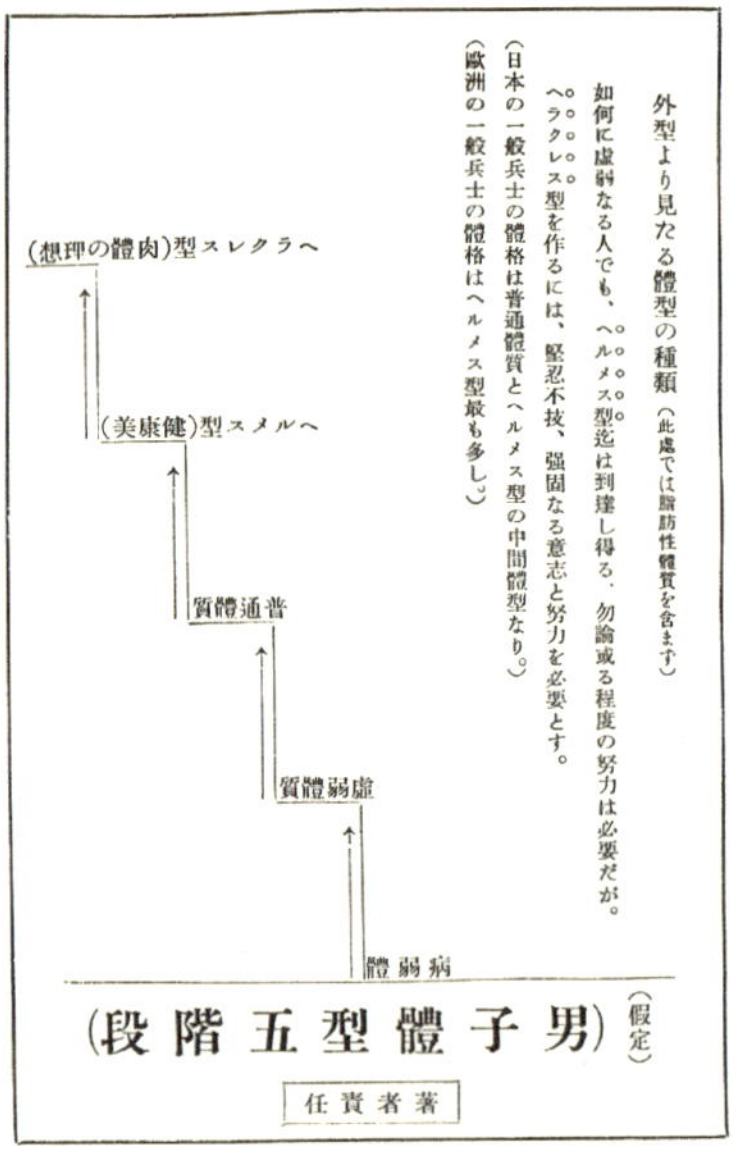

図4　男子体形五段階の図（写真上, 137頁）とヘルメス型の例（写真下, 141頁）。図の方には「ヘルメス型（健康美）」「ヘラクレス型（肉体の理想）」と断り書きがある。また、「日本の一般兵士の体格は普通体形とヘルメス型の中間」「欧州の一般兵士の体格はヘルメス型」との記述も見受けられる。

一部医師、一部体育研究家は兎角男子の理想筋肉の憧憬として、ヘルメス型を推す。〔中略〕彼等専門家は、ヘルメス型が男子理想体型美なるが如く誤認し、あまつさく肉体の完全なる発達となし。ヘラクレス型を指して四肢の発達過大、不均衡な体格、身体の自由（柔軟性・俊敏）がきかずなど、勝手な理屈を作り上げて居る。（事実は一部健康法著者のヘラクレス型の美事なる肉体に対する猜《ねた》みでは無からうか）。〔若木、一九三八：一三六〕

若木は言う。虚弱体質者や、いわゆる「脂肪太りのビヤダル式体型」の人であっても、普通に努力すれば「ヘルメス型」になることは難しくはない。しかし、「ヘラクレス型」は違う。そもそも、彼ら医者たちは、「ヘラクレス型体質が如何に動作敏捷なるか」、また「平常時如何に柔軟性を有するものか」を知らない。「ヘラクレス型」

は「ヘルメス型の親」であり、「男子の理想郷、力の神と象徴される」ところなのである。したがって、そこには「普通の意思」だけでは足りず、「確固不抜努力の固まり」が必要であり、「意志薄弱なる者には到底望む」べくもないものなのである（『怪力法』一三六―一三九）。若木が筋肉鍛練に見たものは、こうして完結する。若木に言わせれば「運動は学理的に研究する必要」はない（『怪力法』一三四）。『筋肉美』序文にいたっては、「余の拙著体育法においては、医学的意見を一切抜いた」とまで言い切っている。要は「信と努力」なのであり、「修行」なのだ。その意味での「国民個人体育」なのである。こうした不断の意思の継続と積み重ねによって、医者たち、健康法の主導者たちのいう目安を超えた「健康」への理想を、彼は追求しようとしていたのである。

（四）山本哲『国民体育運動としての腕角力《うでずもう》』

ところで、『怪力法』と時を同じくして、もう一冊、山本哲なる人物による『国民体育運動としての腕角力』（一九三八〈昭和十三〉年、以下『腕角力』）という書物が刊行されている。山本は横浜在住の歯科医師で、この著書の肩書では「大日本腕角力協会会長」ということになっている。実は『怪力法』のなかにも、付録として腕角力にかんする言及があり、そこでは、この山本についても触れられている。二人はもともと懇意であり、「大日本腕角力協会」の立ち上げを山本に進言したのも、実は若木だったようだ（『怪力法』一〇八）。ここでは、若木の「思想」をより立体的にみていくためにも、簡単にこの本についても触れておこう。

腕角力がこの頃、国中をあげて流行っていたのかどうかは定かではない。だが、一九三六（昭和十一）年には東京朝日新聞社の後援により横浜公園音楽堂にて、「各地より来会したる二百余名の選手により」、全国腕角力大会が催されている（『腕角力』一〇四。なお、その時の優勝者は若木である）。

もともと山本は「生来虚弱の体質で、幼少時代は兎角《とかく》病気勝ちの内気者」だったらしい。しかし小学生の時、

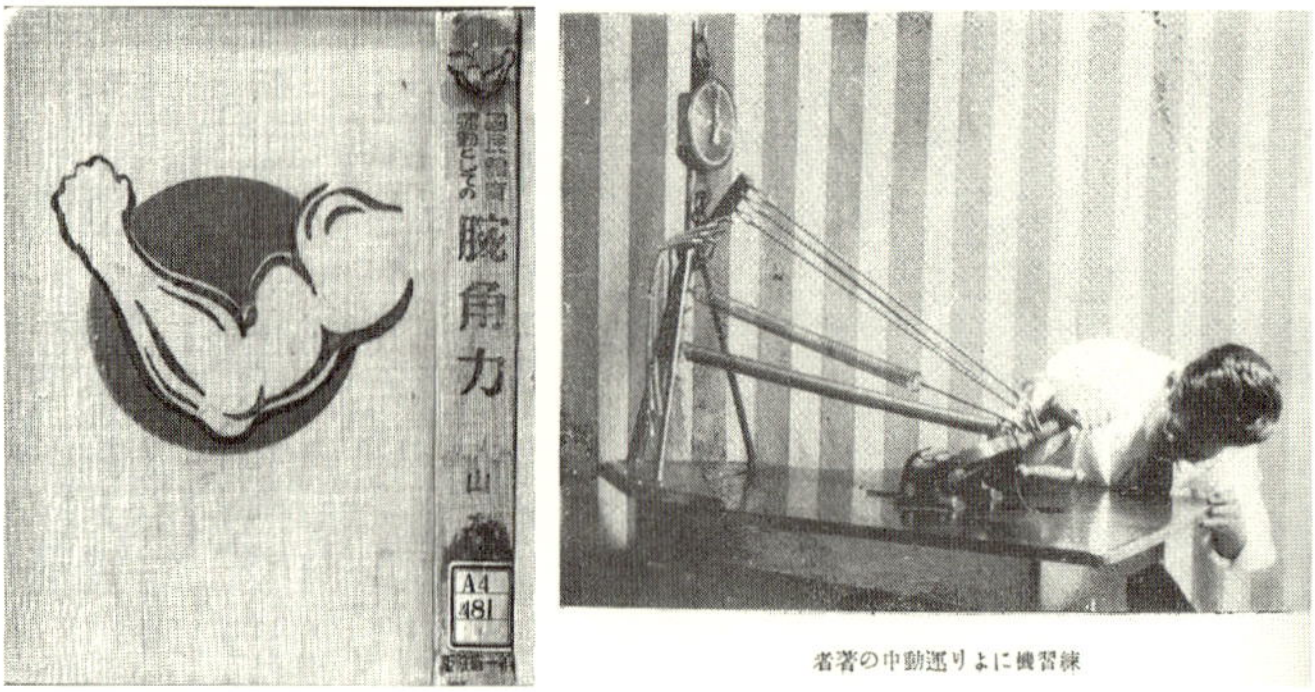

図5　『腕角力』の表紙（写真左）と自ら考案した「腕角力練習機」で練習をする山本。表紙のデザインは、日の丸に向けて力こぶを掲げる意匠となっている（法政大学図書館所蔵）。

ある冬の寒い日に「防寒法」として教師に教わった腕角力をきっかけに、その素晴らしさに気づいたという。学生時代にいたっては、「同志を集めて盛んに競技に励んだ」。以来、「頑健無類の肉体となり、性格も一変して、幼少時代を知る人々の驚異の的」になっているのだという〔『腕角力』三〇—三二〕。

山本によれば、昨今の「国を挙げての非常時局に際し、国運振興の原動力たる国民の体質が累年悪化の傾向」にあるのを憂い、誰にでも可能で、かつ効果の明瞭な腕角力を「国民体育運動」として推すべく、この書を著したそうだ。「研究」を続けた「実際的見地」から、腕角力は、「日本の国技中余りにも見地目《みじめ》の待遇を受けている」ものの、素朴かつ親しみやすく、平凡ではあるが普遍性があり、しかもこの競技から得られる身心両面の効果を考え、これを「国防スポーツ＝国民体育運動」として推すのだという〔『腕角力』二七〕。高じて山本は、腕の骨格、筋肉の位置、相手からの付加などを計測し、その理論から「抑え込み」「外払い」など二十一種におよぶ腕角力の決め技を分類し、さらには独自に「腕角力練習機」まで試作している【図5】。

では山本の言う、「国民体育運動」とは何か。近年大衆に普及し、人気を得ている体操としてラジオ体操がある。朝起きを推奨し、全身の平均運動として老若男女を通じて行われている点では好ましい。しかし、「国民体位向上と勤働能力の増進の為にする、青少年の運動としては適しない」。つまり山本においては、青少年に向けてはもっと激しい運動が適していると考えられているのだ。すなわち、「国民運動」としての本格的な体育は、「全筋肉の強健発達を期すると同時に、〔中略〕平時に処し、変事に際会して克《よ》く其能率を挙げ、列強に伍して大和民族の大使命を遂行するに足ることが絶対条件」となるのである〔『腕角力』序二―四〕。

世間では「腕力」などというと、何となく野蛮に聞こえ、乱暴を連想させるものである。しかし「あの人は敏腕家だとか、彼は腕があるとか、或は腕を磨くなど、人の技量を云々する場合は必ず腕が出てくる」のだと山本は言う。国家の産業もまたしかり。腕の力によるのである。それればかりか「特に戦争に至りては智力の争ひであると同時に、腕力的大競技であるからには、其選手たる兵士の腕力はすなわち軍隊の実力価値」となるのである〔『腕角力』一七―一八〕。

それだけでなく、「腕角力」は、その名に反して全身運動でもある。左右の腕が鍛えられるのはもちろん、「右方を使ふ場合でも左手は必然的に台の隅縁を握つて頑張らねばならぬ」。したがって両腕はほとんど均等の力を要する。さらには「腰の捻り具合ひ、足の位置等悉く勝敗に関係をもたないところはない」。背筋を使い腰を捻り、足の踏ん張りまでもが腕角力には必要なのである。さらに腕角力は、場所も選ばず、小閑を利用し、誰もが行うことができる。「人数に制限されず、興味津々和気藹々裡に重要の任務を遂行し得る理想的運動！此の如き運動が腕角力以外他に求め得るであろうか」〔『腕角力』三五〕。こうした理由から、山本にとって腕角力は、「国民体育運動」としてまさに理想的なのであった。

こうした山本の主張が、荒唐無稽とまではいわないまでも、「国民体育運動」という名にたいしてどこか無理がある感は否めない。おそらく山本にいたっても、自己の趣味と腕力を披歴したかっただけなのかもしれない。しかしいま、問題はそこではないのである。問題は若木や山本が、なぜこの時代にここまでして筋力にこだわるのか、ということだ。自己の筋肉を誇示しつつ、それを「国民体育」にまで推すその情念は、一体どのような事情から生まれてくるのだろうか。

4.『怪力法』『腕角力』が要請された社会的背景

これまで、若木竹丸『怪力法』『筋肉美』、山本哲『腕角力』を事例とし、一九三〇年代の出版物における身体―筋肉表象と、それにまつわる言説を見てきた。とはいっても、これらはおそらく版数としてもそれほど多くなく[6]、この時代の身体像を必ずしも代表するものではないことは、おそらく間違いない。しかしこうした書物が、あえてこの時代に登場してきたことには、ある一定の意味が見出せるだろう。例えば、『怪力法』『腕角力』ともに共通した、以下のような記述がある。

我が国、壮丁の体格は累年逆に低下すると云わるる哀れな状態なり。〔中略〕近年年を追ふに随つて益々悪化しつつあり。然して（徴兵検査の――引用者）不合格者の最多数、先づ第一は筋骨薄弱者にて、結核性疾患、之に次ぐ。〔中略〕これを見るに、かの学校教育の詰込主義が彼ら学生の体力に如何に悪影響を及ぼすものなるかを、余は深く遺憾とする所なり。

〔若木、一九三八：二―三〕

現在軍務医局長たる、小泉軍医総監はこれら（徴兵検査の不合格者の増大――引用者）の原因を入学試験による詰め込み教育の弊害と、我が国の風土気象に適合する様に長い歳月を経て発達してきた衣食住の様式を棄てて、国土の異なる欧米の文化生活に憧れて古来の慣習を試みない結果であると論じられた。

〔山本、一九三八：四〕

ここで、両者ともに共通して指摘しているのは、徴兵検査における不合格者数の増大である。『怪力法』には「筋骨薄弱者」と「結核性疾患」という言葉があるが、その原因のひとつとして両者ともに「学校教育の詰込主義」が指摘されている。また、『腕角力』には「欧米の文化生活」とあるが、これは当時の都市的生活様式を指すのであろう。さらに、「小泉軍医総監」という人物にも触れられている。いったいこれらは、何を指すのだろうか。

よく知られているように、近代西洋医学に基づく身体観は明治期の頃に輸入される。それまで「人の健やかな状態」を指す言葉についても、「康建」「壮健」など、様々にあったものが、「健康」という言葉に統一されていくのも、実はこの頃である。つまり、医学的なある一定の基準にもとづき、客観的に身体の健やかな状態を指し示す言葉として「健康」という言葉は生まれ、人々の関心もそこに集まっていったわけである〔北澤、二〇〇〇：一七〕。

鹿野政直はこうした近代以降の健康観の変遷を、「健康」「体質」「体力」「肉体」「体調」「生命」の時代と、それぞれの特徴にしたがって段階的に論じているが、本章が取り上げる一九三〇年代はちょうど「『体力』の時代」にあたる。まずは明治初期、それまで我が国で支配的であった「養生」「漢方」的な身体観から、近代西洋医学をベースにした身体観へとパラダイム・シフトしていった「『健康』の時代」があった。それを経て、明治後期から大正期に「衛生」観念が涵養され、人々が自ら「滋養」や「美容」に関心を見出しはじめる「『体質』の時代」が訪れる。そして次に、本章が対象とする「『体力』の時代」が到来する。それは一九三一（昭和六）年の満州事変より続く十五年戦争を背景に、「健康」という言葉のイメージが、「国に役立つ『体力』へと収斂していく」、そのような時代であった[7]〔鹿野、二〇〇一〕。

鹿野はこの時代の健康観の特色を、単に疾病を持たない「健康（Health）」という状態にとどまらず、身体が健全であるのはもちろん、体力が強大であることを指す「強健（Healthy and Strong）」が求められたところに見ている〔鹿野、二〇〇一：六七〕。

そして特に関心が集まったのが、徴兵に関わる男性の身体である。高岡裕之によれば、一九三六（昭和十一）年六月、当時、陸軍省医務局長であった小泉親彦《ちかひこ》が中心となり、陸軍が「壮丁体位低下」問題を提起する。それは第一に、徴兵検査の不合格者の増大傾向から、国民「体位」の向上が低下しつつあることを強調し、第二に、この憂うべき趨勢を挽回するために、既存の社会政策の在り方を刷新して、国民「体位」の向上を目標とする真の「衛生行政」の確立を目指すというものであった〔高岡、二〇〇六：一七九〕。先に『腕角力』の引用で出てきた「小泉軍医総監」とは、この小泉親彦のことである。

ここでいう「体位」とは、徴兵検査における「体格等位」の略で、その「低下」とは体格一般でなく、徴兵検査で「筋骨薄弱」と呼ばれる、「ひょろ長い」、「都会型」の体格を持つ、軍務に耐えられないとみなされた青年であった。また小泉は「体位」と同義的に、しばしば「体力」という言葉を用いていたという。それは高岡によれば「体力イデオロギー」とも呼べるもので、「体位・作業能力（運動能力）・精神力」の三つの要素を総合した、より広範な概念であった〔高岡、一八〇―一八一〕。当時、都会にはこうした「体力不適合者」である青年が増えていたのである。

こうした流れを受け、一九三八年、それまで内務省や商工省、文部省にそれぞれ割り振られていた衛生行政(8)が、陸軍の強い働きかけによってひとつにまとめられ、厚生省が発足する〔鹿野、二〇〇一：六八―七二〕。そしてその後は、国民の体力向上を図るため、国が国民の体力を管理することが明記された「国民体力法」が成立（一九四〇年）、さらに一九四三年には、すでに厚生大臣となっていた小泉の主唱によって「健民修練」が実施される。これは体力検査の結果、「病者」を選別し、戦時の結核患者対策を行うというものであった。そうした人々を一定期間療養・

訓練させる健民修練の施設に送り、「立派ナル第一線兵士又ハ産業戦士トシテ」養成する、国家規模の体力向上修練会が大々的に行われるようになったのである(9)〔高岡、同：一八六―一九一〕。

若木や山本が主張していたのは、実はこのような背景を指してのことだったのだ。『怪力法』序文ではまず当座の非常時局において「健康日本」を建設する必要があることが説かれ、当時、文部省が提唱していた「先ず健康」というスローガンに賛同する意が述べられる。その一方で若木は、我が国の現状をふり返り、徴兵検査不合格者の増大、なかでも学校教育における詰込教育における「筋骨薄弱者」が多数いることを憂う。

山本に関しても同じことがいえるだろう。彼が「大日本腕角力協会」を立ち上げたのは、国家の非常時局に際し、その原動力たる国民の体質が年々悪化の傾向を示しているのを憂いてのことであった。そして両者に共通するのが、「国民体育」への要請である。

ドイツ、イタリアは欧州他国との長きにわたる折衝を通じ「青年の体力と精神とを鍛錬するの外なき事と断定し、直ちに挙国一致、国を挙げての体育に熱中したのであった」〔『怪力法』序三―四〕。なかでもドイツなどは、第一次大戦の敗戦にいたっても「貧窮せる財政中より体育大学を創設し、国民体質と精神涵養に最善を」なし、「ゲルマン民族の気魄を喚起」している〔『腕角力』六〕。ゆえに、両国ともに「強き忍耐と、固き意思」を鍛錬できる独自の「国民体育」を作り上げている。ひるがえって自国を見てみると、外国のものとあれば「何事でも盲目的に採り入れるは我が国奮来《(ママ)》の弊風」で、外形だけを学ぶ形で、深い詮索もせずその「精神を忘却する傾向があることは、洵《まこと》に遺憾千万と言わねば」ならない〔『腕角力』七〕。

陸上競技や水上競技のような、記録や競争を重視するスポーツを体育であるとはき違えている。しかしそれは「娯楽」であり、「国民体育」とは一線を画している。もっとも日本にも剣道、柔道、弓道のような「精神的スポーツ」はあるけれども、相手を必要とし、競技者人口は国民のごく一部に限られる。したがって決して「勝負に拘泥せざるところの自己肉体鍛練」こそ、若木、山本の求める理想の「国民体育」なのであった（『怪力法』四）。

実は『怪力法』には、先に高岡が指摘していた、陸軍新聞班による「徴兵検査より見たる壮丁体格の現状《（ママ）》」が、抜粋の形ではあるが、四ページにわたり掲載されている。ここに、一九三〇年代という時代に突如、これらの出版物が出された背景が読み取れるだろう。若木、山本は両者ともに、この小泉発言に呼応したのである。国難と呼ばれる状況のなか、あたりを見渡せば「ひょろ長い」「都会人」ばかりである。スポーツが流行しているといっても、それは西欧のものを外形だけ真似ただけである。健康法主導者や医師の発言をみれば、「実際に効力のない机上の空論」ばかりが目立つ。国家の趨勢と、自己の筋肉鍛練にたいする自負が、ここにおいて結ばれていく。「憂国の情」を背景にした、自己の筋力に対する「克己心」。当時、彼らの中では、この両者は確実に結びついていたのではないだろうか。この時代における身体を問題にした社会的課題こそが、彼らをして著作を発表するにいたった動機となったのであろう。その意味で『怪力法』『腕角力』は、時代を背景にした「絶妙」なタイミングで出版されたと考えられるのである。

5.「過剰な接合」と「捻じれ」――「国民体育」が焦点化するもの

しかし、ここにいたっても疑問がわく。彼らの訴えが、時代的／社会的問題と重なり合っているのは確かだろう。だがその「重なり」には、どこか「過剰なもの」が含まれている気がしてならないのである。先に示した若木・山本の著作における「序文」の物言いは、徴兵検査において逼迫した国家の情勢、あるいは、それを受けての陸軍省医務局長・小泉親彦の発言に呼応したものであることはすでに確認した。しかし、いかに国政が軍国主義に傾いていこうとも、これら著作の出版が要請された直接的な理由とはならないだろう。なぜなら若木も山本も、国政にはそれほど近くなく、むしろ日々筋肉鍛練を日課とする市井の人間であったと考えられるからである。したがってここでは、もう少し大きな視点より、若木・竹丸の意図をくみ取りたい。そしてその考察を通じ、改めてこれらの著作を眺めてみたとき、その「過剰」性が浮き彫りになるだろう。論点は三つある。

第一の問題は、なぜ彼らはこれほどまでに、小泉が訴えた「体力イデオロギー」にのめりこんでいったかという問題である。現代におけるウエイトトレーニングを謳った出版物などと比較すると、若木、山本の著作は非常に観念的な叙述が多く見受けられることが特徴である。これまで見てきたように、「徴兵検査不合格者の増大」という事実が遠因となっていることは想定されるが、ではいったい、何が両者を接合させたのだろうか。

M・フーコーは、近代国家や社会における人々の統制の仕方は、大きく二つの方向性から、それぞれの身体を貫かれるかたちで行われると説いた。ひとつは、「解剖‐政治学（アナトモ・ポリティック）」といわれる、規律＝訓練を通じた人々の身体への矯正である。近代社会では学校や学寮、兵営、病院、刑務所などで行われる集団的、全体的な規律＝訓練を通じて、社会にとって「有用で従順な身体」の育成が目指される。そこでは、国家や社会が様々なかたちで身体へと介入し、効果的で管理容易なシステムが作りあげられるわけである。もうひとつは、「生‐政治学（ビオ・ポリティック）」といわれる、生物学的プロセスを基にした統計学による権力の介入である。そこでは、繁殖や誕生、死亡率、健康の水準、寿命、長寿などといった統計学的データと、個人それぞれのデータとが対照され、全体的な視野からみた個人の水準が問われ、国家にとっての有用性という観点から、適正な場所へと分配、あるいはそれにかなうよう矯正される〔フーコー、一九八六：一七七─一七八〕。このようにして近代社会の権力は、人々の身体にたいして「全体的かつ個別的に」働きかけるのである。

若木が「生涯の大恩人」とまで認めたサンドウの著作は、合理的なトレーニングを徹底しており、かつ嘉納治五郎も「国民体力増進の一助」と言っていたことからも、日本における「身体の近代化」の過程において要請されたものであると考えることができる。また若木も山本も、射程としている身体像には「兵士の身体」が含まれており、その具現者として本を著した自負は少なからずあったはずだ。したがってその意味では、彼らは近代という時代が目指す身体像に「従順」であり、両著作をフーコーの言う「解剖‐政治学」の文脈で解釈することも可能だろう(10)。

しかし、いま議論の俎上にある「徴兵検査」は、フーコーの枠組みにしたがえば後者の「生‐政治」にあたると思われる。一定年齢の若者を集め、その身体能力を測定・検査し、一定の基準の中で甲種から戊種にまで分別する。こうして選別された身体は、まさに国家の有用性の中に組み込まれていくわけだ。そして小泉は、その「有用性」という観点から、国家が危機的な状況にあることを嘆いているわけである。

若木・山本の著作から見えてくるのは、こうした「生‐政治」に対する「過剰」ともいえる反応である。そもそも彼らが筋肉鍛練に目覚めた動機は、「いじめられ」たり、「虚弱体質」だったためである。そうしたコンプレックスがもとで「筋力」に興味を持ち始め、「強くなりたい」と願い、日々筋肉鍛練に励んでいたわけだ(11)。その行為はややエスカレートした感はあるが、自分たちの興味関心に従いつつ形成されていった成果が、若木自身の肉体であり、独学でまとめあげた「鉄亜鈴運動法」であり、独自に編み出した「若木式運動法」であり、解剖学的な研究を重ねて試作した「腕角力練習機」だったはずだ。

そうした「成果」は、時局によってすんなりと「生‐政治」のロジックへと結びつけられてしまう。ヘラクレス型に対する識者の批判に苛立ち、「動作敏捷」や「平時の柔軟性」を訴えるのも、また山本が「強健発達を期すると同時に、変事においてその能率」を上げるのが「腕」によるのだと主張するのも、「体力イデオロギー」の中にある「作業能力（運動能力）」に呼応したものだからだろう。また、若木が筋肉鍛練を「修行」であると訴えたのも、小泉の言う「精神力」に対応したものだと考えられる。

しかしこれには無理がある。ヘラクレス型がいかに「動作敏捷」であっても、それがヘルメス型を棄却する条件にならないからだ。ヘルメス型も同様であるなら、両者とも支持すればよい話である。山本が示した「人の技量を云々する場合は必ず腕が出てくる」などという理屈にいたっては、慣用句をていよく使用したこじつけにすぎない。

ただし、こうしたこだわりやこじつけが、まさにここでの本質をついていると思われる。おそらく彼らは、小泉のいう「生‐政治」的な発言に、過度に「従順に」反応してしまったのだ。だからこそ、自分たちの肉体にこだわりすぎるあまり、他を想定することができないのである。彼らの筋肉に対する「正当性」は、「生‐政治」的な、徴兵検査における不合格者のデータに過剰に接合されることで、その本質とはかけ離れた「捻じれ」を生じさせてしまっている。

それに関連して、第二に問題となるのが、ジェンダーにおける偏向である。実は若木、山本の両著作とも、「国民体育」を謳いながらも、女性の筋肉鍛練に関する記述はほとんどない。両著作がともに射程に入れているのは、男性の身体のみである。ここにも、あるイデオロギーとの過剰な接合が見られる。

若木や山本が、ドイツ、イタリアなどの同盟国を例に出し、その「国民体育」に賛辞を述べていたことは前に触れたとおりである。実は「筋肉美」という価値観は、ファシズムの思想とよくなじむ。伊藤公雄はファシズムと「男らしさ」との関連について、ファシズムにおける男性優位主義は、よく言われる人口政策や戦争準備のためにのみ存在していたわけでなく、「明らかに文化的領域における独自の指向性として男性性への賛美が歌い上げられていた」と述べる。そこでは政治的手段は言うに及ばず、道徳的慣習やライフスタイルまで、すべてにわたって「男らしさ」が称揚されていたという。また、ファシズムの言説には、「スポーツの奨励などによる男性の肉体の賛美」もしばしばみられたという（伊藤、二〇〇四：一二二―一二三）。

伊藤はこれについて、「個人主義」が重視される近代社会において、「支配的性」として枠づけられた男性が、常に自分の「男らしさ」を「他者を媒介にしつつ自らに」示さねばならなくなったことに要因を求める。誰もが「完璧な男らしさ」など確保するのは無理な以上、男たちは、常に強制的な「『男』としての確証」を社会に求められつつ、不安定に生きざるをえない。ファシズムはまさにそうした「不安定でゆらぎ続ける男としてのアイデンティティの不安」を、『全体』の名の下で解消」させ、「社会全体に〈男らしさ〉を充満」させる装置としても機能しているという（伊藤、同：一二五―一二六）。

若木がヘルメス型の身体像を否定し、ヘラクレス型を推したことを思い起こそう。そこで若木は「ヘラクレス型はヘルメス型の親」であり、「男子の理想郷、力の神と象徴される」とまで言うのであった。文脈上、「親」というのは「父親」のことを指しているのは自明だが、さらにはその「理想郷」を目指すのにさいして、「意志薄弱なものは到底望む」べくもないとまで語るのである。ここでは自らの理想を追求するあまり、「健康」観を男性に対するものだけに限定し、さらにはその「男性性」のなかに、はからずも序列まで生み出してしまっている。ここにおいてもやはり、時流にのった思想に接合される形で、自己の理想的な身体像が、過剰なかたちで語られるのである。

さらにいえば、第三に、彼らの健康観にも疑問が残る。山本の「腕角力が全身の筋肉鍛練に多大な効果を発する」という発言も相当あやしいが、若木も内臓系の健康問題については、ほとんど無関心なのである。たしかに唯一、「鍛へあげた四肢の所有者」に、弱い肺、弱い心臓、ガサガサの皮膚、貧弱な胃腸で悩む者はいないとは述べていた。が、逆に言えばそれは、「筋肉があれば一事が万事」であり、内臓の弱い者に対し、若木らの推す「国民体育」が、いったいどのような効果があるのかという点については、いっさい述べていないということでもある。ここでも、（「生・政治」とはまた違った形となるが）小泉のいう「体力イデオロギー」に引っ張られた形での、体格重視の（というよりそれ以外は視野にいれない）過剰な健康観を垣間見ることができる。若木は「運動は学理的に研究する必要」はないとまで述べていたが、これなどはまさに、鹿野が指摘していた「強健」を意識しすぎ、他が見えていないことの証左となるだろう。

「生-政治」的なものへの過剰なる傾倒、ファシズムへの過剰なる傾倒、「強健」への過剰なる傾倒。こうした傾倒は、本来語るべきもの――トレーニング法と、表出される言説――その理論的整合性とのあいだに、強烈な「捻じれ」を生じさせる。単なる筋肉鍛錬法が、国家規模の理念へと接合されてしまっているのだ。ここで再び、本章冒頭へと戻ろう。冒頭で若木らの著作を「異様」と述べたその感覚とは、実はこうした「過剰性」や「捻じれ」の中にあるのではないだろうか。元来弱く、サンドウに憧れて地道にトレーニングを続けていた若者が、たまたま時流の思想に迎合していく。それは単純に「大政に翼賛する」ような形ではない。そうではなく、こうした政治思想が、市井の人間の日常であった「筋肉への憧れ」という主題に重なり、思わぬ形で焦点化されていくのである。もちろん、吉見の議論に当てはめるには、本章が掲げた事例は、やはり奇抜であるかもしれない。しかし、逆にこのような極端な事例だからこそ、様々な観念や思想と、理想や執着心とのせめぎ合いや捻じれが、身体という〈場〉に明示的に現れるのではないかと考える。

6. おわりに

以上、本章では『怪力法』を中心に、一九三〇年代における身体像がどのような政治・社会思想と結びついていったかを考察し、その結びつきの過剰さが、捻じれた形で言説として表出してしまう、身体―筋肉表象のひとつの事例を見てきた。

戦前に発足はしたものの、戦争の余波で解散に追いやられた「日本重量挙競技連盟」は、戦後、一九四六（昭和二十一）年に、「日本ウエイトリフティング協会」として再出発する。そうしたなか、若木は戦後は表舞台にはいっさい顔を出さず、自宅の道場にこもり終日筋肉鍛練に励んでいたという。しかし、『怪力法』という出版物がメディアとして残っていたことが、逆に彼を「伝説の存在」へと押し上げていく。その「伝説」は、たびたびボディビルの専門雑誌などに取り上げられている。また、そうした記事を読んで彼の存在を知り、直々に訪ねていった者に対しては、若木は懇切丁寧にトレーニング法を教えていたという。一方、山本は「腕角力の名人」として、その界隈ではよく知られた存在であったようだ。七〇歳になる彼の姿が、一九七〇（昭和四十五）年のスポーツ紙に掲載されている。

現代ではもちろん、こうした各種筋肉トレーニングと政治・社会思想との間には、直接的なつながりはない。しかし一方で、ＢＩＭ診断――いわゆる「メタボ指数」のように、統計的知見から身体を分別し、基準から外れた者にはペナルティをあたえる「生-政治」なイデオロギーはいくらでも見られる。また一方では、日本のフィットネス誌に見られる男性の身体像が、グローバル化に抗い、基本的には痩身を志向していながらも、それを語る言説レベルでは消費やライフスタイル、関係性、自己、国家など、グローバルなメディア・フォーマットに乗っかっているという指摘もある（岡井、二〇一六）。いずれにせよ、身体は単なる「肉体」ではない。様々な思想やイデオロギー、文化的価値観が交錯する〈場〉なのである。一九三〇年代のある局面における、歴史的な身体の意味性を考察した本章が、現代における身体の問題を指摘するのだとすれば、そうした〈場〉における意味の構成にたいして、より細やかに検討していく必要があるということであろう。

〈注〉

（1）筆者はかつて、江戸時代に養生論としてあった「丹田呼吸法」が、明治期以降登場する様々な民間健康法の中に「腹力呼吸法」として組み込まれていく経緯を論じたことがある〔加藤、二〇〇二〕。また、近代以降の健康法のバリエーションやその社会的意味にかんしては、〔田中、一九九六〕を参照。

（2）"Strength And How To Obtain It" については、完全な形での邦訳はでていない。ここでの和書名は窪田〔二〇〇九：三二〕の記述にしたがっている。

（3）『筋肉美体力増強法』は、国立国会図書館デジタルコレクションの、「図書館向けデジタル化資料送信サービス」にて閲覧することができる（http://dl.ndl.go.jp/info:ndljp/pid/1027634）

（4）『怪力法』『筋肉美』ともに、各種トレーニング法の説明のあとには、当時の世界記録が、記録ホルダーの名前と共に載っている。若木の得意種目にかんしては自身の記録も掲載されているが、例えば「ショルダー・ブリッジ」などは、世界記録がノーゲスト氏の三八八ポンドなのに対して、若木は五〇〇～五二〇ポンドの「未公認世界記録」を作成したとある。若木の怪力ぶりを示すエピソードではあるが、若木が独学でルールを学習したこと、レフェリーがいないこと、持ち上げているバーベルが鉄製でないことなどを考慮すると、こうした記録がどのような条件で達成されたのか、気になるところである。

（5）なお、この「体育と一般健康法著者に就て」の一文は、『怪力法』では一三〇頁あたりから始まるが、『筋肉美』では冒頭に差し替えられている。ここから見ても、ここでの記述が若木の「体育」観における、理念的バックボーンとなっていることは間違いないだろう。

（6）『怪力法』初版の発行部数について、「復刻版」における窪田登の「解説」には、五〇〇冊と書かれている。

（7）本論の射程は一九三〇年代までなので、本文では触れなかったが、鹿野〔二〇〇一〕によるその後の時代区分は以下の通りとなる。戦後の食糧難から東京オリンピックを経て高度成長期の終わりまでの「肉体」の時代。高度成長の矛盾が露呈して公害問題などが生じ、あわせて過労死や身心のストレス、長寿などがクローズアップされた八〇年後半までの「体調」の時代。臓器移植や出生前診断など、生命科学や生命倫理が問題となってくる九〇年代以降の「生命」の時代。

（8）各省庁の担当は以下のとおり。内務省＝社会福祉や健康保健、防疫・予防、商工省＝労働衛生、文部省＝学校衛生。

（9）高岡は別稿〔二〇〇九〕にて、同じ小泉の「壮丁体位問題」に触れつつ、一九一一年設立の財団法人大日本体育協会（以下、日体協）が、一九四二年に大日本体育会に改組された経緯について述べている。そこでは、元々はオリンピックへの選手派遣の母体で個別競技団体の連合体だった日体協が、小泉の「『選手』中心、『記録』中心のスポーツは、『国民として当然有たなければならぬ体力』の涵養」にはつながらないという批判を受け、武道会を含む他の体育団体や青年団なども巻き込んだ全国規模での「国民体育」団体への転換を構想するようになり、やがて「国民体育」運動における「強力な指導組織」となってゆく過程が描かれている〔高岡、二〇〇九：二〇一―二〇二、二〇四

―二〇七頁」。こうした、一九三〇年代における日本体育史の大きな流れを参照した時、本章が取り上げた『怪力法』『腕角力』が出版された歴史的な位置づけも、より明確になると考える。

(10) 近代日本における「解剖・政治学」に基づく身体へのアプローチについて論じられている、やや「古典的な」著作として、三浦〔一九九四〕と成沢〔一九九七〕を挙げておく。ここでは、機敏な集団行動に則しなかった前近代的な日本人の身体が、学校体育や軍隊訓練を通じていかに「規律＝訓練」され、画一的になっていったかが描かれている。また、近々のものについては寒川編〔二〇一七〕を参照。ここでは、戦前の大学における学生スポーツ団体への支援や、〝蛮カラ〟学生の誕生、またいわゆる「体育会系」の成立などを通じて、社会が青年に対していかに「健康で健全な身体」を要請したかが論じられている。

(11) こうした点からも、若木・山本両者の「解剖・政治学」的な態度は読み取れる。自己の弱い身体にたいして「強さ」を内面化し、国家が理想とする身体に向かって「従順」に「訓練」していたからだ。しかしフーコーの知見から言えば、こうした事柄のひとつひとつにたいして、それが「解剖・政治学」的か「生・政治学」的かを分けて理解するのではなく、むしろ両者が関係しあいながら、複合的に混在されていると考えるのが妥当だろう。というのも、フーコーはこうした身体管理の技術にたいして、近代においては「身体の隷属化と住民の管理を手に入れるための多様かつ無数の技術の爆発的出現」があったと述べているからである〔フーコー、一九八六：一七七〕。

〈参考文献〉

伊藤公雄「イタリア・ファシズムと〈男らしさ〉」小玉亮子編『現代のエスプリ――マスキュリニティ／男性性の歴史』四四六号、至文堂、二〇〇四年
岡井崇之「グローバル化の中のコンテンツ文化を考える――雑誌『Tarzan』に見る男性身体のイメージとその変容」岡本健・遠藤英樹編『メディア・コンテンツ論』ナカニシヤ出版、二〇一六年
加藤徹郎『身体の異端史――近代日本の「健康法」における「腹力呼吸法」の意義』法政大学社会学部修士論文、二〇〇二年
鹿野政直『健康観にみる近代』朝日選書、二〇〇一年
北澤一利『「健康」の日本史』平凡社新書、二〇〇〇年
窪田登「若木竹丸伝――第一回～第六回」『ボディビルディング　二〇〇六年三月号～八月号』体育とスポーツ社、二〇〇六年
――――『筋力トレーニング法一〇〇年史』体育とスポーツ社、二〇〇七年
――――『肉体改造並びに体力増強のしかた』スキージャーナル株式会社、二〇〇九年
黒崎建時『私は見た！　昭和の超怪物――若木怪力法の秘密』スポーツライフ社、一九八九年
小島貞二『日本プロレス秘話――力道山以前の力道山たち』三一書房、一九八三年

佐藤卓己「出版バブルのなかのファシズム」坪井秀人編『偏見というまなざし』青弓社、二〇〇一年
寒川恒夫編『近代日本を創った身体』大修館書店、二〇一七年
造士会『サンダウ体力養成法』造士会、一九三三年
高岡裕之「戦争と『体力』──戦時厚生行政と青年男子」阿部恒久・天野正子・大日方純夫編『男性史2　モダニズムから総力戦へ』日本経済評論社、二〇〇六年
──「大日本体育会の成立──総力戦体制とスポーツ界」坂上康博・高岡裕之編『幻の東京オリンピックとその時代　戦時期のスポーツ・都市・身体』青弓社、二〇〇九年
田中聡『健康法と癒しの社会史』青弓社、一九九六年
成沢光『近代日本の社会秩序』岩波書店、一九九七年
林克也「ウエイトリフティングの概要」浅見俊雄・宮下充正・渡辺融編『現代体育・スポーツ体系　第21巻』講談社、一九八四年
フーコー、ミシェル（渡辺守章訳）『性の歴史I　知への意志』新潮社、一九八六年
──（北山晴一訳）「全体的なものと個的なもの──政治的批判理性に向けて」小林康夫・石田英敬・松浦寿輝編『フーコー・コレクション6　生政治・統治』ちくま文庫、二〇〇六年
三浦雅士『身体の零度』講談社、一九九四年
山本哲『国民体育運動としての腕角力』第一書院、一九三八年
吉見俊哉「一九三〇年代論の系譜と地平」吉見俊哉編『一九三〇年代のメディアと身体』青弓社、二〇〇二年
若木竹丸『怪力法　並に　肉体改造法（復刻版）』壮神社、一九三八＝一九九〇年

自傷する身体を語るメディア・伝えるメディア

前田至剛

1. ありふれたものとしての自傷

「もぅマヂ無理。彼氏とゎかれた。リスカしょ」

「リスカ」とはリストカットの略である。この一文は、二〇一二年ごろからtwitter上に投稿され、無数のリツイートや様々な改変がくわえられ、その後もつぶやかれている。もしかしたら最初に投稿した人は、恋人と別れたことで落ち込み、本当にリストカットをしたくなるほどの心の傷を負ったのかもしれない。しかしその後、さまざまに作られた改変バージョンの中には、明らかに冗談と分かるつぶやきや、少々落ち込んだくらいですぐさま自傷行為へと至る短絡性を茶化したようなものもある。

たとえば、雨が降ってきて嫌な気分になったので、「もう無理、リスカしょ」といったものや、「英語で『dog』逆から読むと『god』、そぅ神、ぃみゎかんなぃ、もぅマヂ無理、リスカしょ」

など。またこういった呟きに対して「なんで急にリスカしよってなるんだよ！」といった反応もある。

他方で、インターネット上には日々の苦悩や自傷したことを綴った日記が書きこまれ、自傷行為の様子や傷跡の写真が掲載されることもある。このようなサイト（以下便宜上「自傷系サイト」と記す）には、「理解のない方は見ないでください」という注意書きがなされている。ネット上には無名の人々によって、自傷行為に関わる様々な情報が発信されているのである。

これら個々の情報はとるに足りないものなのかもしれない。しかしこんにち複雑かつ密接に結びつくメディアと身体の関係について考えるとき、いくつか注目に値すべき観点が見出せる。

第一に、様々な自傷行為のうち手首を切るという行為＝リストカットが、リスカと略され、無数のつぶやきを誘発していること。後に述べるように「自傷」という言葉があらわすのは腕を切ったり、体をぶつけたりすることも含まれる。しかし、多くの人が自傷として思い浮かべるのは、手首自傷＝リストカット＝リスカなのである。実際アームカットやアムカや自己殴打といった言葉よりも、「リスカ」のほうが多くつぶやかれている。

二つ目に、リツイートや改変を誘発したこと。ということは「つらい経験からリストカットする人が存在し得ること」は、皆にとっての共通認識となっている。しかも改変版とその反応をめぐっては、そういった行為に対する違和感も示されている。つらい経験から自傷する他者の存在はあり得なくはないが、自分自身にはあり得ないし、その短絡性は理解できない、可笑しいということであろう。後述するが、こういった自傷に対するイメージは、マスメディアを通じて形成されたものによるところが大きい。

最後に、前記のような違和感が示されていることもあって、自傷系サイトには、「理解のない方は見ないでください」と記載されていることである。それは「理解のある人」には見てほしいということの裏返しである。自傷は、見る者に衝撃を与えるものである以上、特殊ではあっても強烈なメッセージを発する身体表現の一種と捉えることができる。二〇〇〇年ごろから増加しはじめたこのようなサイトは、自傷という身体表現をきっかけに、他者とコミュニケートし、ときに互いに支えあうことにもつながる。マスメディアによる表象から広まったものの、当初とは異なる意味づけがなされ、自傷する身体が特定の人々にとって重要なコミュニケーションの回路を開いている。このようにさまざまなメディアを媒介に、表象され、コミュニケーションの回路を開く身体の存在は、いかなる社会的意味をもつのだろうか。

問題の所在

本章の目的は、現代社会において自傷する身体が、メディアによっていかなるものとして表象されているのか、またその表象を前提としつつ自傷行為をする当事者たちは、ネットなどを通じて、なぜ自らのコミュニケーションのためのリソースとして自傷する身体を活用しているのか、これらを明らかにすることである。

自ら身体を傷つける行為は人類の歴史上様々におこなわれてきた。したがって、こんにちのマスメディアやネットの登場とは無関係に思えるかもしれない。しかし、こんにちの自傷が、リストカットに代表されるような一定の形象をもつに至るのには、明らかにマスメディアの影響が認められる。というのも、マスメディアを通じて自傷のイメージが伝播されることで、一定の流行が発生したことがわかっているからだ。ただしマスメディアが自傷イメージを一方的に作り上げ、われわれの意識に書き込んでいったというわけではない。表象は常にそれが生み出される社会との相互作用の結果でもある。マスメディアの送り手は、時代の感性を見抜き、自らの見識と人々が求めるものを接合し、情報を発信する。マスメディアに自傷が登場するときに、許容されたり、拒絶されたり、茶化されたりするのは、そのような取り上げ方に一定の需要があるからだ。つまり、偏見や共感も含め自傷がどのように眼差されているのかがそこに表われている。そしてその眼差しは、社会的に規定されているのである。

自傷に対する眼差しはどのようなもので、いかなる社会を背景とするのか。そのことを検討することで、なぜこんにちネットを通じて自傷する者同士が、傷ついた身体を共通項として交流するのかが理解可能となるだろう。それは身体がメディアによって語られ、伝えられる事例の、現代社会に特徴的な一断面を捉えることにも寄与するだろう。

2．自傷の実態と社会

自傷する身体がメディアを介してどのように語られ、伝えられるのかを考える前に、精神医学や文化人類学、社会学を含めた学術研究において自傷がどのように捉えられてきたのか、また現時点で分かっている自傷の実態について整理しておきたい。

誰が自傷するのか

本章でいう自傷はさしあたり「自己切傷や殴打などを含む、故意に自らの身体を傷つける行為」と定義しておく[1]。自傷の実態について現時点で分かっていることは以下のとおりである。日本においておこなわれた調査のなかで、最も規模の大きなものは、阿江らによって二〇一〇年におこなわれた調査である。全国から無作為に抽出されたサンプル（一六—四九歳）を対象に調べた結果、全体のうち七・一％が一回以上の自傷経験があり、その約半数が反復的に自傷をしていた。年齢別にみると、一六—二九歳の自傷経験率が九・九％と最も高かった。性別は全年齢でみれば男三・九％、女九・五％、一六—二九歳では男三・〇％、女一五・七％であった〔阿江ほか、二〇一二〕。一般的に自傷行為者は、若い女性に多いとイメージされやすく、一見実態としてもそうであるように思われる。

しかしより詳細に検討すると、若年女性に多い自傷というのは、特にリストカットである可能性が高い。というのも、前記の全国調査における自傷の定義は、「あなたは、これまでに自傷行為（自分で自分の体を傷つける、たとえばカミソリで手首に傷をつけるなど）をしたことがありますか」だからである。限られたサンプルではあるが、リストカットに限定せず自己殴打なども含む設問をもちいた調査では、ある大学の一学年を対象とした場合、経験率六・九％で男女差なし〔山口ほか、二〇〇四〕、ある市下の中学生を対象とした全数調査では男子八・六五％、女子一〇・二九％で極端な性差はなくなる〔岡田ほか、二〇一〇〕。特にリストカットを想起させる設問で、女性の経験率が上昇するのである。

では、自傷行為を発生させる要因とはいかなるものであろうか。自傷行為は抑うつ状態と関係していることがわかっている。ただし抑うつ状態などの心理的側面からのアプローチのみで発生のすべてが説明できるわけでもない。大嶽らによれば、非常に高い抑うつ状態の者の自傷率をみても、せいぜい二〇％程度であり、一般サンプルにくらべ極端に高いわけではない〔大嶽ほか、二〇一二〕。

抑うつ状態と関係があるのならば、精神疾患とも関係がある。自傷は統合失調症などの精神疾患が原因で引き起こされることは、古くから指摘されてきた。しかし近年の広がりはそれだけで説明がつかないのも事実である。たとえば統合失調症の有病率はいつの時代も比較的一定であるが、自傷は（注目され、発見されやすくなったとはいえ）明らかに増加してきたとする学説が多数を占める。精神疾患と関係はしているが、それのみを考察していては自傷する身体とその社会的広がりについて理解することは難しい。

実際、ミルンスらの研究によれば、自傷行為の原因となった悩みについて尋ねたところ、回答のなかで多かったのは、配偶者やパートナー、家族との問題や仕事や経済的な問題が上位となり、その次に多いのが精神疾患であった〔Milnes et al., 2002〕。したがって社会・環境的要因についても考慮すべきであろう。他の要因として、虐待経験があるほど自傷しやすく、中学時代の生活が楽しかったと答えている者ほど自傷しにくいことがわかっている。また親とのコミュニケーションが少なく、親に敬意や感謝を感じていない者ほど自傷経験率が高かった〔阿江ほか、二〇一二〕。

自傷を引き起こす原因は、いまだ研究が進められている過程であり、現時点で原因について断定することはできない。さしあたり本章では、精神疾患と関係がありながらも、それだけでは説明できない様々な社会・環境的要因がかなり大きく影響し、抑うつ状態に陥る人ほど自傷しやすくなると捉えておく。

自傷の意味

では、前記のような要因が影響し引き起こされる自傷は、当事者にとってどのような意味をもつのだろうか。林はこれまでの自傷研究の成果をまとめ、以下の点を指摘している。自傷の当事者にとっての意味とは、①苦しみからの逃避（痛みによる意識の断絶）、②死への願望（生の確認）、③ケアの欲求、④他者への働きかけ（他者操作も含む）、⑤（解離症状における）自己感覚の回復、⑥緊張の解放・カタルシス効果があるという〔林、二〇〇六〕。特に、ケアの希求について天野は「自己表出」と呼び、「リストカットにメッセージをこめ、他者に対して主張する」ことであり、その主張の内容とは、言語的には他者に受容されない自己の生き辛さを身体を媒介にして可視化しようとする「自己の存在証明をかけた自己表出」であるという〔天野、二〇〇四〕。

また天野は、前記に加え自傷には自罰と、手首擬人化の機制がみられるという〔天野、二〇〇五〕。自罰とは、自責の念から自己を処罰する目的で手首を切ることであり、手首の擬人化とは、他者が自己を傷つけたとき、相手に対する怒りを発散させるために他者を手首に投影して切るということである。

現代ではこのように自傷が意味づけられているが、それはいついかなる社会においても同じではない。本章の定義による自傷であっても、人類の歴史上様々な場所で観察されてきたが、その意味づけは現代におけるそれとはかなり異なっている。たとえば、原始的な社会では、霊的交流を目的とした自傷がおこなわれてきた〔ファヴァッツァ、二〇〇九〕。原始的な自傷は、自然の一部としての人間の身体を、文化的な象徴作用を通じて、共同体の中に位置づけられる社会的な身体として定位するために必要な儀式であった〔三浦、一九九四〕。生贄が典型的であるが、共同体の規範に照らして、自傷することが必要とされるような場合である。しかし大澤によれば、現代の自傷は、支配的な規範からの逸脱を示すものとなっているという〔大澤、二〇〇三〕。では、自傷行為はいかなる規範からの逸脱なのだろうか。

ギデンズやベックは現代を後期近代（あるいはハイモダニティ）と呼び、そこで規範的に求められることがらを次のように指摘する。社会の機能分化がより一層進み、様々な社会的領域同士の境界が不明瞭になると、学校や会社、地域のコミュニティなど人々を結び付けてきた諸集団の力は弱まり、個人が集団に頼らずに、生きていかなければならなくなる〔ベック、一九九八〕。そこでの各個人のアイデンティティは流動的なものとなるため、自分は何者で、何を望むのかを自力で見出し、決断していかなければならない。再帰的自己確認とアイデンティティを不断に更新していくことが求められるようになる〔ギデンズ、二〇〇五〕。

ただしこういった社会の要請が強まると、それに対する反作用として解放や逃避の欲求も生まれる。そして欲求のままに行動する者に、社会は厳しい眼差しを向ける。ギデンズはこの反作用を嗜癖とその社会問題化と論じる。「嗜癖という体験は、自己の放棄、つまり、毎日の生活のほとんどの状況に一般的に見いだす、自己のアイデンティティの擁護にたいする例の再帰的自己自覚的関与を一次的に放棄することである」〔ギデンズ、一九九五〕。

他方でギデンズやベックの論じる後期近代とは、心理主義化の進展とともに高度な自己コントロールを要請する社会でもある、「心理主義化した現代社会は人々に高度な自己コントロールを要請する社会であり、人々の方もその要請に応えようと努力している社会」〔森、二〇〇〇〕である。なぜなら現代社会とは、森によれば、高度な「人格崇拝」と「合理化」を規範とし、それを基礎に成立しているからである。その中でカウンセリングや心理学が社会の中で果たす役割とは、〝合理化された状況の間を合理的に移動できる行為者の形成〟であり、自分の感情を常にモニターしコントロールする、感情マネジメントの能力を求めることだという。

こういった後期近代における自己コントロールの要請と嗜癖の問題化をふまえ、戸高は自傷の背景にある苦悩の原因を種々のトラウマ体験と捉え、トラウマ体験から自傷が発生する事態を、自己コントロールの喪失あるいは失敗として論じる。「そもそもトラウマの体験は、自己コントロール喪失の体験である。外傷的事件に遭遇したときに感じる情動や身体的反応の激しさはすさまじく、とてもコントロールできない。それはまさしく『自己を圧倒し消し去るような体験』である。そのような状況を体験した者は、そのような体験を持たないものに比べて、近代社会が課す『自己をコントロールすべし』という規範を遵守できないかもしれない、できそうにないという強い不安」にみまわれる〔戸高、二〇〇八〕。このように後期近代が要請する自己コントロールに失敗したときに、嗜癖として自傷がおこなわれるというのである。

すでにみてきたように、自傷の発生には対人関係などの社会・環境的要因が影響していたが、それは自己コントロールの失敗を引き起こすものと考えられる。自傷が当事者に苦しみからの逃避や自己感覚の回復と意味づけられているのは、トラウマからくる心の痛みを自傷の痛覚で紛らわすこと、感情の管理に失敗したときに呈する解離症状を痛覚によって解消することであると考えられる。さらには、自己コントロールを要請する社会において徹底化する人格崇拝は、他者の自由意思を最大限尊重することをも要請する。そこではトラウマの原因となる他者による攻撃的な言動でさえ、尊重すべき他者の自由意思ということになろう。戸高によれば、そのような状況でケアを希求する手段として自傷をおこなうことは、言語によって明確に拒絶することのできない他者の自由意思を、非言語的な方法で訴える方法であるという〔戸高、二〇〇八〕。傍観者の立場からその様子をみたとき、他者の自由意思を無視して強引に自らへと注目を向けさせ、あわよくば配慮やケアを引き出そうとする行動と見なされるため、他者操作として自傷が問題化されることになる。

3. 自傷を語るメディア

雑誌における自傷イメージ

自傷がマスメディアによって伝えられることで、自傷する者が増加すると指摘されるように〔林、二〇〇七〕、メディア上の言説は、自傷に少なからぬ影響を及ぼしていると考えられる。実際自傷経験のある者に、自傷という手段を知ったきっかけを尋ねたところ、「マスメディア」という回答が上位を占めたという〔角丸、二〇〇四〕。ただし、ここで自傷行為の発生そのものにマスメディアがどの程度影響するのかを検討するつもりはない。メディア上の暴力表現の影響に関する研究が示唆するように、因果の向きを断定することは困難であるだけではなく、どちらかが一方的に影響を及ぼすと考えること自体が不適切ですらある。まず必要なことは、いまだ充分に検討されてこなかった、メディアを通じて伝えられる自傷言説がどのようなものであり、それがいかなる社会背景によって成立しているのかであろう。

ここでは自傷に関する言説を検討するために、一般の週刊誌や月刊誌などの雑誌記事を取り上げる(2)。雑誌を選択する理由は、偏見や憶測も含めこの社会が自傷をどう意味づけてきたのかを捉えたいからである。映画やテレビ番組、漫画における自傷をまったく考慮しないわけではないが、これらは自傷そのものを主題として取り上げ、明確に言及しているものを、一定のまとまりをもったものとして析出することが困難な媒体である。単に自傷行為が登場するものであれば数多くあるものの、作品にとっての自傷の位置づけが判定しづらい。

その点、一般の雑誌の場合は一つの記事をさしあたり単位として検討することができ、記事の見出しに自傷やそれと関連する用語が含まれている場合、記事内容と照らし合わせることで自傷が主題となっているかどうか判定できる。記事内で言及されているだけの場合も、雑誌記事の場合は、自傷と記事全体との関連が簡潔に示されている傾向にある。(3) 何より重要なのは、一般の雑誌がスキャンダルも含め自傷に関わる事実や現象を伝える記事であり、憶測や偏見も含めた自傷の意味づけが盛り込まれていることである。本章の目的からはこの点が注目すべき内容ということになる。

記事の抽出には、大宅壮一文庫雑誌記事検索を使用した。その結果一八六件が得られた。(4) これらの記事には様々なものがあったが、自傷の意味づけとしては、おおよそ時期によって違いがみられる。一九八〇年代以前は、自傷が自殺の手段として言及されている傾向にあるが、八〇年代おわりごろから、（自殺の意図がなく）恋愛のもつれから女性が男性の気をひくため、あるいは他者を操作するために、わがままな女性などがおこなうものという意味づけが登場する。しかも自傷する人に対しては、まわりを振り回す、常識の通じない「困った人」というラベリングがなされる。そして、二〇〇〇年以降、当事者に対する取材や学術研究の成果をふまえて、意識状態を変化させるため、生きている実感を得るため、明確な他者操作ではなく助けを求めているのだからまわりはそれを認識すべきであるとの語られ方がなされる。

ただし、学術研究において過去の自傷イメージは誤解を含んだものであることが定説となった二〇〇〇年以降も、雑誌記事における自傷の意味づけは完全に刷新されるわけではない。すでに登場した言説は、頻度の差こそあれその後も決してなくならない。誤解や偏見にもとづく語りは引き継がれていく。では具体的な記事の内容をみながら、自傷に対する社会の眼差しをみていきたい。

自殺から自己主張・他者を操作する「女性」のものへ

一九八〇年代以前は、自傷に関する記事の絶対数そのものが非常に少ない時期である。投身自殺により亡くなった女優や女性アイドルが手首を切っていたことに関する記事や、一般の中学生が手首を切った記事がある。結果的に自殺に至らない場合であっても、明確に「自殺未遂」や「心中未遂」とセットで語られるのがこの時期の特徴である。

こういった状況に変化がおとずれるのが八〇年代の後半である。女性歌手のリストカットがきっかけで自傷に関する記事が急増し、自傷行為の増加が指摘されるようになる。たとえば精神科医の発言として、「（女性歌手の）自殺未遂事件以来、ぐっと増えました。コンスタントに数が伸びているという状況です」〔『週刊現代』一九九四年八月六日〕と紹介される。また女性歌手のリストカットは、「自殺未遂」という言葉で語られるものの、実は自殺の意図がないと明言されるようになる(5)。

たとえば、当時女性歌手の真似をしてディスコでリストカットする女性がいることについて取り上げた記事では、ある精神科医が以下のように解説する。

「リストカッティングする女性というのは、一般的に本気で死のうとは考えていないんです。ちょっと憂うつだったり、他人から見れば、たわいもないことにショックを受けたりして、衝動的にそういう行動に出るわけです。タイプとしては、過食症や拒食症を伴っている人が多く、カーッとなりやすいヒステリー的性格の人がおこしやすい。ディスコでやるというのは自己顔示欲の強い女性が、周りからチヤホヤされないため

にストレスがたまって起こすのでしょう」〔『週刊女性』一九八九年一二月一九日〕

図　『FLASH』（1992年4月28日）

ここで語られているのは、自傷の演技性と衝動的行動の親和性である。さらに、上図のように典型的な自傷しやすい人物像までも紹介されるようになる。

そして自傷する者に対しては、まわりの人間に迷惑をかける「困った人」、他者の意思を無視して強引に自分の意を押し通そうとする者というレッテルが貼られる。場合によっては「人格障害」として語られていることもある。たとえば、「『困った人』が増えている　逃れられない憂鬱な隣人たち　他人への依存度が高く自傷行為を繰り返すなど周囲を困らせる、境界例（ボーダーライン）人格障害」と題する記事のなかで、思い通りにいかないことがあると手首を切ってしまう友人がいるHさんの証言として、次のような事例が紹介される。

「死なない程度に手首を切ったり、睡眠薬を飲んだりする。そのたびに、／『Hちゃん、あたしだけど……』／と、助けを求める電話がかかる。こっちから切ろうとすると、『私を見捨てるのね』と責める。／H子さんも、はじめは力になりたい、うっとうしいと感じてはいけないと思っていた。しかも厳しく言うと何をするか分からないので、調子を合わせる毎日。／『でも、結局まわりの人を思い通りに支配したいだけなんじゃないか、と思って』／このごろは、できるだけ距離を置くようにつとめている。」

〔『AERA』一九九七年一〇月二七日〕

ここで語られているのは、他者操作としての自傷〔西園、一九八三〕といえるだろう。さらに「何をするか分からない」という衝動性に対する警戒が語られている。

こういった「困った人」と自傷の結び付きは、前節で紹介した、高度な「自己コントロール」が要求される社会において、自己コントロールができない人に対する厳しい眼差しといえるだろう。とりわけ他者の自由意思を尊重せず、自らの都合だけで強引に自己へのケアを引き出す手段（他者操作）として自傷をおこなう者に対しては、一層厳しい眼差しが向けられる。

また、流動的な社会環境に適応できないことが、自傷の原因として語られることもある。「いきなり部下や新入社員や恋人が手首を！　若者に急増しているリストカット症候群《シンドローム》って何だ」と題する記事で、ある精神科医は以下のように語る。

「男性のリストカット急増の背景には、おそらくバブル崩壊による就職難という社会状況があると思いますね。これまで、なに不自由なく育ってきたのに、不況のせいで思ったように就職ができない。かといってプラブラしているのもプライドが許さない。それやこれやでパサッと、リストカットしてしまうんじゃないでしょうか。自殺の意志を見せれば、しばらくは誰も彼を責めなくなるし、彼なりの世間への復讐にもなるわけです。」

〔『週刊現代』一九九四年八月六日〕

そして男性によるリストカットであっても、それは女性性と結び付けて語られる。

「そうなんです。最近の若い男性は女性化している。そして追い詰められている。なんとも情けないことですが……」

〔『週刊現代』一九九四年八月六日〕

このように流動的な雇用環境に適応できない失敗を、他者が非難するのを抑止するためのものとして自傷が語られている。ギデンズのいう後期近代が人々に要求する、環境の変化に適応する不断の努力を続けることで、辛うじて実現できるアイデンティティの確認・更新を放棄し、嗜癖としての自傷をすることが問題化されている。しかも場合によっては、人格「障害」であると「診断」され、重大なスティグマとなる。

生きるための自傷と自己コントロール

一九九〇年代の終わりから二〇〇〇年以降、こんにち自傷行為の実態調査でも確認されるようになった自傷の意味が語られはじめる。自罰や生きている実感の確認、他者操作という明確な企みではなく止むに止まれぬケアの希求、あるいは傷ついた自己の表明としての自傷などである。それは自傷に関する学術研究が進展し、当事者に対する取材にもとづいた記事が書かれるようになったからであろう。(6)

たとえば、意識をリセットするための自傷〔「切っている時はなにも考えていない。嫌なことも悲しいことも全部考えずに済む」〔『DAYS JAPAN』二〇〇七年一二月〕〕や、生きる実感を得る〔「私が傷つけるのは、一応、辛うじて生きてるなって、思えるからかな。痛いと思ったりすると、感覚があるとか、血が出るっていうことは、血が流れているんだって。そういうことかも〔『潮』二〇〇四年一二月〕〕など、あるいは自罰やケアの欲求も語られている。(7)

ただし、学術研究ではほとんど取り上げられなくなった他者操作や演技性の高い自傷についても、雑誌記事においては依然として語られ続ける。たとえば、離婚経験のある男性が前妻と別れた原因を彼女の自傷にあるとして語る内容には、他者操作に加え「困った人」というラベルも依然として登場する。

「彼女は、リストカット癖があったんです。家に帰るとまず、今日は切った切らなかったという話から始まるんです。でも、本当は深い悩みなんてなかった。私の気を引きたいだけだったんです。」

〔『週刊現代』二〇〇六年八月二六日〕

前記以外にも、自傷＝「困った人」言説はその後も消えることがない。依然として自己コントロールのできない「困った人」に対して厳しい眼差しが向けられており、自傷と結び付けて語られている。

また他者操作や演技ではない自傷、特に怒りなどを他者に向ける代償として自らの身体を傷つけるケースについての記事もある。そのような記事では、自傷行為者自身が、「困った人」に対する厳しい眼差しを内面化し、自己コントロールを試みることの苦しさや、生きづらさゆえ自傷する様が語られる。

「怒りのぶつけどころがない時に他人を絶対に傷つけられないから、自分を傷つける。」

〔『ダカーポ』二〇〇三年六月四日〕

（切るのは）「女の人に多いですよね。男の人は怒りを外にぶつけるけど、女の人は怒りを外に出すことをしてこなかった。例えば女の人は友達に愚痴ったりするけど、瞬間的に感情のバロメータが上がっちゃった時は、その対処の方法がないと思う。私の場合は、そうやって自分に矛先が向かってしまった感じです。家庭環境の話になるけど、父がいなくなって、母は私に『男の人にたよらずに仕事をしなさい』『自立して独りで生きていける女性になりなさい』って教えてきたんです。だから私は『強い自分でいなきゃ』っていうふうにずっと思ってきて。友達に頼ることもしないし、泣き言も言わない。母に自分の弱い所を見せて、心配させるのも嫌だったし。だから結局、誰かに頼ることを知らずに生きてきて、その代償が『切ること』だったんだと思います。」

〔『DAYS JAPAN』二〇〇七年一二月〕

他者を攻撃することは、人格崇拝が徹底し自己コントロールが求められる現代においては、決してあってはならない。他者を攻撃する代償として自傷するということは、自己コントロールを徹底すべきとの規範を強力に内面化しているということになる。特に二つめの記事では、そうすることが性別役割も固定化させず、いかなる環境にも適応しアイデンティティを維持・更新できるという、いわば理想の後期近代人として生きていくことと結びつけて語られている。規範を極度にまで内面化しながらも、結局自らの衝動性により自己コントロールに失敗する事態として自傷が語られるのである。

これまでみてきたように、二〇〇〇年以降自傷について詳しく調査されるようになったことで、実態に近い自傷の意味が一般の雑誌レベルでも語られるようになった。しかし同時に、依然として自傷は演技や他者操作の企てとして語られ続ける。後期近代特有の規範は自傷者を自己コントロールができない「困った人」、他者の自由意思を尊重できない者として問題化し続ける。たとえ規範を極度に内面化していたとしても、自傷する者は、結局自己コントロールに失敗した人として語られてしまう。

4. 自傷する身体を伝えるメディア

自傷する身体への眼差し

ここまで雑誌を中心に自傷に関する言説を検討してきたが、雑誌などのマスメディアとは別に、新たなメディアも自傷を伝えるようになってきた。インターネットである。二〇〇〇年以降、自傷する当事者自身が運営し、日々の苦悩や、日記、場合によっては自傷する様子やその傷跡を公開するブログなどが登場してきた。それによりマスメディアを介さず、個人が直接（憶測や偏見も含み）自傷を語り、広く伝える手段がもたらされたことになる。しかし、こういった状況は、これまでみてきた自傷に対する眼差しを前提としている。自傷を独特の仕方で意味づける社会で生じていることから、その内容に一定の必然性と傾向を見てとることができる。ここで注目したいのは、ネット時代の自傷する身体、特に当事者が自傷する身体を伝え合い、同じ悩みを抱える者同士で支えあう現象である。

冒頭で述べた「リスカしょ」というつぶやきに象徴されるように、自傷の中でも特にリストカットが注目されているが、それはすでにネットの登場以前に形成されてきた自傷イメージの産物である。また苦悩からリストカットする人がいることは知られているものの、その衝動性・短絡性については決して受け入れられることがない。衝動性に対して表明される違和感は、高度な自己コントロールを求める社会において、自傷に対して向けられる厳しい眼差しの反映でもある。また厳しい眼差しの先には、まぎれもない自傷し傷ついた身体が存在している点もあわせて考慮しなければならない。すべての自傷系サイトで傷跡が公開されているわけではないものの、自傷する身体をもつ者同士という共通項を手がかりにしたコミュニケーションが成立しているからである。

自傷系サイトにしばしば掲げられている「理解のない方は見ないでください」という注意書きからは、「理解のない人」による厳しい眼差しを回避したいという願望を読み取ることができる。そして厳しい眼差しが向けられるがゆえに、理解し合える者との出会いが貴重となることが伺える。実は厳しい眼差しの理由は、先述した自傷する「困った人」が自己コントロールの規範から逸脱していることのみならず、自傷する身体そのものも規範から逸脱しているがゆえである。

自傷は、われわれの社会が備える、健やかな身体を生かす規範や身体を消費と結びつける価値規範に反している。近代社会はそれ以前にくらべて、人々の身体への働きかけを強め、生産能力に優れた、健やかな身体を育成することに注力してきた。具体的には監獄や学校や医療施設をつうじてであるが、それは身体への働きかけであると同時に、秩序に従順な主体を作り上げてきた〔フーコー、一九七七〕。また、ポスト産業社会における消費文化の隆盛により、医療や美容、さまざまな文化産業に至るまで、身体は消費の対象となり欲望をかき立てる重要な要素となった〔フェザーストーン、二〇〇三〕。医学や生理学はより健康で快適に生きるためだけでなく、より美しく、壮健で、個人のニーズに応じた理想の身体を実現することを奨励し、美容、ファッション、コスメティクス、フィットネスなどのサービスが提供されるようになった。そして専門分化したサービスや消費文化のなかで、身体は個別の部位に分解され対象化されている。われわれはどのサービスを利用し、身体のどの部位に手を加えるのかを消費市場の中で選択し、他者にいかなる身体を呈示し、いかなる身体を生かす＝人生をおくるのかを決定している。シリングがギデンズの議論を身体論へと拡張しつつ指摘するように、われわれは身体に働きかけるサービスを選択することで、自らのアイデンティティを不断に更新し続けることを求められているのである〔Shilling, 1993〕。

このように考えると、自傷する身体は、いずれの規範からも逸脱していることがわかる。生産に適した健やかな身体でもなければ、消費の欲望をかき立てることもない。したがって、自傷に対する眼差しはより厳しいものになるが、それゆえに自傷する身体をもつ者同士の絆は深まる可能性がある。さらに自傷する身体を共通項にした出会いが希求される社会は、前記のような身体をめぐる人々の多様な選択を可能にする、さまざまな仕組みを備えた社会である。いくら規範から逸脱しようとも、この社会に普及しているテクノロジーとコミュニケーションの様式は、自傷する身体の出会いを可能にする場面でも活用されている。

ネットを通じて出会う自傷する身体

この自傷する者同士の出会いを、現代最も効率よく実現するのはインターネットであるが、それはネットの技術的特性により可能になったというよりも、こんにちの社会で需要され、活用されているテクノロジーとコミュニケーションの様式と親和的だからである。ネットは情報を手がかりに、ヒト・モノ・カネをつなぎ合わせる巨大なマッチングシステムとして機能しており、それは紛れもなく後期近代の、とりわけより細分化した消費文化を支えている。

自傷する身体の出会いは、健やかな身体を育成するわけでも、消費を促すのでもない。ただし、医療や美容サービスが専門分化し、各部位別に身体に働きかけるサービスが選択される仕方と、形式的には同じ仕組みが働いている。たとえば化粧品や美容整形に関する口コミサイトでは、各部位別の効果や身体加工の結果が呈示され、その優劣が判断されている。実は自傷系サイトでも同じ形式のコミュニケーションがおこなわれることがある。

筆者が聞き取りをおこなった、ある自傷系サイトの管理者は、なぜネットを通じて自傷の傷跡を公開しているのかを尋ねたところ、次のように語った。

「公開しているのは、知ってもらいたいからですね。他の人はどうかわからないですけど、ネットに出す以上見てもらわないと意味がない。……［中略］……見て同じ気持ちになってもらえればうれしいです……自分も他人のページをみて、切ったりしてるとこみると、どれだけつらいか……こう、しんどかったか分かるような気がします」

〔Aさん、二〇一〇年七月三一日〕

そして自傷する身体が、自らの苦悩を表す以上、その傷によって優劣が判断されることがある。砂谷によると、自傷系サイトでは重症度によってその者の苦悩が判断されるため、競うように自傷する者も存在しているという〔砂谷ほか、二〇一一〕。筆者による聞き取りにおいても、「かすり傷程度ではバカにされる」〔Bさん二〇一五年五月二三日〕と語る者がいた。さらに次のようにも語る。

「自傷の写真をUPしてるのは、これが自分という感じ……これが一番自分を表してる……〔中略〕……自傷のやりかたを書いているのは、できるだけ危なくない（致死的でない）方法でやってほしいからですね」

〔Aさん、二〇一〇年七月三一日、丸カッコ内は筆者補足〕

自傷する身体は多くの場合、手首や腕、足など特定の部位に限られる。全身ではなく、個別の部位でありながら、最も現在の自分を表現しているとさえ感じられている。それゆえに、特定の部位にもとづき苦悩の軽重などといった序列が判定され、自傷を競うことすら起こりうる。

自傷する身体による他者理解や競争などは、一見奇異に思えるかもしれない。しかし目的は異なるが実は同じ形式のことが広く一般的なネット利用においてもおこなわれている。ウォレスによると、ネットを用いて自己の情報を呈示するとき、人は自己に焦点をあて、他者からの視線を意識し、呈示される情報に誇張が含まれやすくなる〔ウォレス、二〇〇一〕。そこに自らの身体についての情報も含まれるとき、より一層他者からの視線を意識するようになるだろう。米国における調査では、こんにちＳＮＳなどで公開される個人に関する情報は年々増加傾向にあり、なかでも名前に次いで公開される頻度の高いのは「見た目」を伝える写真である[8]。また、豪州の特に若年女子を対象とした調査では、テレビ番組や（ファッション）雑誌といったマスメディアとインターネット利用は、ともに身体の外見に対する意識を高め、極端なまでに理想化された身体像を内面化させ、美しい身体像を求める傾向を強めるという。そしてその効果はマスメディアよりも、他者との交流を図るネット利用のほうが強い影響を及ぼす可能性が指摘されている。ネットが受身のメディアではなく、公開されている身体に対して利用者相互のコミュニケーションがおこなわれており、同じ価値を共有する者同士の積極的なそれにより影響の強化が生じるという〔Tiggemann et al., 2014〕。自傷する身体を手がかりにした交流は、現代の消費文化の中で、ありふれたものとしておこなわれているネットを介したコミュニケーションを、独特の目的に転用したものといえるだろう。

打ち砕かれた自己と自傷

もちろん、同じ形式でおこなわれているからといって、その社会的意味までも同一ということではない。それでも同一の形式をもつことを確認したのは、いかに特異な事例であっても、「ありふれた」「ふつうの」おこないと連続性（と断絶）があることを捉えたいからである。自傷する人々は、それがいまだに誤解されたり、充分に理解されていないことを知っている。それでも自傷せざるを得ない状況にあり、他者による承認を必要としているがゆえに、ネットで交流を試みている。この行為は、消費文化のなかで身体への働きかけを選択し、アイデンティティを維持・更新するのとは、当事者をとりまく状況が異なる。自傷する者は精神面での問題や、社会的場面での自己コントロールの失敗から、厳しい眼差しを向けられ、著しく低い自己評価を下している。そのような者にとって自傷する身体とは、アイデンティティを維持・更新するのに利用可能な数多くのリソースの一つというよりは、打ち砕かれ、危機に陥っている自己を、それでも承認してくれる他者とつながるための「希望」を託すものなのである。

筆者がこれまで調査してきた心の病を抱える人々のネットを介した自助活動も、匿名なネットを介することで、スティグマや失敗を恐れず、当事者同士が交流する回路として機能している。ネットの匿名性は、互いの存在すら不確かな状況を生み出すが、そのよう回路を経るからこそ、出会いが貴重なものとなり、当事者にとっての支えとなる〔前田、二〇一一〕。自傷する者は、同じくヴァーチャルなつながりのなかで、苦悩とともにその者の存在を強く意識させる身体活動でもって、他者との接続を模索していると考えられる。

5. ネット時代の自傷する身体

このようにネットが自傷を伝え、当事者の交流を可能にしているのは一定の必然性があるとはいえ、もちろん課題も多い。自傷系サイトが若年層にとって身近なものとなったことで自傷を増加させた〔武井ほか、二〇〇六〕との指摘もある。またいくら危険でない方法が説かれたからといって、エスカレートしないという保証はどこにもない。ネットを通じて、自傷が誘発された場合、現場に介入することが非常に難しいのも事実である。しかし規制するなどして、自傷系サイトをなくすことで問題が解決するわけではないだろう。

自傷する者は、他者に自分の悩みや苦しみを相談することが苦手であり、自分のことをわかってもらえないという思いや、過去に傷ついた体験から他者を信頼することができず、他者と関係を築くことに不安や難しさがあるという〔中野、二〇一二〕。その反面、周囲の人とのコミュニケーションが回復することで精神面での問題にも徐々に取り組む糸口が見出され、結果として自傷がなくなる事例も指摘されている〔林、二〇〇七〕。ネットは、自傷する者に不十分にしか与えられていない。危機に陥った自己を支えるリソースの補完となっている。この事実は無視できない。

社会の機能分化は、細分化された多様な需要と供給のマッチングを必要とし、ネットはその最適な手段として機能している。また機能分化によって無数の主体が承認をもとめて行為するという事態を引き起こした。自傷する身体のネットを通じた出会いとは、まさにそのような事例である。この事例は特殊で瑣末な事例なのだろうか。たしかにそうである。しかし他方で細分化は、より微細な差異が強調され、可視化されることにもつながるであろう。微細なものや瑣末なものが注目を集め、可視化されるということが、きわめて現代的でもある。そのことがむしろ常態であると捉え、適切な介入と非介入の程度を見出し、承認を得る場を保持しつづけることが望まれる。

注

（１）自傷の定義は、自殺の意図を含むのか否か、他の意図によるものなのか、あるいは外傷の有無のみならず健康を害する行為全般なのかによって、実にさまざまな定義が可能である。しかし自殺の意図については、それ自体同定が困難なだけでなく、意図がなくとも自殺につながることもわかっている〔ファヴァッツァ、二〇〇九〕。また、本章はウォルシュのように「心理的苦痛を軽減するために意図的に行われる致死性の低い身体損傷」〔ウォルシュほか、二〇〇五〕のみを考察対象としているわけではない。定義はやや混乱した状態にあるもの〔林、二〇〇六〕、本章では比較的幅広い対象を含む定義を採用した。

（２）これまで自傷については、それが他者からどのようなイメージで捉えられているのかについては研究がなされている〔柏田、一九九八〕。質問紙や聞き取りによって、人々が自傷に対してどのようなイメージを持っているのか調べることは意義深いことではある。しかし、自傷がマスメディアによって報じられ、広がっていく過程が観察されている以上、メディアの影響も検討しなければならない。もちろん石毛〔二〇〇六〕のように、歌謡曲や少女漫画での表象のされかたに関する研究はあった。しかし、これらの表象とそれを生みだす社会背景についての考察は充分になされていない。また菊池〔二〇一二〕のように、特に性的トラウマをはじめとした苦悩を抱えながら生きること＝サバイバル文化と捉え、少女まんがやアーティストの活動などといった表象と社会の関係について考察した貴重な論考もある。しかし、自傷を生じさせる種々の生きづらさを抱える人々を、外部の視点から語る言説が充分に検討されているとは言い難い。自傷は、当事者とそうでない者との間に意味づけにおいて大きなギャップがあることが分かっている〔柏田、一九九八〕。自傷がスティグマでもある以上、社会が自傷をどう位置づけるのかは、自傷行為そのものにも影響を及ぼすと考えられる。したがって当事者にとっての意味を考察するのみでは、不十分である。自傷の社会的意味を考えるには、一般の雑誌記事に書かれたような、自傷について（偏見や憶測も含め）語る言説について検討する必要があるだろう。

（3）例えば自傷そのものがテーマではなく、事件やスキャンダルなどの事実に言及するなかで自傷が登場する場合も、自傷と当該事件との関係について読み解くことが可能であろう。

（4）抽出作業の手続きは以下の通り。まず「自傷」をキーワードとして記事を検索した。その結果、一九八九年から二〇一八年までの雑誌記事二二五件が抽出された。ここで抽出されたものは、記事の見出しに「自傷」が含まれているものと、大宅壮一文庫のデータベース構築の過程で記事に索引として「自傷」が付与されたものである。見出しに「自傷」が含まれているもの、あるいは索引として付与されたもの、いずれのくくりでも、具体的な自傷行為は、ほとんどがリストカットを指すものであった。そのため「リストカット」をキーワードとして再度検索をおこない、「自傷」で抽出した記事と重複するものを削除し結合した。さらに一般的な自傷に関する言説を分析するという目的から、抽出された記事の書き手が研究者もしくは医師であり、かつ心理学や精神医学、発達に関わる学問をベースとした論考で、エビデンスの提示の仕方や論述の方法が学術論文かそれに近い性質の『現代のエスプリ』『こころの科学』『そだちの科学』『日経メディカル』『チャイルドヘルス』『少年育成』掲載の三九記事をリストから削除した。なお、一九九八年以前の記事に関しては、自傷およびリストカットによって抽出される記事がなかったため、「手首」で検索し、「切」「傷」など記事内容から考えて自傷を指すものを抽出しリストに加えた。その結果合計一八六件の記事が対象となった。

（5）ただし自傷と自殺との関係が、これ以降一般雑誌においてまったく言及されなくなるわけではない。たとえば、「恋愛関係のもつれから、二度目の自殺を試みたのだ。自傷行為としてのリストカットではなく、自殺目的で手首を切った」〔『BURST』二〇〇三年一〇月〕や、自殺した女性アイドルが、自傷をしていたことついて言及する記事〔『週刊ポスト』二〇一一年五月二七日〕などがある。

（6）ロブ＠大月〔二〇〇〇、二〇〇五〕や今〔二〇〇一〕など自傷行為者に対する丁寧な取材をもとにした著書が刊行され、著者らが雑誌でも記事を書くようになった。また、当時急速に普及しつつあったインターネット上で、自傷していることを公表し、注目を集めていた女子高校生南条あやが大量服薬をした後に亡くなった事件が報じられ、広く社会に知られるようになった。

（7）こういった雑誌における傾向は、石毛による少女漫画を対象とした分析においても同様の傾向として観察される〔石毛、二〇〇六〕。また自傷行為者が主人公として登場する作品のなかで話題になったものでは、漫画を原作としテレビドラマ化された『ライフ』〔すえのぶけいこ作〕や、小説を原作としてテレビドラマ化および映画化され、モントリオール映画祭でイノベーションアワードを受賞した『アントキノイノチ』〔瀬々敬久監督、二〇一一年公開〕においても同様である。

（8）Pew Research Center “Teens, Social Media, and Privacy” を参照〔http://www.pewinternet.org/2013/05/21/teens-social-media-and-privacy/ 閲覧日時二〇一五年八月一〇日〕

参考文献

阿江竜介・中村好一・坪井聡・古城隆雄・吉田穂波・北村邦夫「わが国における自傷行為の実態――二〇一〇年度全国調査データの解析」『日本公衆衛生雑誌』五九巻九号：六六五―七四、二〇一二年

天野武「リストカットにみる自己確認と自己表出の身体への転位」『現代社会理論研究』一四号：三一八―三〇、二〇〇四年

――「相互行為儀礼と処罰志向のリストカット――手首人格化の機制について」『ソシオロジ』五〇巻二号：八七―一〇二、二〇〇五年

石毛奈緒子「自傷の文化史」『こころの科学』一二七号：九六―一〇五、二〇〇六年

ウォルシュ、Ｂ・Ｗ／ローゼン、Ｐ・Ｍ（松本俊彦・山口亜希子）『自傷行為――実証的研究と治療指針』金剛出版、二〇〇五年

ウォレス、パトリシア（川浦康至・貝塚泉）『インターネットの心理学』ＮＴＴ出版、二〇〇一年

大澤真幸「生権力の変容」見田宗介・内田隆三・市野川容孝編『身体は何を語るのか――二〇世紀を考える（Ⅱ）』新世社、二〇〇三年

大嶽さと子・伊藤大幸・染木史緒「一般中学生における自傷行為の経験および頻度と抑うつの関連――単一市内全校調査に基づく検討」『精神医学』五四巻七号：六七三―八〇、二〇一二年

大月、ロブ＠『リストカットシンドローム』ワニブックス、二〇〇〇年

――『リストカットシンドローム２』ワニブックス、二〇〇五年

岡田涼・谷伊織・大西将史「中学生における自傷行為の経験率――単一市内における全数調査から」『精神医学』五二巻一二号：一二〇九―一二、二〇一〇年

角丸歩「大学生における自傷行為の臨床心理学的考察」『臨床教育心理学研究』三〇巻：八九―一〇五、二〇〇四年

柏田勉「Wrist cutting syndrome のイメージ論的考察――一三症例の動機を構成する三要因の検討」『精神神経学雑誌』九〇巻六号：四六九―九六、一九八八年

菊池美名子『自傷行為とトラウマ』一橋大学大学院社会学研究博士論文、二〇一二年

ギデンズ、アンソニー（松尾精文・松川昭子）『親密性の変容――近代社会におけるセクシュアリティ、愛情、エロティシズム』而立書房、一九九五年

――（秋吉美都・安藤太郎・筒井淳也）『モダニティと自己アイデンティティ――後期近代における自己と社会』ハーベスト社、二〇〇五年

今一生『生きちゃってるし、死なないし——リストカット&オーバードーズ依存症』晶文社、二〇〇一年
砂谷有里・松本俊彦「ウェブサイト開設による自傷行為への影響——「自傷サイト」を開設した自傷者の語りにもとづく検討」『精神科治療学』二六巻二号：二四一—五〇、二〇一一年
武井明・目良和彦・宮崎健祐「思春期外来における自傷患者の臨床的検討」『精神医学』二〇〇六年
戸高七菜『自傷行為の社会学的分析——嗜癖性とコミュニケーション資源という二つの側面に着目して』一橋大学社会学研究科博士論文、二〇〇八年
中野友貴「『リストカットをやめる』ということに関する一考察」『心理臨床センター紀要』八号：六〇—九、二〇一二年
西園昌久「死との戯れ——手首自傷症候群を中心に」飯田真編『岩波講座精神の科学10　有限と超越』岩波書店：一九六—二二七、一九八三年
林直樹「自傷行為への対応・治療の基本」『こころの科学』一二七号：七〇—五、二〇〇六年
——『リストカット——自傷行為をのりこえる』講談社、二〇〇七年
フーコー、ミシェル『監獄の誕生——監視と処罰』新潮社、一九七七年
ファヴァッツァ、アルマンド、R.（門本泉・松本俊彦）『自傷の文化精神医学——包囲された身体』金剛出版、二〇〇九年
フェザーストーン、マイク『消費文化とポストモダニズム』恒星社厚生閣、二〇〇三年
ベック、ウルリッヒ（東廉・伊藤美登里）『危険社会——新しい近代への道』法政大学出版局、一九九八年
前田至剛「インターネットを介した精神疾患を患う人々のセルフヘルプ——流動的な形態の活動を中心に」『ソシオロジ』五五巻三号：五三—六八、二〇一一年
三浦雅士『身体の零度——何が近代を成立させたか』講談社、一九九四年
森真一『自己コントロールの檻——感情マネジメント社会の現実』講談社、二〇〇〇年
山口亜希子・松本俊彦・近藤智津恵「大学生における自傷行為の経験率——自記式質問票による調査」『精神医学』四六巻五号：四七三—九、二〇〇四年
David Milnes and David Owens and Paul Blenkiron, "Problems reported by self—harm patients ; Perception, hopelessness, and suicidal intent." *Journal of psychosomatic research*, 53 : 819—822, 2002.
Chris Shilling *The body and social theory*, Sage Pub., 1993.
Marika Tiggemann, and Amy Slater, "NetTweens : The Internet and Body Image Concerns in Preteenage Girls." *The Journal of Early Adolescence*, 34 : 606—620, 2014.

あとがき

谷本奈穂

本書の目的や各章の解説は「本書のねらい」で詳しく解説されているので繰り返す必要はないだろう。ただ、「現代人にとって身体とは何であるか」という問いが重要であることは、再度繰り返しても良いように思う。身体は、「個人の所有物」でありながら、しかし「社会によって規定される物」であり、いわば「個人と社会をつなぐメディアそのもの」でもある。それゆえ身体の理解なくして、個人も社会も理解できないからである。

しかし、身体に関わる社会学的研究はいまだ十分には進んではいない。ある意味では、未開拓とさえ言ってい い領域である。私たちはもっと身体について真剣に考えるべきではないか？　そう考えた研究者たちが集い、一緒に研究をしようという企画を立てた。身体に関する考察を、それこそ「手探り」で、煩悶しながら、それぞれに重ねてきた。何度か学会などを通じて切磋琢磨にも努めた。それらの記録を書き留めておこう。なお、ここでは本書執筆者に関わる者しか氏名を載せないが、これらの学会・研究会において司会、討論を行ってくれた方、コメントを寄せてくれた方々のおかげで議論が深まったことは間違いない。みなさんに御礼を申し上げたい。

①二〇一〇年一〇月三〇日、日本マス・コミュニケーション学会大会において「身体表象／身体イメージの変容とメディア選択の多様化」というワークショップを行った。西山と前田が登壇し、自傷行為者の身体表象に関

する考察を深めた。
②二〇一三年二月九日、日本マス・コミュニケーション学会マルチメディア部会研究会において、水野と谷本が登壇し、「女の子文化・身体・メディア」というタイトルでゴスロリに関する議論を行った。
③二〇一六年一〇月一五日、日本マス・コミュニケーション学会メディア文化研究部会研究会において、酒井と西山が「視覚メディアのモード変化とその社会文化的影響を考える」というワークショップを行い、大きな文脈からメディアと身体の関連を探った。
④二〇一六年一〇月二九日、日本マス・コミュニケーション学会・理論研究部会企画ワークショップで、前田と阿部が、消費という観点から「現代社会における身体変工」について考察を深めた。
⑤二〇一七年六月二五日、カルチュラル・タイフーンでの研究発表において、本書と関連する論考をそれぞれに加藤と谷本が発表した。
こうして、本書に納められたすべての論考は――理論も、メディア×身体も、ファッション×身体も、自傷×身体も――お手本のない中で、それぞれの研究者が自分なりに検討し、時には壁にぶつかり、格闘して著した記録である。本書に寄稿してくれた執筆者は、未踏の地に果敢に挑む探検家であり、道なき道を試行錯誤で歩んでいる者たちといえよう。彼/彼女たちが、格闘の記録を寄せてくれたことに感謝したい。

なお、奈良県立大学の岡井崇之氏には、最終的には参加いただけなかったが、本書を執筆するきっかけを与えてもらったことに、お礼を申し上げる。

また、本書の編集者でもあり、風塵社の社長でもある腹巻おやじさんにも感謝している。腹巻さんは大らかで自由で良い人だ。腹巻さんでなければ、本書は成立しえなかっただろう。

読者の方には、本書を（一つの章だけでもいいから）読んでもらえると嬉しい。そして、読んでくださった方から（たった一人でもいい）、新たな探検者が生まれてくれることを祈っている。

＊＊＊

最後に、個人的な話をさせて欲しい。身体についての論考を出そうという企画が立てられたとき、私は水野麗ちゃんに原稿を書いて欲しいと声をかけた。（「ちゃん」という呼称で書くことも許していただきたい。「さん」や「氏」、あるいは呼び捨てでは、とうてい書けそうもないからだ。）以前から彼女を知っていて、ゴスロリに関する精力的な調査をしていることも知っていたので、面白い論考が書けることを確信していたからである。麗ちゃんは二つ返事で参加してくれた。

しかし、その時は予想していなかったが、この本が生まれるまでには、とても長い時間がかかることになる。正直に書こう。原稿がすぐに出揃わなかったのだ。早々に原稿を出してくださった方もいれば、難産で苦しむ方もいた。

その間、麗ちゃんは大病を患い、いったん克服されたものの、二〇一七年の夏の終わりに亡くなられてしまった。知らせを聞いた時に、頭が真っ白になった。早すぎるよ、若すぎるよ。まだまだこれからなのに。どれほどご家族はおつらいだろう。ああ、本も出せてなかった。色々な感情が入り乱れた。

ほぼ一年後の二〇一八年夏、本書の企画は再始動した。ご家族に連絡したところ、麗ちゃんの原稿を本に組み入れることを快く認めてくださった。とても素敵なご家族で、心の底から感激した。

麗ちゃん。生きている間に本を出せなくてごめんなさい。遅くなったけれど、水野麗という立派な研究者が確かに存在したことを、できるだけ多くの人に知ってもらいたい。あなたの丹念なフィールドワークと資料収集、そこから導き出された「魚眼レンズ効果」の発見、精神や言語による身体の構築といった視点、いずれも多くの人に読んでもらいたい。そして、まったく個人的な心情で申し訳ないが、この本を麗ちゃんのご家族に捧げたいと思う。

〈タ行〉

〈サ行〉

事項索引

〈マ行〉

〈ヤ行〉

〈ラ行〉

〈ワ行〉

〈ナ行〉

〈ハ行〉

人名索引

【著者】

阿部勘一（あべ・かんいち）
成城大学経済学部教授
主要業績：「教養として身体を「学習」することの必要性——体育教育の批判的考察から」山本敦久編『身体と教養』ナカニシヤ出版、2016年
「現代社会におけるスポーツと身体イメージ」『成城大学社会イノベーション研究』12巻2号、2017年

井上雅人（いのうえ・まさひと）
武庫川女子大学生活環境学部准教授
主要業績：『洋服と日本人——国民服というモード』廣済堂出版、2001年
『洋裁文化と日本のファッション』青弓社、2017年

加藤徹郎（かとう・てつろう）
法政大学ほか非常勤講師
主要業績：「文芸的公共圏としてのレコード喫茶の生成過程——戦前の複製芸術文化を中心に」金井明人・土橋臣吾・津田正太郎編『メディア環境の物語と公共圏』法政大学出版局、2013年
「生活情報番組における原発震災の『差異』と『反復』」小林直毅編『原発震災のテレビアーカイブ』法政大学出版局、2018年

酒井健宏（さかい・たけひろ）
一般社団法人　名古屋シネマテーク
主要業績：「動画映像作品の制作授業を通して考慮すべき動画の基本構造について——その時間的要素と空間的要素に着目して」『名古屋芸術大学教職センター紀要』3号、2016年
「『装置』からの解放——第17回アートフィルム・フェスティバルにみる自由の探求」『芸術批評誌リア』30号、2013年

前田至剛（まえだ・のりたか）
追手門学院大学社会学部准教授
主要業績：「ネット時代の自助活動——精神疾患を患う人々を事例として」遠藤英樹・松本健太郎・江藤茂博編『メディア文化論［第2版］』ナカニシヤ出版、2017年
「差別・排除を助長する／回避するインターネット」荻野昌弘編『文化・メディアが生み出す排除と解放』明石書店、2011年

水野 麗（みずの・れい）
元秋田工業専門学校専任講師
主要業績：「『女の子らしさ』と『かわいい』の逸脱——『ゴシック・ロリィタ』におけるジェンダー」『女性学年報』25巻、2004年
「『男の娘』への愛と傷と鏡」『ユリイカ』47巻13号、2015年

【編者】

西山哲郎（にしやま・てつお）
大阪大学大学院人間科学研究科博士後期課程中退
関西大学人間健康学部教授、博士（人間科学）
主要業績：『近代スポーツ文化とはなにか』（世界思想社、2006年）、『市民学の挑戦――支えあう市民の公共空間を求めて』（共編著、梓出版社、2008年）、『科学化する日常の社会学』（編著、世界思想社、2013年）など

谷本奈穂（たにもと・なほ）
大阪大学大学院人間科学研究科博士後期課程修了
関西大学総合情報学部教授、博士（人間科学）
主要業績：『美容整形と化粧の社会学』（新曜社、2008年）、『メディア文化を社会学する』（共編著、世界思想社、2009年）、『美容整形というコミュニケーション』（花伝社、2018年）など

身体化するメディア／メディア化する身体

2018年10月25日　第1刷発行

編　者　西山哲郎、谷本奈穂
発行所　株式会社 風塵社（ふうじんしゃ）

〒113－0033　東京都文京区本郷３－22－10
TEL 03-3812-4645　FAX 03-3812-4680
印刷：吉原印刷株式会社／製本：株式会社鶴亀製本／装丁：閏月社